KB206182

EPHESIANS

교회를 세우는 청지기들을 위한 바울의 편지

신약성경 원전강해 에베소서

저자 지종엽
발행인 지종엽
발행처 비블리아
초판 1쇄 인쇄 2023. 6. 5
출판신고 제2006-000034호(2006. 6. 13)
주소 서울 강북구 수유동 554-89 B01호
TEL 010-2320-5291
총판 기독교출판유통 (031)906-9191
ISBN 979-11-983211-0-7

신약성경
원전강해
에베소서

에베소서는 일반적으로 바울이 로마의 감옥에서 에베소에 있는 교회에 보낸 편지로 알려져 있다. 하지만 가장 오랜 사본인 '알렉산드리아 p46'에는 에베소라는 말이 없다. 에베소 교회에 보낸 서신이 아닐 가능성이 크다. 또한 이것은 에베소서의 주제와도 연관이 된다. 바울이 에베소 교회에 보낸 편지라면 에베소교회가 처한 특별한 문제를 해결하기 위한 것이지만, 만일 아니라면 모든 교회가 알아야 할 중요한 내용을 쓴 것이다. 에베소서의 주제를 예측할 수 있는 구절은 엡3:3-5이다.

"너희를 위하여 내게 주신 하나님의 그 은혜의 경륜을 너희가 들었을 터이라. 곧 계시로 내게 비밀을 알게 하신 것은 내가 먼저 간단히 기록함과 같으니 그것을 읽으면 내가 그리스도의 비밀을 깨달은 것을 너희가 알 수 있으리라"

하나님이 바울에게 알게 하신 신비는 '(그)은혜의 경륜'(엡3:2)이다. 한글개역에서 경륜으로 번역된 헬라어 오이코노미아는 청지기직을 뜻한다. 청지기는 주인에게 모든 권한을 위임받아 집을 다스리는 일꾼이다. 예수님은 계시로 바울에게 청지기직에 대한 신비를 알게 하였으며, 그것을 사도 바울은 자신이 관할하는 소아시아 지방에 있는 여러 교회에서 청지기직을 맡은 자들에게 알리려 편지한 것이다.

청지기는 교회를 섬기라고 세운 그리스도의 종이다. 에베소서에 교회에 대한 언급이 많은 것은 이 때문이다. 교회는 예수 그리스도의 몸이고 예수 그리스도는 교회의 머리이다. 그리스도인의 몸인 교회는 당연히 머리이신 그리스도의 지시를 따라야 하는 데 여기서 중요한 게 청지기의 역할이다.

청지기는 몸의 관절과 같은 역할이다(엡4:15-16). 목 관절이 잘못되면 목 이하의 몸이 마비되고, 허리 관절이 잘못되면 허리 이하의 몸이 마비되듯이 그리스도의 몸인 교회도 마찬가지이다. 청지기들이 관절의 역할을 제대로 하지 못하면 몸인 교회에 마비 현상이 나타나고, 하나님의 뜻을 이루지 못하는 무기력한 교회가 된다. 따라서 청지기들은 성도를 온전케 하여 그리스도의 몸을 세우는 일을 해야 한다(엡4:11-13).

교회에서 청지기 직을 맡은 자들은 누구인가? 에베소서는 사도, 예언자, 복음전도자, 목자, 교사를 언급한다(엡4:11). 이것은 청지기의 직무이지 직분은 아니다. 오늘날 교회의 목사, 전도사, 장로, 권사, 안수집사가 청지기 직분을 맡은 자들이다. 교회 상황에 따라 사모도 청지기에 포함될 수 있다.

교회는 임직식을 통해 직분자를 세운다. 교회가 직분자들을 세우는 일이 중요하지만, 이보다 더 중요한 것은 직분자들이 청지기 직을 제대로 수행하도록 하는 일이다. 교회가 하나님 나라의 사명을 제대로 감당하느냐, 못하느냐는 전적으로 청지기들에 달려있다고 해도 과언이 아니다. 바울이 에베소서를 쓴 것은 이 때문이다.

에베소서를 원전으로 강해한 이 책이 청지기직을 맡은 분들에게 도움이 되기를 소망합니다. 하나님 나라의 청지기로 부르심을 받아 성도를 온전케 하는 일과 그리스도의 몸인 교회를 세우는 일에 최선을 다하는 청지기들에게 이 책을 드립니다.

2023년 6월

저자 지종엽

차례

5 귀하게 쓰임 받는 청지기가 되려면

6 실패한 청지기가 안 되려면

7 이런 청지기가 돼라

8 가정과 사회에서 청지기의 모습

1
청지기가 되려면

1:1a

하나님과 뜻이 통해야 한다

Παυλος ἀποστολος Χριστου Ἰησου
바울은 사도 그리스도 예수의

δια θεληματος θεου
통하는 뜻이 하나님과

(직역)바울은 그리스도 예수의 사도(이다)/하나님과 뜻이 통하는

그리스도 예수의 사도인 바울(1:1aa)

"바울은 그리스도 예수의 사도(이다)"
(파울로스 아포스톨로스 크리스투 예수)

고대 그리스의 편지는 발신자의 이름으로 시작하는 게 관례이다. 파울로스는 "작다"라는 뜻의 헬라식 이름이다. 미국에 이민 간 한국인 부모들이 자녀에게 미국식 이름과 한국식 이름을 함께 지어주듯이 바울 당시 디아스포라 유대인들도 그랬다. 바울의 부모가 태어난 아기의 헬라식 이름을 파울로스(바울)로 지은 것은 미숙아로 태어났기 때문일 수 있다. 고린도후서에는 바울의 몸이 연약했다는 기록이 있다(고후10:10). 참고로 바울의 유대식 이름인 사울은 "구하다, 기도하다"를 의미한다.

서신에서 바울은 자신을 아포스톨로스 크리스투 예수(그리스도 예수의 사도)로 소개한다. 사도로 번역된 아포스톨로스(기본형/아포스텔로)는 아포(부터)+스텔로(보내다)의 합성어이다. "(공적인 일을 위해) 파송한 자"를 뜻한다. 초대교회 사도의 직무는 일정 지역에 있는 교회들을 관할하는 일이다. 예를 들면 야고보는 예루살렘 인근에 있는 교회들을 관할하였다. 당시 예루살렘

인근에는 가정교회 형태의 교회들이 있었다. 바울은 헬라의 안디옥 인근의 교회들을 관할하는 사도였다. 사도는 교회를 섬기는 청지기이다.

크리스토스(그리스도)는 "기름부음을 받은 자"를 뜻하는 히브리어 메시아의 헬라어 번역이다. 유대인들은 왕과 제사장과 선지자를 임명할 때 기름을 부었다. 하지만 예수님은 사람이 아니라 하나님에 의해 성령으로 기름 부음을 받으셨다(눅4:18). 또한 부르심을 받은 그리스도인을 성령으로 기름 부어 하나님 나라의 청지기로 세우는 분이시다(행1:5, 막1:8). 예수님의 칭호인 크리스토스(그리스도)는 성령으로 기름부음을 받았다는 의미와 함께, 부르심을 받은 그리스도인을 성령의 기름을 부어 하나님 나라의 청지기로 세운다는 이중적 의미가 들어있다.

예수스(예수)는 "하나님이 구원하신다"는 의미의 히브리어 '여호수아'에서 온 말이다. 예수 그리스도는 부르심을 받은 사람들에게 성령으로 기름을 부어 세상을 구원하는 일에 쓰신다.

예수님은 하나님 나라의 사역을 위해 사도와 같은 청지기를 세울 때 아무나 함부로 세우지 않는다. 신중하게 세우신다. 하나님 나라의 성패가 저들에게 달렸기 때문이다. 복음서에서 예수님이 열두 사도를 임명하기 전에 밤을 새워 기도하신 것은 이 때문이다(눅6:1)

청지기는 하나님과 뜻이 통해야 한다(1:1ab)

"하나님과 뜻이 통하는"
(디아 델레마토스 데우)

디아 델레마토스 데우(하나님의 뜻을 통하는)에서 데우(하나님) 앞에 관사가 없다. 신약성경에서 성부 하나님을 나타낼 때는 관사가 있는 호 데오스(그 하나님)을 사용하고, 성자 하나님을 나타낼 때는 관사가 없는 데오스(하나님)을 사용한다.[1] 따라서 본문에 나오는 델레마토스 데우(하나님의 뜻)은 (성자)하나님의 뜻이다. 사도는 모든 일을 자기 안에 계신 하나님이신 예수 그리스도와 소통하며 그분의 뜻을 따라 행해야 한다.

사도와 같은 청지기가 되려면 하나님이신 예수 그리스도와 뜻이 통해야 한다. 전치사구인 디아 델레마토스 데우(하나님의 뜻을 통하여)를 한글개역은 "하나님의 뜻으로 말미암아"로 번역했는데 올바른 번역이 아니다. 헬라어 전치사 디아는 소유격 명사와 함께 쓰일 때는 "~을 통하여"이며, 목적격 명사와 함께 쓰일 때는 "~로 말미암아"이다. 본문은 디아가 소유격 명사와 함께 쓰였으므로 "하나님의 뜻을 통하는 그리스도 예수의 사도"로 번역해야 맞다. 사도의 모든 사역은 하나님과 뜻이 통해야 한다. 자기 뜻이 아니라 하나님의 뜻을 따르는 게 사도의 도리이다.

하나님이신 예수 그리스도와 뜻이 통하려면 그분과 함께 있어야 한다. 임마누엘 신앙이 되어야 한다. 예수님은 사도의 자격 세 가지를 말씀하시면서 임마누엘 신앙을 최우선에 두셨다.

"이에 열둘을 세우셨으니 이는 자기와 함께 있게 하시고, 또 보내사 전도도 하며, 귀신을 내쫓는 권능도 가지게 하려 하심이라"(막3:14-15).

임마누엘 신앙은 예수님과 통하는 신앙이다.

하나님 나라의 청지기가 되려면 예수님과 통해야 한다.

---

1) 데살로니가전서에는 '하나님의 뜻'이 2회 나오는데, 살전4:3절의 델레마 투 데우에는 데우 앞에 관사가 있지만, 살전5:18의 델레마 데우에는 데우 앞에 관사가 없다. 이것은 성경이 성부 하나님의 뜻과 성자 하나님의 뜻을 구별하고 있음을 보여준다.

1:1b

그리스도 예수 안에 거해야 한다

τοις ἁγιοις τοις οὖσιν [ἐν Ἐφεσω]
그 성도들에게 그 있는 에베소 안에

και πιστοις ἐν Χριστῳ Ἰησου,
그리고 신자들에게 안에 그리스도 예수

(직역)(에베소 안에) 있는 거룩한 자들에게 그리고 그리스도 예수 안에 (있는) 신실한 자들에게

에베소서의 수신자는 누구인가(1:1ba)

"(에베소 안에) 있는 그 거룩한 자들에게"
(토이스 하기오이스 토이스 우신 엔 에페소)

번역 성경을 읽는 독자들은 당연히 바울이 쓴 편지의 수신자가 에베소 교회라고 생각할 것이다. "에베소에 있는 성도들"로 명시되었기 때문이다. 하지만 헬라어 원문을 보면 엔 에페소(에베소 안에)가 괄호 안에 있다. 어떤 사본에는 이 말이 있지만 다른 사본에는 없기 때문이다. 주목할만한 사실은 지금까지 발견된 가장 오래된 사본에는 이 말이 없다는 것이다.

에베소 원문에 대한 가장 오래된 사본은 AD 3세기의 알렉산드리아 사본 p46인데 여기에는 엔 에페소라는 말이 없다. 오리게네스를 비롯한 AD.200~400년경 활동했던 초대교회 교부들은 엔 에페소(에베소 안에)가 없는 사본을 원본에 가까운 것으로 받아들였으며 이 편지의 수신자가 누구인지 고심하였다.[2)]

반면에 한글 개역을 비롯한 대부분의 번역 성경은 엔 에페소

---

2)프랭크 틸만 '에베소서' 부흥과 개혁사 p.40 참고

(에베소 안에)가 있는 사본을 따른다. 이유는 이것이 없으면 문법적으로 불완전한 형태가 되기 때문이다.

τοις ἁγιοις τοις οὖσιν (　　　　　)
그 성도들에게 그 있는

문장 구조로 보면 비동사 우신(있는) 뒤에 주어를 설명하는 보어가 있어야 완전한 문장이 된다. 우신(있는) 뒤에 엔 에페소 (에베소 안에)라는 전치사구가 있어야 문법적으로 안정적이다. 대부분의 번역성경이 엔 에페소가 있는 사본을 택한 것은 이 때문이다. 하지만 여러 사본 중에서 원본을 가려내는 본문비평에서는 내용이 합리적인 사본보다 이해가 잘 안 되는 비합리적인 사본을 원본으로 인정하는 원칙이 있다. 말이 되는 문장을 말이 안 되는 문장으로 일부러 바꿀 이유가 없기 때문이다. 따라서 해석에 어려움이 있을지라도 초대교회 교부들이 그랬듯이 엔 에페소(에베소 안에)가 없는 사본이 원본과 일치한다고 보고 본문을 해석할 필요가 있다. 그렇다면 비동사 우신(있는) 뒤에 당연히 있어야 할 보어가 없는 이유는 무엇일까? 바울은 의도적으로 보어를 생략한 것으로 보인다.

τοις ἁγιοις τοις οὖσιν (　　　　　)
그 성도들에게 그 있는

και πιστοις ἐν Χριστῳ Ἰησου
그리고 신자들에게 안에 그리스도 예수

바울이 쓴 편지의 수신자는 (어떤 상태에) 있는 성도들과 그리스도 예수 안에 있는 신자들이다. 일반적으로 교회에서 성도와 신자는 같은 의미로 사용된다. 목회자와 같은 전문 사역자가 아닌 평신도를 부르는 호칭이다. 초대교회 당시에도 그런 식으로 쓰인 것으로 보인다. 중요한 것은 에베소서의 수신자를 나타내는 성도들과 신자들 뒤에 있는 수식어이다. 성도들 뒤에 오는 수식어는 생략되어 알 수 없으며, 신자들 뒤에 오는 수식어는 "그리스도 예수 안에"(엔 크리스토 예수)이다. 이 둘은 문학적으로 서로 평행을 이룬다. 궁금한 것은 토이스 하기오이스 토이스 우신 뒤에 생략된 수식어가 무엇인가 하는 것이다.

글을 쓸 때는 같은 말이 반복되면 뒤에 나오는 말은 생략하는 경우가 종종 있다. 우신(있는) 뒤에 보어가 없는 것은 앞에 나온 같은 말을 생략했기 때문이다. 문맥으로 보면 앞에 나온 디아 델레마토스 투 데우(하나님의 뜻을 통하여)가 생략되었다. "(하나님의 뜻을 통하여) 있는 그 거룩한 자들"이 된다. 글쓴이는 비동사 우신(있는) 다음에 당연히 있어야 할 말을 의도적으로 생략함으로써 독자들의 궁금증을 유발하고 있다.

에베소서의 수신자는 "하나님의 뜻을 통하고 있는 성도들과 그리스도 예수 안에 있는 신자들"이다. 나중에 살펴보겠지만 이들은 교회에서 청지기직을 맡은 평신도들이다. 오늘날로 치면 장로나 권사, 안수집사와 같은 임직자들이 여기에 해당한다. 평신도로서 교회의 지도자 위치에 있는 사람들이다. 이렇게 보면 에베소서의 발신자는 청지기인 사도 바울이고, 수신자는 예수 그리스도와 뜻이 통하는 그리스도 안에 거하는 평신도 청지기들이다.

1:2

하나님의 은혜와 평안이 있어야 한다

χαρις	ὑμιν	και	εἰρηνη	ἀπο	θεου	
은혜	너희에게	그리고	평안이	부터	하나님으로	
πατρος	ἡμων	και	κυριου	Ἰησου	Χριστου,	
아버지	우리의	그리고	주님	예수	그리스도	

(직역)우리의 아버지 하나님과 주 예수 그리스도로부터 은혜와 평안이 너희에게(있기를).

> "우리의 아버지 하나님과 주 예수 그리스도로부터 은혜와 평안이 너희에게(있기를)"
> (카리스 휘민 카이 에이레네 아포 데우 파트로스 헤몬 카이 퀴리우 예수 크리스투)

바울의 인사법은 고대 헬라인들과 유대인들의 인사법과 비슷하면서도 독특함이 있다. 고대 헬라의 인사법은 카이레인(기쁨이 있기를)이고, 유대의 인사법은 샬롬(평안이 있기를)이다. 바울은 이것을 가져다가 카리스 카이 에이레네(은혜와 평안이 있기를)이라는 독특한 기독교식 인사법을 만들었다. 바울의 인사말은 헬라인들과 유대인들에게 친근감을 주면서 동시에 복음을 담고 있다.

헬라인의 인사말인 카이레인(기쁨이 있기를)은 기쁨을 최고의 가치로 여겼음을 보여준다. 현대인들이 삶의 기쁨과 즐거움을 최고의 가치로 여기듯이 고대 헬라인들도 그랬다. 하지만 당시 기독교인들은 삶의 최고 가치를 카리스(은혜)에 두었다. 카리스의 어원은 카이로(기뻐하다)이며 누군가가 베푼 호의로 인해 기뻐하는 것을 말한다.

복음은 하나님 아버지와 예수 그리스도로부터 오는 은혜와 평안을 누리는 것이다. 모든 그리스도인이 은혜와 평안을 누려야 하지만 특히 청지기들에게는 필수 요소이다. 청지기는 사람들이 하나님으로부터 오는 은혜와 평안을 누릴 수 있도록 도와주어야 한다. 내가 갖지 못한 것을 다른 사람에게 줄 수는 없는 법이다. 소경이 소경을 인도할 수 없는 것과 같다.

1:3

신령한 복을 받아야 한다

우리나라 기독교인들은 내심으로는 복 받기를 좋아하면서도 겉으로 나타내기를 꺼린다. 기복신앙을 저질 신앙으로 여기는 풍토 때문이다. 십자가 복음을 강조하는 한국교회는 예수 믿고 고난받는 것을 고급 신앙으로 여긴다. 하지만 그렇지 않다. 기독교 신앙은 하나님이 주시는 복을 받는 것이다. 하나님은 자녀들이 고난보다 복 받기를 원하신다. 세상 종교가 인간이 신에게서 복을 받으려고 만든 것이라면, 기독교 신앙은 하나님이 그리스도인에게 복을 주시기 위해 생겨난 것이다. 기독교인들은 하나님이 주시는 복을 받아 누려야 한다. 생각해 보라. 130살의 나이에 애굽 왕 앞에서 험악한 세월을 살았음을 고백하는 야곱과 30세의 나이에 애굽의 총리가 된 요셉 중 누가 더 복 받은 사람인가?

복의 근원 되시는 하나님(1:3a)

Εὐλογητος	ὁ	θεος	και	πατηρ	του	κυριου	ἡμων
복이 있도다	그	하나님은	그리고	아버지는	그	주님의	우리의

Ιησου	Χριστου,
예수의	그리스도의

(직역)복이 있도다 (그)하나님은 그리고 우리 주 예수 그리스도의 아버지는

"복이 있도다 (그)하나님은"
(율로게토스 호 데오스)

"복이 있도다 하나님"은 히브리어 (송축하리로다)로 시작하

는 구약 찬송시의 패턴을 따른다(시63:4, 왕상10:9 등). 바라크(송축하리로다)는 "복이 있으시도다"라는 뜻이며, 헬라어 율로게토스와 같은 말이다.

한글개역은 율로게토스(복이 있도다)를 "찬송하리로다"로 번역했지만, 원래는 주격 형용사로 "복 있는(상태로 있다)"이다. 직역하면 "(성부)하나님은 복 있는(상태로 있으시도다)"이다. 한글개역이 율로게토스를 "찬송하리로다"로 번역한 이유는 천지의 주재이신 하나님을 향해 "복이 있으시도다"라는 말을 쓰는 게 부담스러웠기 때문일 것이다. 하지만 '복이 있으시도다'와 '찬송하리로다'는 의미상 차이가 있다.

헬라어와 히브리어의 복에 대한 개념을 살펴보자.

히브리어로 '복'은 바라카이다. 어원은 동사 바라크인데 "복을 주다" 또는 "복을 받다"로 원래 의미는 "무릎을 꿇다"이다. 야곱이 축복기도를 받기 위해 아버지 이삭 앞에 무릎을 꿇은 것은 아버지 이삭의 입을 통해 주시는 하나님의 복을 받기 위함이다.

헬라어에서 복을 뜻하는 단어인 율로기아는 유(좋은)+로고스(말)의 합성어이다. 좋은 말을 듣는 게 복 받는 것이다. 새해 명절에 자녀들이 세배하면 부모가 덕담으로 복을 빌어주듯이 하나님도 당신 앞에 무릎을 꿇은 자녀들에게 말씀으로 복을 빌어주신다.

율로게토스 호 데오스(하나님은 복이 있도다)는 하나님은 복을 주시는 분이라는 것이다. 명절 때 세배를 한 자녀에게 부모가 덕담으로 복된 말을 해 줄 수는 있어도 그 말을 이루어 줄 수는 없다. 하지만 하나님은 복된 말씀을 주시고 그 말씀을 이루시는 분이다.

"그리고 우리 주 예수 그리스도의 아버지는"
(카이 파테르 투 퀴리우 헤몬 예수 크리스투)

바울은 "성부 하나님(호 데오스)은 복이 있으신 분"이라고 하면서 "우리 주 예수 그리스도의 아버지"라는 말을 덧붙인다. 앞의 2절에서 바울은 "하나님 우리 아버지"라고 했는데 여기서는 "우리 주 예수 그리스도의 아버지"라고 하였다. 성부 하나님은 독생자 하나님이신 예수 그리스도를 통해 우리에게 복을 주신다는 점을 분명히 하기 위함이다. 성부 하나님이 주시는 모든 복은 독생자 하나님이신 예수 그리스도를 통해서 온다. 우리가 예수 그리스도를 믿어야 하는 이유와 그리스도 안에 거해야 하는 이유는 이 때문이다.

하늘에 속한 영적인 복(1:3b)

ὁ	εὐλογησας	ἡμας	ἐν	παση	εὐλογια
그(분)	복주시는	우리에게	안에서	모든	복

πνευματικη	ἐν	τοις	ἐπουρανιοις	ἐν	Χριστω,
영적인	안에	그	하늘에 속한 것들	안에	그리스도

(직역)모든 영적인 복 안에서 우리에게 (순간순간)복주시는 그분은/그리스도 안에 있는 (그)하늘에 속한 것들 안에서

"모든 영적인 복 안에서 (순간순간)복 주시는 그분은"
(호 율로게사스 헤마스 엔 파세 율로기아 프뉴마티케)

하나님이 주시는 복은 세상 사람들이 구하는 복과는 차원이 다르다. 세상 사람들은 물질의 복, 건강 장수의 복, 자녀의 복, 명예나 권세와 같은 복을 원한다. 그래서 이런 복을 받기 위해 종교를 믿고 우상을 섬긴다. 기독교인 중에도 이런 복을 받기를 원하는 사람들이 있다. 하지만 하나님은 우리에게 이런 복보다 신령한 복을 주기를 원하신다.

한글개역에서 '신령한 복'으로 번역한 율로기아 프뉴마티케는

직역하면 '영적인 복'이다. 바울은 프뉴마티코스(영적)이라는 단어를 성령과 관련하여 사용한다. "우리가 이것을 말하거니와 사람의 지혜가 가르친 말로 아니하고 오직 성령께서 가르치신 것으로 하니 영적인 일들(프뉴마티코이스)은 영적인 것들로(프뉴마티카) 분별하느니라"(고전2:13). 성령의 가르침을 받아 말하는 사람이 신령한 사람이다. 성령의 가르침을 받아 말하는 신령한 사람이 되려면 어떻게 해야 하는가? 성령세례를 받아야 한다.

"오직 성령이 너희에게 임하시면 권능을 받아 예루살렘과 온 유대와 사마리아와 땅끝까지 내 증인이 되리라"(행1:8)

부활하신 예수님이 승천하신 후 120명의 제자들은 마가의 다락방에서 모여 기도하다가 아버지가 약속하신 성령세례를 받았다. 성령세례를 받은 사람들은 방언도 하고 예언도 하였다. 하나님의 말씀으로 말하게 된 것이다.

하나님은 "모든 신령한 복 안에서 우리에게 복 주시는 분"이다. 동사인 율로게사스(복 주시는)이 아오리스트시제로 쓰였다. 하나님은 순간순간 복을 주신다. 사역 중에 주님으로부터 순간순간 해야 할 말을 받는 게 신령한 복을 받은 것이다. 그렇다면 하나님은 청지기들에게 신령한 복만 주시고 다른 복은 주지 않으시는가? 이에 대해 성경은 이렇게 말한다.

> 그러므로 염려하여 이르기를 무엇을 먹을까 무엇을 마실까 무엇을 입을까 하지 말라. 이는 다 이방인이 구하는 것이라. 너희 하늘 아버지께서 이 모든 것이 너희에게 있어야 할 줄을 아시느니라. 그런즉 너희는 먼저 그의 나라와 그의 의를 구하라. 그리하면 이 모든 것을 너희에게 더하여 주시리라(마6:31-33).

주님은 우리가 하나님 나라를 추구하면 물질의 복을 더하여

주겠다고 약속하였다. 물질적인 복보다 중요한 게 신령한 복이다. 신령한 복을 받으려면 성령세례를 받아야 한다. 성령세례란 성령을 충만히 받는 것이다. 하지만 성령을 받은 후에 성령이 점차 소멸이 된다. 성령세례를 받은 사람이 성령을 소멸시키지 않으려면 그리스도 안에 있어야 한다.

"그리스도 안에 있는 (그)하늘에 속한 것들 안에서"
(엔 토이스 에푸라니오이스 엔 크리스토)

성령세례를 받은 청지기들은 그리스도 안에 있는 (그) 하늘에 속한 것들 안에서 신령한 복을 유지할 수 있다. "(그)하늘에 속한 것들"(토이스 에푸라니오이스)은 "땅에 속한 것들"과 대조된다(요3:12, 고전25:48-49, 히8:5, 11:16, 12:18-22). 신령한 복은 하늘에 속한 것들 안에서 주어진다. 따라서 신령한 복을 받으려면 하늘에 속한 자가 되어야 한다. 그리고 하늘에 속한 자가 되려면 그리스도 안에(엔 크리스토) 거해야 한다. 바울이 기독교 신앙에서 엔 크리스토를 강조하는 것은 이 때문이다. 요한복음에서 예수님은 엔크리스토의 중요성을 강조한다. 그리스도 안에서 하늘에 속하지 않은 청지기는 열매를 맺지 못한다.

"내 안에 거하라 나도 너희 안에 거하리라. 가지가 포도나무에 붙어있지 아니하면 스스로 열매를 맺을 수 없음같이 너희도 내 안에 있지 아니하면 그러하리라"(요15:4).

1:4-6

거룩하고
흠이 없어야 한다

야곱이 얍복강에서 하나님과 씨름하면서 구한 복은 신령한 복이었다. 그래서 이스라엘이라는 이름을 얻게 되었다. 야곱처럼 우리도 하나님께 신령한 복을 구해야 한다. 신령한 복을 받으려면 엔크리스토가 되어야 한다. 성부 하나님은 그리스도 안에서 신령한 복을 주신다고 약속하였다. 그리스도 안에서 신령한 복을 받으면 맺게 되는 열매는 다음과 같다.
①거룩하고 흠이 없는 사람이 되고 ②하나님의 아들이 되고 ③하나님의 은혜와 영광을 찬송하는 사람이 된다.

거룩하고 흠이 없는 사람이 된다(1:4)

καθως ἐξελεξατο ἡμας ἐν ἀυτω
이처럼 (그가)택하셨다 우리를 안에서 그분

προ καταβαλης κοσμου εἰναι ἡμας ἁγιους
전에 (아래로)던져지기 세상의 있도록 우리가 거룩하고

και ἀμωμους κατενωπιον αὐτου ἐν ἀγαπῃ
그리고 흠이 없게 (얼굴)앞에서 그분의 안에서 사랑

(직역)이처럼 그가 우리를 그 안에서 택하셨다/세상의 아래로 던져지기 전에/우리가 그분의 얼굴 앞에서 거룩하고 흠이 없게 있도록/사랑 안에서

"이처럼 그분이 우리를 택하셨다 그 안에서"
(카도스 엑셀렉사토 휘마스 엔 아우토)

본문은 "이처럼"(카도스)이라는 접속사로 시작한다. 엔 아우토(그분 안에서)는 "그리스도 안에서"를 말한다. 그리스도 안에서 신령한 복을 주시고 그리스도 안에서 청지기들을 택하신다.

엑셀렉사토(그가 택하신다)가 아오리스트시제, 중간태이다. 말씀이신 하나님은 청지기들을 순간적으로 택하시며(아오리스트) 또한 자신을 위해 택하신다(중간태). 예수 그리스도가 청지기를 택하는 것은 하나님 나라의 사역자로 쓰기 위함이다. 그 택함은 우리가 성령세례를 받을 때 순간적으로 이루어진다.

"세상의 아래로 던져지기 전에"
(프로 카타발레스 코스모)

하나님은 우리가 세상의 아래로 던져지기 전에 그리스도 안에서 (순간적으로)택하신다. 한글개역은 프로 카타발레스 코스모를 "창세 전에"로 번역하였다. 하나님이 창세 전에 구원받을 사람을 미리 선택했다는 의미로 본 것이다. 하지만 이렇게 볼 때 "그리스도 안에서"를 뜻하는 엔 아우토(그 안에서)와 연결에 문제가 생긴다. "창세 전에"는 과거의 일이고 "그리스도 안에서"는 현재의 일이므로 서로 시제가 안 맞는다.

한글개역은 프로 카타볼레스 코스모를 "창세 전에"로 번역했지만 원문 직역은 다르다. 카타볼레스는 접두사인 카타(아래)와 발로(던지다)의 합성어로 "아래로 던지다"를 뜻하는 동사에서 온 명사이다. 카타볼레스 코스모는 "창세 전에"라는 의미로 사용된 게 아니다. 프로 카타볼레스 코스무를 직역하면 "세상의 (아래로) 던져지기 전에"이다. 본문에서 이 단어는 엔 크리스토를 뜻하는 "그분 안에"(엔 아우토)와 연결된다. 죄 가운데 있는 우리가 세상 아래로 던져지기 전에 그리스도 안에서 택하신다는 것이다.

"우리가 그분의 얼굴 앞에서 거룩하고 흠이 없게 있도록"
(에이나이 헤마스 하기우스 카이 아모무스 카테노피온 아우투)

우리가 세상 아래로 던져지기 전에 그리스도 안에서 순간적으로 택하신 이유는 그분의 얼굴 앞에서 거룩하고 흠이 없는 자들이 되게 하기 위함이다. "거룩하다"라는 말과 "흠이 없다"

라는 말은 구약성경에서는 하나님께 제물로 드리는 흠 없는 짐승에 사용된다(출29:1, 29:38, 레1:3, 1:10, 민6:14).

거룩하고 흠이 없는 존재가 되라는 말 뒤에 카테노피온 아우투(그분의 얼굴 앞에서)라는 수식어가 있다. 하나님의 얼굴 앞에 있을 때 거룩하고 흠이 없는 존재가 될 수 있다.

카페노피온(얼굴 앞에서)은 신약성경에서는 거의 사용되지 않는다. 구약성경에서는 제사장이 제사를 지낼 때 "하나님의 얼굴 앞에서"라는 말이 사용된다(레1:5,10, 레3:1,7,15, 레5:19, 레6:15,25). 바울은 엔 크리스토(그리스도 안에서)와 카테노피온 아우투(그분의 얼굴 앞에서)를 동시에 사용함으로 엔 크리스토(그리스도 안에서)와 구약의 제사장이 하나님의 얼굴 앞에 나아가는 것을 연결하고 있다. 청지기는 그리스도 안에서 거룩한 제사장이 되어 하나님 얼굴 앞에 나아가야 한다.

"사랑 안에서"
(엔 아가페)

본 구절의 마지막은 엔 아가페(사랑 안에서)이다. 청지기가 하나님의 얼굴 앞에서 거룩하고 흠이 없는 존재가 되면 아가페(사랑) 안에서 거하게 되고, 아가페(사랑)로 사역하게 된다. 하나님은 "내가 거룩하니 너희도 거룩하라"고 말씀하였으며, 예수님은 "내가 너희를 사랑한 것처럼 너희도 서로 사랑하라"고 말씀하였다. 청지기는 하나님의 얼굴 앞에서 거룩하고 흠이 없는 자가 될 때 사랑으로 성도들을 섬길 수 있다.

하나님의 양자로 미리 정하신다(1:5)

προορισας ἡμας ἐις υἱοθεσιαν δια Ἰησου
먼저 정하면서 우리를 안으로 양자 통하여 예수

Χριστου ἐις αὐτου, κατα την ἐὐδοκιαν
그리스도를 안으로 그(분) 따라 그 좋은 생각을

του θεληματος αὐτου,
그 뜻의 그의

(직역)양자 속으로(들어가도록) 우리를 (순간적으로)미리 정하면서/예수 그리스도를 통하여 그분 안으로(들어가서),/그분의 (그)뜻의 (그)좋은 생각을 따라서

"양자 속으로(들어가도록) 우리를(순간적으로)미리 정하면서"
(프로오리사스 헤마스 에이스 휘오데시안)

본문의 첫 단어인 프로오리사스(먼저 정하면서)는 아오리스트 분사로서 앞 문장의 동사인 엑셀렉사토(그가 택하셨다)와 연결된다. 하나님은 우리를 청지기로 택해서 양자 속으로 들어가도록 미리 정하신다.

양자와 자녀는 다르다. 예수 믿고 성령으로 거듭나면 하나님의 자녀가 되지만 언제까지 하나님의 자녀로만 머물러 있을 수는 없다. 하나님의 아들이 되어야 한다. 하나님 나라를 상속받아 다스리는 것은 자녀가 아니라 아들이다. 아들이 되는 게 청지기의 목표여야 한다. 그렇다고 우리가 예수 그리스도와 똑같은 아들이 되는 건 아니다. 예수님은 (성부)하나님의 아들(독생자)이시고, 우리는 (성부)하나님의 양자가 될 수 있다.

하나님의 양자가 되는 것의 중요성을 알려면 고대 시대에 양자의 의미를 알아야 한다. 오늘날에는 어린아이를 양자로 삼는 게 일반적이지만 그리스-로마 시대에는 성인을 양자로 삼았다. 또한 양자로 삼는 목적도 오늘날과 다르다. 오늘날에는 자녀가 없는 가정에서 부모가 없는 어린아이를 양자로 삼지만, 고대 시대에는 가계를 물려주기 위해 어른이 된 사람을

양자로 삼았다. 영화 벤허를 보면 해군 함대의 노예가 된 벤허가 해적의 공격으로 불이 난 함대의 선장을 구하자 벤허의 의로움과 능력을 알아본 선장이 자신의 양자로 삼는 내용이 나온다.

하나님이 우리를 양자로 삼는 이유는 하나님 나라를 기업으로 물려주기 위함이다. 신약성경에서 "양자 됨"을 뜻하는 헬라어 휘오데시아는 바울이 사용한 특별한 용어이다. 구약성경을 헬라어로 번역한 70인역에는 이 말이 한 번도 안 나온다. 하지만 신약성경에서는 본문을 포함하여 바울서신에만 5번 나온다(엡1:5, 갈4:5, 롬8:15,23, 9:4). 바울은 "양자됨"(휘오데시아)이라는 말을 청지기와 관련한 특별한 의미로 사용하고 있다.

한글개역에서 "예정하사"로 번역된 프로오리사스(기본형 프로오리조)는 프로(앞에)+오리조(표시하다/정하다)의 합성어로 "앞서 정하다"라는 뜻이다. 이것은 창세 전에 하나님이 우리를 양자로 예정했다는 의미가 아니다. 4절의 프로 카타볼레스 코스무가 '창세 전'에 대한 언급이 아닌 것처럼 프로 오리사스 역시 창세 전에 예정된 것을 의미하지 않는다. 만일 하나님이 그리스도인들을 창세 전에 선민으로 택했다면 이스라엘 역시 창세 전에 선민으로 택한 것이어야 맞다. 하지만 구약성경에는 하나님이 이스라엘을 창세 전에 택했다는 표현이 한 번도 나오지 않는다.

바울이 이 말을 쓴 의도를 알려면 프로오리사스가 아오리스트 시제[3]인 것을 주목해야 한다. 하나님이 순간적으로 앞서 정하신다는 것이다. 그리고 뒤에는 에이스 휘오데시안(양자됨 속으로)가 따라온다. 순간적으로 앞서 정하시는 이유는 양자 됨 속으로 들어가도록 하기 위함이다. 하나님은 성령세례를 받고 청지기가 된 사람을 양자로 앞서(미리) 정하신 후 양자 안으로 들

---

3) 헬라어의 아오리스트시제는 생각지 않게 순간적으로 발생하는 일을 나타낸다.

어가게 하신다. 프로오리사스(미리 정하사)는 아직 양자가 안 되었지만 미리 양자로 정했다는 말이다.

예를 들면 조선 시대에 왕이 아들에게 왕위를 물려주기 전에 먼저 세자로 책봉하는 것과 같다. 왕의 자녀가 왕세자로 책봉되면 그때부터 왕처럼 대우를 받는다. 왕세자로 정해놓고 왕처럼 예우하면서 왕이 될 자질을 쌓게 하는 것이다. 청지기들을 미리 양자로 정하는 것도 같은 이유이다. 양자로 미리 정한 후에 하나님 나라 상속자의 훈련을 시키신다.

"그분 안으로 들어가서 예수 그리스도를 통하여"
(디아 예수 크리스투 에이스 아우투)

휘오데시안(양자됨) 뒤에 두 개의 전치사구가 따라온다. 디아 예수 크리스투(예수 그리스도를 통하여)와 에이스 아우투(그분 안으로 들어가서)는 휘오데시안(양자됨)을 수식한다. 그리스도 안으로(들어가서) 예수 그리스도와 통할 때 양자가 될 수 있다. 양자로 미리 정해진 청지기들은 그분 안에 들어가서(에이스 아우투) 예수 그리스도를 통해야(디아 예수 크리스투) 한다. 청지기들은 모든 일을 예수 그리스도와 소통하며 해야 한다.

"그분의 (그)뜻의 (그)좋은 생각을 따라"
(카타 텐 유도키안 투 델레마토스 아우투)

청지기가 예수 그리스도 안에 들어가서 예수 그리스도와 소통이 되면 "그분의 (그)뜻의 (그)좋은 생각을 따라" 사역하게 된다. 대명사 "그분"(아우투)은 하나님의 아들이신 예수 그리스도를 가리킨다. 한글개역에서 "그 기쁘신"으로 번역된 유디키안(기본형/유도키아)는 유(좋은)+도케오(생각)의 합성어로 "좋은 생각"(good idea)을 뜻한다. 예수님의 뜻은 언제나 굿 아이디어(좋은 생각)이다. 청지기가 예수 그리스도와 소통해야 하는 이유는 그분이 갖고 계신 굿 아이디어를 얻기 위함이다. 말씀이신 그리스도 안에 들어가서 주님의 음성을 듣고 주님의 좋은 생각을 받아서 그것으로 사역해야 한다. 청지기는 이 훈련이 되어야 한다. 출애굽한 이스라엘 백성을 하나님이 광야로 보낸 것은 이 훈련을 받도록 하기 위함이다.

하나님께 영광과 찬양을 드리게 된다(1:6)

εἰς ἔπαινον δοξης της χαριτος αὐτου ἧς
안으로 찬양 영광의 그 은혜의 그의 (그런데 그것은)

ἐχαριτωσεν ἡμας ἐν τω ἠγαπημενω.
은혜를 베푸신 것이다 우리에게 안에서 그(분) 사랑받아왔던

(직역)그분의 (그)은혜의 영광의 찬양 안으로(들어가게 하려고) 그런데 그분은 우리에게 (순간적으로)은혜를 베푸셨다/사랑받아왔던 그분 안에서

"그분의 (그)은혜의 영광의 찬양 안으로(들어가게 하려고)"
(에이스 에파이논 독세스 테스 카리토스 아우투)

1장 3절의 율로게토스 호 데오스(하나님은 복이 있으시도다)로 시작된 문장은 4절과 5절을 거쳐 6절에서 끝이 난다. 3~5절에서는 복의 근원이 되시는 하나님이 그리스도 안에서 우리에게 신령한 복을 주시고, 그리스도 안에서 청지기로 택하여 거룩하고, 흠이 없는 존재인 양자로 미리 정한 후 하나님의 아들이신 그리스도 예수와 소통하는 양자의 삶을 살게 하신다는 것이다. 예수 그리스도가 청지기에게 이렇게 하시는 이유는 6절의 "그리스도의 (그)은혜의 영광의 찬양 속으로" 들어가도록 하기 위함이다.

에이스 에파이논 독세스 테스 카리스토스 아우투(그분의 그 은혜의 영광의 찬양 속으로)에는 세 개의 소유격 명사가 나온다. 일반적인 문장에서 소유격 명사가 세 개 연속으로 나오는 것은 흔치 않은 일이다. 그렇게 한 이유는 예수 그리스도가 주시는 (그)은혜의 중요성을 강조하기 위함이다.

원문을 보면 영광(독세스)과 찬양(에파이논) 앞에는 관사가 없고 은혜(카리토스) 앞에만 관사 테스가 있다. "그분의 (그)은혜"(테스 카리토스 아우투)는 소유격의 '주어의 용법'으로 우리를 하나님 나라의 청지기로 삼으신 은혜이다.

"(그)은혜의 영광"(독세스 테스 카리토스)은 소유격의 '원인의 용법'으로 "(그)은혜로 인한 영광"이다. 하나님의 은혜로 청지기가 된 우리는 하나님 나라의 싸움에서 승리하여 하나님께 영광을 돌려야 한다. 영광의 국어사전의 뜻은 "빛나고 아름다운 영예(영광스러운 명예)"로서 어떤 일에 최고의 자리에 올라간 자나, 싸움(경기)에서 승리한 자에게 붙이는 말이다.

"영광의 찬양"(에파니온 독세스)은 소유격의 원인의 용법으로 영광으로 인한 찬양을 뜻한다. 에파이논(기본형/에파이노스)은 에피(강조의 접두사)+아이네오(칭찬하다)의 합성어로 "크게 칭찬하다"라는 의미이다. 우리는 보통 노래나 말로 하나님을 찬양하지만, 그보다 더 큰 찬양은 하나님 나라의 싸움에서 승리하여 그 영광을 하나님께 돌릴 때이다. 하나님 나라의 싸움에서 승리하여 영광을 하나님께 돌림으로 하나님을 찬양하는 청지기가 되어야 한다.

"그런데 그것은 우리에게 (순간적으로)은혜를 베푸신 것이다 /사랑받아왔던 그분 안에서"
(헤스 에카리토센 헤마스 엔 토 에가페메노)

(여성단수)관계대명사 헤스의 선행사는 "그 은혜"(테스 카리토스)이다. 하나님 나라의 청지기가 된 "그 은혜"(테스 카리토스)는 성부 하나님에 의해 "사랑을 받아왔던 분"(토 에가페메노)이신 예수 그리스도에 의해 주어진다. 예수 그리스도를 가리켜 "(하나님의)사랑을 받아왔던 그분"이라고 한 이유는 (그)은혜를 받은 청지기들에게 하나님의 아들이신 예수 그리스도가 받았

던 그 사랑이 주어진다는 것을 나타내기 위함이다. 에카리토센(은혜를 베풀다)가 아오리스트시제인 것은 청지기가 되는 은혜는 성령세례를 받을 때 순간적으로 주어진다. 예수님이 우리에게 성령세례를 주시는 이유는 청지기로 삼아 땅끝까지 예수 그리스도의 증인이 되게 하기 위함이다(행1:8).

2
교회 사역의 중추인 청지기직

십자가 속량의 구원사역을 맡은 자들

이제부터 바울은 청지기들이 교회에서 얼마나 중요한 일을 하는지를 설명한다. 사람들의 죄 문제를 해결하는 예수 그리스도의 구원 사역은 청지기 없이는 이루어질 수 없다.

그리스도의 피를 통해 주시는 속량(1:7a)

ἐν ὡ ἐχομεν την ἀπολυτρωσιν δια του
안에서 그분 (우리는)가진다 그 속량을 통하여 그

αἱματος αὐτου, την ἀφεσιν των παραπτωματων,
피를 그분의 그 제거를 그 실수들의

(직역)그분 안에서 우리는 가진다 (그)속량을 / 그분의 (그)피를 통해서, (그)실수들의 (그)제거를,

"그분 안에서 우리는 가진다 그 속량을/그분의 피를 통해서"
(엔 호 에코멘 텐 아폴뤼트로신 디아 투 하이마토스 아우투)

본문은 관계대명사 엔 호(그분 안에서)로 시작한다. 관계대명사의 선행사는 앞 절의 마지막에 나오는 하나님의 "사랑을 받아오신 분"(토 에가페메논)이신 예수 그리스도이다. 그리스도 안에서 우리는 (그)속량을 받았다.

'속량'으로 번역된 아폴뤼트로신(기본형/아폴뤼트로시스)는 아포(부터)+뤼트론(돈을 받고 풀어주다)의 합성어로 "값을 치르고 노예를 (누군가로부터)풀어주는 것"을 뜻한다. 관사가 있는 "(그)속량"(텐 아폴뤼트로신)은 예수 그리스도가 십자가에서 대가로 치르고 우리를 죄의 노예 상태에서 풀려나게 하신 특별한 속

량이다. 고대 헬라어에서 아폴리트로시스(속량)은 몸값을 지불하고 노예를 자유롭게 하는 데 쓰였다. 신약성경에 10회 나오는데 신약성경 이전의 헬라문헌에는 거의 나오지 않는다.4)

"우리는 (그)속량을 갖고 있다"(에코멘 텐 아폴뤼트로신)에서 에코멘(소유하다)가 현재시제이다. 청지기들은 사람들을 죄로부터 구원하는 십자가 속량을 소유해야 한다. 그러면 청지기들의 사역으로 사람들은 구원에 이르게 된다. 청지기들이 이런 속량의 은혜를 소유하려면 두 가지 조건이 필요하다.

①그분(그리스도) 안에서(엔 호)
②그의 피를 통해서(디아 투 하이마토스)

청지기들이 사람들의 죄 문제를 해결하는 속량은 ①그리스도 안에서, ②그분의 피를 통해서 가능하다.

"그의 피를 통하여"(디아 투 하이마토스)를 한글개역이 "그의 피로 말미암아"로 번역한 것은 2000년 전 예수님이 십자가에서 흘리신 피를 죄 사함의 원인으로 보았기 때문이다. 반면에 영어성경 KJV는 원어성경에 맞추어 through his blood로 번역하였다. 헬라어 전치사 디아는 뒤에 소유격 명사가 올 때는 "통하여"를 뜻하고, 목적격 명사가 올 때는 원인을 나타내는 "인하여(말미암아)"를 뜻한다. 따라서 흠정역(KJV)의 번역처럼 "그의 피를 통하여"로 번역하는 게 맞다.

예수 그리스도의 (그)피를 통한다는 것은 무슨 의미인가?

관사가 있는 '(그)피'(투 하이마투스)는 2000년에 십자가에서 흘리신 예수 그리스도의 보혈을 말한다. 어떻게 2000년에 흘리신 보혈의 피를 오늘날 우리가 통할 수 있는가? 난해하다. 한글개역이 디아 투 하이마토스(그 피를 통하여)를 "그 피로 말

4)프랭크 틸만 「에베소서」 부흥과 개혁사 p.100-101

미암아"로 번역한 것도 이런 난해함 때문일 수 있다.

바울은 "(그)피를 통한다"는 말을 은유로 사용하였다. 히브리 신앙에서 피는 생명을 상징한다. 예수 그리스도의 (그)피를 통한다는 것은 예수 그리스도의 생명을 통한다는 의미이다. 예수님은 "나는 생명이다"(요14:6)라고 하였다. 2000년 십자가에서 흘리신 예수 그리스도의 보혈이 지금 생명이 되어 우리 안에 흐른다. 여기서 생명은 육체적 생명이 아니라 영적 생명이다(신12:23). 사람들을 죄에서 벗어나게 하는 것은 그리스도 안에서 예수 그리스도의 생명을 통할 때 가능하다. 내가 사는 것이 아니라 내 안에 계신 그리스도로 살 때 가능하다(갈2:20).

"(그)실수들의 (그)제거를"
(텐 아페신 톤 파랍토마톤)

바울은 청지기들이 그리스도 안에서 예수 그리스도의 피(생명)을 통하여 십자가의 속량의 소유했을 때 어떤 일이 일어나는지를 보여준다. 텐 아페신 톤 파랍토마톤(그 실수들의 그 제거)이다. 한글개역은 이것을 '죄사함'으로 번역했고, 영어성경 KJV는 the forgiveness of sins(죄들의 용서)로 번역했다. 파랍토마톤(기본형/파랍토마)는 파라(옆으로)+페토마이(미끄러지다)에서 온 말로 '실수'나 '과실'을 뜻한다. 죄를 뜻하는 하마르티아와는 다르다. 예수 그리스도의 (그)속량으로 사람들은 죄뿐 아니라 실수에서도 해방된 것이다.

인간을 실수로부터 해방하는 십자가의 속량(아폴리트로시스)은 고대 그리스의 노예를 몸값을 지불하고 자유인이 되게 하는 개념보다는 고대 이스라엘의 속죄제의 개념이 강하다. 그리스도의 십자가의 속량과 이스라엘 백성들이 드리는 속죄제는 일맥상통한다. 레위기 4장을 보면 실수로 인해 죄를 지은 이스라엘 백성이 속죄받으려면 소나 양을 희생제물로 바쳐야 했다. 소나 양을 희생제물로 바칠 능력이 안 되면 비둘기 두 마리를 바쳐야 하고 그것도 능력이 안 되면 고운 가루 십분의 일 에바를 예물로 가져다가 제물로 드려야 했다.

속죄제는 단순히 희생제물을 통해 죗값을 치르는 의식이 아니다. 하나님의 거룩함으로 나아가기 위한 의식이다. 바울이 말한 디아 투 하이마토스 아우투(그분의 그 피를 통하여)의 상징적 의미를 구약시대 제사 제도와 연관해 보면 이해가 쉽다. 제사장은 희생제물로 드려진 흠 없는 동물의 피를 손가락에 찍어 여호와가 계신 성소의 휘장 앞에 일곱 번 뿌리고, 회막 안 향단 뿔들에 바르고, 그 송아지의 피 전부를 회막 문 앞 번제단 밑에 쏟았다(레4:6-7).

속죄제를 드릴 때 이런 의식을 행하는 이유는 피가 생명을 상징하기 때문이다. 희생제물로 드려진 흠 없는 짐승의 피를 통해 영적으로 죽은 생명이 살아난다. 구약 제사장의 피 뿌리는 사역을 오늘날 청지기들도 해야 한다. 그리스도의 생명으로 영적으로 죽은 사람들을 살려야 한다. 그 일을 위해 주님은 우리를 청지기로 삼은 것이다.

그리스도의 은혜의 풍성함을 따라 주시는 청지기직의 은혜(1:7b)

κατα	το	πλουτος	της	χαριτος	αὐτου	ἡς
따라	그	풍성함을	그	은혜의	그분의	(그런데)그것을

ἐπερισσευσεν	εἰς	ἡμας,
(그가)넘치게 한다	속으로	우리

(직역)그분의 (그)은혜의 풍성함을 따라 그런데 그것을 그가 우리 안에 넘치게 한다.

"그분의 (그)은혜의 (그)풍성함을 따라"
(카타 토 플루토스 테스 카리토스 아우투)

'은혜'라는 말의 국어사전 의미는 "고맙게 베풀어 주는 신세나 혜택"이다. 테스 카리토스 아우투(그분의 그 은혜)는 사람들을 죄와 실수에서 벗어나게 하는 하나님의 은혜이다.

"그런데 그것을 그분이 우리 안에 넘치게 한다"
(헤스 에페리쓔센 에이스 헤마스)

주님은 (그)은혜를 청지기들 속에 풍성하게 넘치도록 주신다. 소유격 관계대명사 헤스의 선행사는 앞에 나오는 소유격명사 테스 카리토스 아우토(그분의 그 은혜)이다. 하나님의 풍성한 은혜가 청지기인 우리 안에 흘러넘친다. 에페리쓔센(기본형:페리쓔오)는 "너무 많아서 남아도는 것"을 뜻하며 아오리스트시제로 쓰였다. 죽은 생명을 살리는 그 은혜가 그리스도 안에 있는 청지기에게 순간순간 흘러넘친다.

그리스도 안에 있는 구원의 신비(1:8-9a)

ἐν	πασῃ	σοφια	και	φρονησει,	γνωρισας	ἡμιν
안에서	모든	지혜	그리고	총명	알게 하면서	우리에게

το	μυστηριον	του	θεληματος	αὐτου,
그	신비를	그	뜻의	그분의

(직역)모든 지혜와 총명 안에서, 우리에게 그분의 (그)뜻의 (그)신비를 알게 하면서

"모든 지혜와 총명 안에서,"
(엔 파세 소피아 카이 프로네세이,)

헬라어 원문에서 전치사구인 엔 파세 소피아 카이 프로네세이(모든 지혜와 총명 안에서)는 7절의 "(그)속량을 우리가 가지고 있다"(에코멘 텐 아폴뤼트로신)을 수식한다. 주님은 청지기직을 맡은 사람들이 주님이 주시는 지혜와 총명 안에서 죄 가운데 있는 사람들을 속량하는 주님의 구원 사역을 하게 하신다.

"우리에게 그분의 (그)뜻의 (그)신비를 알게 하면서"

(그노리사스 헤민 토 뮈스테리온 투 델레마토스 아우투,)

영어의 미스터리(mystery)는 헬라어 미스테리온에서 온 말이다. 신비(미스터리)의 국어사전의 의미는 "말이나 현상 따위가 사람의 힘이나 지혜 또는 보통의 이론이나 상식으로는 도저히 이해할 수 없을 만큼 신기한 일이나 비밀"이다. 기독교 복음은 신비이다. 하나님의 독생자가 인간이 되신 것도 신비이지만, 예수 그리스도를 믿음으로 인간이 하나님의 아들이 되는 것도 신비이다. 그뿐 아니라 우리를 하나님 나라의 청지기로 삼아 예수 그리스도의 구원 사역의 일꾼으로 삼으신 것도 신비이다.

하나님 나라의 청지기로 삼으신 하나님의 '(그)뜻의 (그)신비'를 하나님은 우리가 알기를 원한다. 그노리사스(기본형/그노리조)는 하나님과의 관계를 통해 알게 되는 것을 뜻한다. 그리스도 안에서 예수 그리스도와 관계를 맺는 사람만이 그 신비를 알 수 있다.

신비의 핵심은 하나님 나라의 청지기가 되는 것이다(1:9b-10a)

κατα	την	εὐδοκιαν	αὐτου	ἥν	προεθετο	ἐν	αὐτῳ
따라	그	선한 기쁨을	그의	(그것을)	(그가)작정한다	안에서	그분

εἰς	οἰκονομιαν	του	πληρωματος	των	καιρων,
안으로	청지기직	그	풍성함의	그	시간들의

(직역)그분 안에서 (그가)작정했던 그분의 (그)기쁘신 뜻을 따라 (그)시간들의 (그)풍성함의 청지기직 안으로(들어가면서).

"그분 안에서 그가 작정했던 그분의 (그)기쁘신 뜻을 따라 (그)시간들의 (그)풍성함의 청지기직 안으로(들어가면서)"
(카타 텐 유도키안 아우투 헨 프로데데토 엔 아우토 에이스 오이코노미안 투 플레로마토스 톤 카이론,)

하나님이 그리스도 안에 있는 자들에게 알게 하는 특별한 신비는 하나님 나라의 청지기가 되는 것이다. 한글 개역에서

'경륜'으로 번역된 오이코노미안(기본형:오이코노미아)는 오이코스(집)+노모스(법)의 합성어로 "규율에 따라 집을 다스리는 청지기직"을 뜻한다. 청지기는 주인이 맡긴 것을 주인의 뜻에 따라 관리하는 사람이다. 하나님은 성령으로 거듭난 그리스도인들을 하나님 나라의 청지기로 삼으신 후 그들을 통해 하나님 나라를 세우신다. 구약성경에는 청지기직을 잘 감당해서 하나님의 복을 받은 사람들이 있는데 대표적 인물이 창세기에 나오는 요셉이다.

요셉은 17세 나이에 형제들의 시기로 인해 애굽에 노예로 팔려 갔지만 우여곡절 끝에 30세에 애굽의 국무총리가 되었다. 하나님이 요셉을 가나안에서 애굽으로 오게 한 것은 하나님의 청지기가 되어 애굽을 다스리도록 하기 위함이다.

하나님이 애굽의 왕자였던 모세를 미디안 광야로 끌어낸 것은 이스라엘을 구원하는 하나님 나라의 청지기로 삼기 위함이며, 모세를 통해 애굽에서 종살이를 하던 이스라엘을 출애굽시킨 것도 이스라엘을 청지기 국가로 삼기 위함이다. 또한, 바리새인 중의 바리새인이었던 바울을 다메섹에서 부르신 것도 이방인을 구원하는 하나님 나라의 청지기로 삼기 위함이다.

예수 그리스도는 우리가 주님의 청지기가 되도록 "그분의 기쁘신 뜻"(텐 유도키안 아우투)을 따라 그분 안에서(엔 아우토) 미리 정하신다(프로에데토). 한글개역에서 "예정하다"로 번역된 프로에데토(기본형:프로디데미)는 프로(앞서)와 티데미(두다)의 합성어로 "앞서 두다"이다. 본문에서는 아오리스트시제 중간태로 쓰였다.[5] 하나님은 성령세례를 받은 사람을 청지기직으로(에이스 오이코노미안) 들어가게 하신다. 프로에데토가 중간태로 쓰인 것은

5) 헬라어 아오리스트시제는 순간적으로 발생하는 일을 나타낼 때 사용되며, 중간태는 자기 자신에게 하는 일이나 자기 스스로 하는 일을 나타낼 때 사용된다.

하나님이 우리를 그분의 청지기로 삼기 때문이다. 엔 아우토는 우리가 청지기직을 감당하는 것은 '그분(그리스도) 안에서' 가능하다는 것을 보여준다.

하나님은 이러한 작정을 "(그)시간들"(톤 카이론)에서 하신다. 한글개역은 오이코노미안 투 플레로마토스 톤 카이론을 "때가 찬 경륜"으로 번역하였다. 원어직역은 "(그)시간들의 (그)풍성함의 청지기직"이다. 카이로스는 하나님의 시간 즉 하나님이 함께하시는 시간으로 여기서는 복수로 사용되었다. 청지기들은 하루하루의 삶을 그리스도 안에서 하나님이 함께하는 카이로스의 시간들로 채워야 한다.

17세의 나이에 애굽의 노예로 팔려간 요셉은 하루하루의 삶을 카이로스의 시간으로 살았으며 그 결과 30세의 나이에 애굽의 총리가 될 수 있었다. 하지만 출애굽한 이스라엘 백성은 가나안으로 가는 노정의 하루하루를 카이로스의 시간으로 살지 못했기에 11일이면 갈 수 있는 길을 40년이 되도록 가지 못했다.

출애굽한 이스라엘 백성들이 갔던 길은 청지기들에게 그대로 적용된다. 성령세례를 받았다고 할지라도 청지기직을 감당하려면 그리스도 안에서 하루하루의 삶을 카이로스의 시간으로 살아가야 한다. 주님은 성령으로 거듭난 그리스도인들 모두가 그리스도 안에서 요셉과 같은 하나님 나라의 청지기가 되기를 원하신다.

세상 모든 것을 그리스도께 복종케 하는 자들

세상 모든 것들을 예수 그리스도께 복종케 하려고(1:10b)

ἀνακεφαλαιώσασθαι τὰ πάντα ἐν τῷ Χριστῷ,
위를 향해 복종케 하려고 그 모든 것들을 안에서 그 그리스도

τὰ ἐπὶ τοῖς οὐρανοῖς καὶ τὰ ἐπὶ τῆς γῆς
그것들을 위에 그 하늘들 그리고 그것들을 위에 그 땅

ἐν αὐτῷ.
안에 그분

(직역)그리스도 안에서 (그)모든 것들을 위를 향해 복종케 하려고, 그분 안에서 (그)하늘들 위에(있는) 그것들을 그리고 (그)땅 위에 있는 그것들을.

"그리스도 안에서 (그)모든 것들을 위를 향해 복종케 하려고"
(아나케팔라이오사스다이 타 판타 엔 토 크리스토,)

그리스도 안에서 하나님 나라의 청지기가 해야 할 일은 세상 모든 것들이 그리스도의 다스림을 받도록 하는 일이다. 본문의 첫 단어인 아나케팔라이오사스다이가 중요하다. 17개의 철자로 구성된 긴 단어인데 아나(위로)+케팔라이오오(머리를 때리다)의 합성어로 "(위를 향해 순간순간)머리를 때려 복종시킨다"는 뜻이다. 부정사 구문으로 뒤에 있는 목적격 명사 타 판타(그 모든 것들)이 주어이다. 직역하면 "그리스도 안에서 그 모든 것들이 위를 향해 자신의 머리를 때려(복종하게 하려고)"이다. "하나님 나라 청지기의 사역은 세상 모든 것들이 자기 머리를 때려 위에 계신 예수 그리스도께 복종케 하는 일이다.

한글개역은 아나케팔라오사스다이를 "통일되게 하려"로 번역했

지만 "총괄하다"가 원문에 더 가까운 번역이다. 아나케팔라오사스다이는 고대 헬라어 문헌에서도 발견되는데, 명사 아나케팔라이오시스와 상응하는 동사 아나케팔라이오오는 수사학에서 웅변가나 작가가 글을 요약 혹은 줄거리로 만들 때 사용되었다. 만일 바울이 에베소서 본문에서 이 단어를 그런 의미로 사용했다면 그리스도 안에서 모든 피조물을 총괄케 하는 하나님의 계획을 나타내기 위함이다. 마치 웅변가나 저술가가 논증의 요소를 함께 결합하여 연설문이나 저술의 핵심을 나타내는 것처럼 그리스도 안에서 모든 피조물을 총괄하여 세상에 질서를 가져올 거라는 것이다.6)

바울은 아나케팔라이오오라는 고대 헬라인들에게 잘 알려진 단어의 사용을 통해 하늘에 있는 것들이나 땅에 있는 것들이 그리스도 안에서 그리스도께 복종케 하는 것이 청지기의 사명임을 밝히고 있다. 우리는 이러한 청지기 직무를 요셉의 이야기에서 볼 수 있다.

요셉이 애굽의 청지기인 국무총리가 되었을 때 일이다. 애굽에 심한 기근으로 인해 곡식이 떨어지자 애굽 백성들은 가진 돈을 가지고 와서 요셉에게서 곡식을 샀다. 돈이 떨어지자 요셉은 그들에게 가축을 가지고 와서 곡식을 사가라고 했다. 가축이 떨어지자 이번에는 그들의 몸과 토지를 내고 곡식을 사게 했다.

> 우리가 어찌 우리의 토지와 함께 주의 목전에서 죽으리이까 우리 몸과 토지를 먹을 것을 주고 사소서 우리가 토지와 함께 바로의 종이 되리니 우리에게 종자를 주시면 우리가 살고 죽지 아니하며 토지도 황폐하게 되지 아니하리이다. 그러므로 요셉이 애굽의 모든 토지를 다 사서 바로에게 바치니 애굽의

---

6)프랭크 틸만 '에베소서' 부흥과 개혁사 p.112

모든 사람들이 기근에 시달려 각기 토지를 팔았음이라 땅이 바로의 소유가 되니라(창47:19-20).

애굽왕 바로의 청지기인 요셉은 애굽 백성들과 그들이 소유했던 땅과 가축까지 바로의 소유가 되게 하였다. 예수 그리스도의 청지기가 된 우리도 하늘과 땅에 있는 모든 것들이 왕이신 예수 그리스도의 소유가 되도록 해야 한다.

하나님 나라의 청지기로서 세상에 있는 모든 것들을 왕이신 예수 그리스도께 복종시키려면 엔크리스토가 되어야 한다. 원문에서 엔 토 크리스토(그리스도 안에서)는 동사인 아나케팔라이오사스다이(위를 향해 복종케 하다)를 수식한다.[7] 하늘과 땅에 있는 모든 것을 위에 계신 그리스도께 복종케 하는 일은 그리스도 안에서 가능하다.

"그분 안에서 (그)하늘들 위에 있는 그것들과 (그)땅 위에 있는 그것들을"
(타 에피 토이스 우라노이스 카이 타 에피 테스 게스 엔 아우토)

하나님 나라의 청지기가 예수 그리스도께 복종케 해야 하는 대상은 누구인가? 타 에피 토이스 우라노이스(그 하늘들에 있는 것들)과 타 에피 테스 게스(그 땅 위에 있는 것들)이다. 여기서 관사가 있는 복수 하늘인 토이스 우라노이스(그 하늘들)은 예수님을 주님으로 영접한 각각의 그리스도인들 몸 안에 만들어진 하늘이다. 예수를 주님으로 영접한 사람들과 그렇지 않은 사람들 모두를 예수 그리스도께 복종케 해야 한다.

본문 마지막의 엔 아우토(그분 안에서)는 '그리스도 안에서'(엔 크리스토)를 뜻한다. 바울은 한 문장에서 엔 크리스토(그리스도 안에서)를 두 번 사용함으로 청지기들이 그리스도 안에 있

---

7) 성경 헬라어에서 일반적으로 전치사구는 동사를 수식한다. 하지만 바로 앞에 나오는 명사를 수식할 때도 있는데 이때는 관사로 연결해주는 것이 원칙이다.

어야만 세상 모든 것을 만유의 주님이신 그리스도께 복종케 하는 사역을 할 수 있음을 강조하고 있다.

하나님 나라 상속자로 미리 정함을 받게 하려고(1:11)

ἐν ᾧ καὶ ἐκληρώθημεν προορισθέντες κατὰ
(그런데)그분 안에서 그리고 (우리가)몫을 할당받는다 택정함을 받아서 따라
πρόθεσιν τοῦ τὰ πάντα ἐνεργοῦντος κατὰ τὴν βουλὴν
목적을 그(분의) 그 모든 것들을 일하시는 따라 그 계획을
τοῦ θελήματος αὐτοῦ·
그 뜻의 그분의

(직역)그리고 그분 안에서 우리가 미리 정함을 받아서 (순간적으로)할당받는다/ 모든 것들을 그분의 (그)뜻의 (그)계획을 따라 일하시는 그분의 목적를 따라

"그리고 그분 안에서 우리가 미리 정함을 받아서 할당받는다"
(엔 호 카이 에글레로데멘 프로오리스덴테스)

본문은 관계대명사 엔 호(그런데 그분 안에서)로 시작한다. 선행사는 앞 절에 나오는 그리스도이다. 그리스도 안에서 우리는 하나님 나라를 상속받을 자로 정해진다. 한글개역에서 "기업이 되었다"로 번역된 에클레로데멘(기본형:클레로오)는 "몫으로 할당하다"라는 뜻이며 수동태로 "몫으로 할당받다"이다. 이 단어는 "상속받다"라는 헬라어 카타클레로노메오와는 의미상 차이가 있다. 클레로오는 "상속받을 몫을 할당받는다"는 뜻이다.

동사인 에클레로데멘(몫으로 활당되다) 다음에 분사인 프로오리스텐테스(미리 정해지면서)가 온 것은 이런 의미를 분명히 한다. 청지기는 하나님 나라를 상속받기로 미리 정해진 자이다. 창세 전에 예정했다는 의미가 아니다. 그런 의미라면 과거시제(미완료시제)를 사용했을 것이다. 아오리스트시제를 사용한 것은 성령세례를 받을 때 하나님 나라의 몫을 받을 자로 미리 정해지는데 순간적으로 정해진다는 것이다. 마치 조선 시대에

왕세자를 왕위를 물려받을 자로 미리 책정하는 것과 같다. 이렇게 하는 이유는 하나님 나라를 상속받을 자로 미리 정한 후에 그리스도 안에서 하나님 나라 상속자로서 훈련을 받도록 하기 위함이다.

"모든 것들을 그분의 (그)뜻의 (그)계획을 따라 일하시는 그분의 목적을 따라"
(카타 프로데신 투 타 판타 에게룬토스 카타 텐 불렌 투 델레마토스 아우투)

카타 프로데신 투는 직역하면 "그분의 목적을 따라"이다. 프로데신(기본형/프로데시스)는 프로(앞서)+티데미(놓다)의 합성어로 "뜻을 정해서 앞에 놓는 것" 즉 목적으로 삼는 것을 뜻한다. 하나님 나라의 상속자로 미리 정해진 사람은 "그분(하나님)의 목적을 따라"(카타 프로데신 투) 살아야 한다. 하나님과 목적이 다른 사람은 하나님 나라의 상속자로 적합하지 않다. 예수님이 제자들에게 너희는 무엇을 입을까 무엇을 먹을까를 구하지 말고 하나님 나라와 의를 구하라고 한 것은 이 때문이다(마 6:33). 여기서 "구하다"로 번역된 제테이테(기본형/제테오)는 "추구하다"라는 뜻이다. 그리스도의 제자들은 하나님 나라와 의를 목적으로 삼고 추구해 나가야 한다.

하나님 나라의 청지기로서 예수님과 사역의 목적이 같다면 모든 일을 예수님의 계획에 따라 해야 한다. 카타 텐 불렌 투 델레마토스 아우투(그분의 그 뜻의 그 계획에 따라)에서 그분(아우투)은 예수 그리스도를 가리킨다. "(그)뜻의 (그)계획"(텔 불레 투 델레마토스)은 소유격의 '근원의 용법'으로 예수님의 뜻에서 온 계획이다. 하나님 나라의 사업을 위한 모든 계획은 우리의 뜻이 아니라 주님의 뜻을 따라야 한다. 이것은 예수 그리스도의 종인 청지기로서 당연한 도리이다. 청지기는 모든 일을 주님의 뜻과 계획을 따라 해야 한다.

그리스도의 영광의 찬송이 되게 하려고(1:12)

εἰς τὸ εἶναι ἡμας εἰς ἔπαινον δοξης αὐτου
안으로 그것 존재하는 우리가 안으로 찬양 영광의 그분의
τους προηλπικότας ἐν τω Χριστῳ
것들을 (우리가)먼저 소망해 왔던 안에서 그 그리스도

(직역)그분의 영광의 찬양 안으로(들어가서) 우리가 존재하는 것 안으로(들어가려고) 우리가 먼저 소망해왔던 것들을 그리스도 안에서(몫으로 할당받았다)

> "그분의 영광의 찬양 안으로(들어가서) 우리가 존재하는 것 안으로(들어가려고) 우리가 먼저 소망해왔던 것들을 그리스도 안에서(몫으로 할당받았다)"
> (에이스 토 에이나이 에이스 에파논 독세스 아우투 투스 프로엘피코타스 엔 토 크리스토)

한글개역에서 "그분의 영광의 찬송이 되게 하려 하심이라"로 번역된 본문은 성경의 찬송시에서 쉽게 볼 수 있는 표현이다. 본문에서는 그 뒤에 따라오는 목적구인 투스 프로엘피코타스 엔 토 크리스토(그리스도 안에서 우리가 먼저 소망해왔던 자들)로 인해 특별한 의미가 있다.

칼 바르트를 비롯한 몇몇 신학자들은 본문에 나오는 분사인 프로엘피코타스(전에 소망해왔던 자들)을 전에 메시아를 소망했던 유대인들로 보았다. 바울과 같은 유대인 크리스천들이 예수를 믿기 전에 가졌던 메시아 대망 사상을 예수를 믿은 후 그리스도 안에서도 갖게 됐다는 것이다. 하지만 프로엘피코타스는 신약성경을 비롯한 고대 문헌에는 거의 쓰지 않는 말이다. 70인역에 전혀 나오지 않으며, 고전 헬라문학에도 거의 사용되지 않는다. 신약성경에는 여기에만 나타난다.[8] 따라서 바울은 본문을 그런 의미로 쓴 게 아님이 분명하다.

분사구문인 투스 프로엘피코타스 엔 토 크리스토(그리스도 안에

8)프랭크 틸만 '에베소서' 부흥과 개혁사 p124

서 우리가 먼저 소망해왔던 자들을)은 앞 절에 나오는 에클레도데멘(우리가 몫으로 할당을 받았다)와 연결된다. 청지기들의 소망은 하나님의 아들이 되어 하나님의 권능으로 하나님 나라를 다스리는 자가 되는 것이다. 하나님은 이런 소망을 가진 청지기들을 하나님 나라의 상속자로 미리 정하여 상속자의 권능을 맛보게 하신다. "영접하는 자 곧 그 이름을 믿는 자에게 하나님의 자녀가 되는 권세를 주셨다"(요1:12)는 말씀이 같은 의미이다.

엘피조(소망하다)라는 동사 앞에 프로(먼저)라는 접두어를 붙인 것은 청지기가 되어 하나님 나라의 상속자로 미리 정해진 자들은 무엇보다 먼저 이 소망을 가져야 한다는 것이다. 현재완료를 사용한 것은 이러한 소망은 청지기가 되어 하나님 나라의 상속자로 미리 정해졌을 때부터 지금까지 계속 가져야 하기 때문이다. 이 소망을 가진 청지기만이 하나님 나라의 상속자로서의 권세를 가지고 하나님 나라의 사역을 할 수 있다.

1:13 -14

청지기가 상속자가 되려면

청지기와 상속자는 완전히 다르다. 청지기는 종이고 상속자는 아들이다. 종인 청지기는 상속을 받을 수 없다. 청지기가 주인의 유산을 상속받으려면 아들이 되어야 한다. 신약성경에는 청지기와 아들을 비교하는 이야기가 나온다. 히브리서는 모세와 예수 그리스도를 비교하면서 "모세는 하나님의 집에서 종으로 신실하였고 그리스도는 하나님의 집을 맡은 아들로서 신실하였다"(히3:5-6)고 말한다. 또한 갈라디아서에서는 율법의 종노릇에서 벗어나 하나님의 아들로서 상속자가 되라고 말한다(갈 4:3-7). 하나님이 우리를 그리스도 안에서 청지기로 삼은 이유는 청지기의 삶을 잘 준행하여 하나님의 아들이 되어 하나님 나라를 상속받게 하기 위함이다. 이제부터 바울은 청지기가 상속자가 되려면 어떻게 해야 하는가에 대해 말한다.

베소

그리스도 안에서 진리의 말씀을 들어야 한다(1:13a)

ἐν ᾧ καὶ ὑμεῖς ἀκούσαντες τὸν λόγον
(그런데)그분 안에서 또한 너희도 들으면서 그 말씀을

της ἀληθειας, το εὐαγγελιον της σωτηριας ὑμων,
그 진리의 그 복음을 그 구원의 너희의

(직역)그런데 그분 안에서 또한 너희도 (그)진리의 (그)말씀을 들으면서,
너희의 (그)구원의 (그)복음인,

"그런데 그분 안에서 또한 너희도 (그)진리의 (그)말씀을 들으면서"(엔 호 카이 휘메이스 아쿠산테스 톤 로곤 테스 알레데이아스)

본문은 관계대명사 엔 호(그런데 그분 안에서)로 시작한다. 하나님 나라의 청지기가 상속자가 되려면 그리스도 안에(엔 크리스토) 거해야 한다. 신약성경에는 그리스도 안에 거한다는 표현이 자주 나온다. 대표적인 구절은 요한복음 15장 4절이다. 십자가를 앞에 둔 예수님은 제자들에게 포도나무의 비유를 말씀하면서 "내 안에 거하라. 나도 너희 안에 거하리라. 가지가 포도나무에 붙어있지 아니하면 스스로 열매를 맺을 수 없음 같이 너희도 내 안에 있지 아니하면 그러하리라"고 하였다. 예수 그리스도의 제자일지라도 그리스도 안에 거해야 하나님 나라의 열매를 맺을 수 있다.

그리스도 안에 거한다는 것은 무슨 의미일까? 사람마다 이 말을 나름대로 해석하여 자기가 그리스도 안에 있다고 여긴다. 예수를 주로 영접했으니까 그리스도 안에 있다거나 또는 예수 믿고 성령으로 거듭났으니까 그리스도 안에 있다는 것이다. 심지어 기독교 이단들도 자신들이 그리스도 안에 있다고 믿는다.

신약성경에서 '그리스도 안에'(엔 크리스토)라는 말을 가장 많이 사용한 사람은 바울이다. 바울이 쓴 서신서에는 "그리스도 안에서"(엔 크리스토) 또는 "그분 안에서"(엔 호)라는 말이 숱하게 많이 나온다. 바울은 엔 크리스토를 어떤 의미로 사용하고 있는가? 그리스도 안에 거하는 신앙의 실체는 무엇일까? 본문에서 바울은 이에 대한 답변을 준다.

이제까지 1인칭 복수인 헤마스(우리가)를 주어로 사용하던 바울은 본문에서 갑자기 휘메이스(너희는)이라는 2인칭 복수로 주어를 바꾼다. 본문의 내용이 수신자인 청지기들에게 주는 권면임을 분명히 하기 위함이다. 하나님 나라의 청지기가 그리스도 안에서 할 일을 구체적으로 제시하고 있다.

하나님 나라의 청지기가 그리스도 안에서 할 일은 "톤 로곤 테스 알레데이아스(그 진리의 그 말씀을) 순간순간 듣는 것이다. 아쿠산테스(기본형/아쿠오)는 "(음성을)듣다"라는 뜻으로 신약성경에서는 주로 하나님의 음성을 듣는 것을 말한다. 본문에서는 아오리스트시제 분사로 쓰였는데 "순간순간 (하나님의 음성을) 들으면서"라는 뜻이다.[9)]

이렇게 보면 엔 크리스토(그리스도 안에)의 의미는 말씀(호 로고스)이신 그리스도 안에 들어가서 그분이 순간순간 하시는 "(그)진리의 (그)말씀"(톤 로곤 테스 알레데이아스)을 듣는 것이다. 로곤(기본형:로고스)과 알레데이아스(기본형:알레데이아) 앞에 관사가 있는 것은 우리 안에 호 알레데이아(그 진리)로 존재하시는 호 로고스(그 말씀)이신 예수 그리스도를 나타낸다. 요한복음 1장은 "그 말씀이 하나님이시다"(데오스 엔 호 로고스)라고 하고, 요한복음 14장 6절에서 예수님은 "나는 (그)진리이다"(에고 에이미 헤 알레데이아)라고 하였다.

"너희의 (그)구원의 (그)복음인"
(토 유앙겔리온 테스 소테리아스 휘몬)

톤 로곤 테스 알레데이아스(그 진리의 그 말씀)에 대한 추가설명이다. 진리의 말씀이 곧 "너희의 (그)구원의 (그)복음"(토 유앙겔리온 테스 소테리아스 휘몬)이다. "(그)구원의 (그)복음"이란 사람들을 구원하는 복음을 뜻한다. 구원과 복음 앞에 관사가 있는 이유는 복음이신 예수 그리스도를 통해 주어지는 특별한 구원이기 때문이다. 청지기들은 그리스도 안에서 주님이 하시는 진리의 말씀을 잘 듣고 그 말씀에 순종해야 한다. 그래야 복음으로 사람들을 구원할 수 있다.

---

9)신약성경에 나오는 동사에는 아오리스트시제가 많이 사용된다. 하나님이 하시는 말씀이나 성령의 역사는 계획에 따라 행해지지 않고 순간적으로 행해지기 때문이다.

(그)말씀을 믿고 성령의 인치심을 받아야 한다(1:13b)

ἐν ᾧ καὶ πιστεύσαντες ἐσφραγίσθητε τῷ
(그런데)그분 안에서 또한 (너희가)믿으면서 인치심을 받는다 그

πνεύματι τῆς ἐπαγγελίας τῷ ἁγίῳ
영에게 그 약속의 그 거룩한

(직역)또한 그분 안에서 너희가 믿으면서 (그)약속의 (그)거룩한 영에게 인침을 받는다.

"또한 그분 안에서 너희가 믿으면서 (그)약속의 (그)거룩한 영에게 인침을 받는다"
(엔 호 카이 피스튜산테스 에스프라기스데테 토 프뉴마티 테스 에팡겔리아스 토 하기오)

본문은 관계대명사 엔 호(그분 안에서)로 시작한다. 그리스도 안에서 너희가 믿으면서 인치심을 받는다. 분사인 피스튜산테스(믿으면서)에 목적어가 없어서 무엇을 믿는지 분명하지 않다. 하지만 앞 절과 연결해 보면 "진리의 말씀"(톤 로곤 테스 알레데이아스)이 목적어이다. 구원의 복음인 진리의 말씀을 믿으면서 성령으로 인치심을 받아야 한다.

분사인 피스튜산테스(믿으면서)와 동사인 에스프라기스데테(인치심을 받는다)가 모두 아오리스트시제이다. 구원의 복음인 진리의 말씀을 믿는 것도 순간적인 일이고, 성령으로 인치심을 받는 것도 순간적인 일이다. 이렇게 보면 앞 소절에 나오는 "진리의 말씀을 듣고"(아쿠산테스 톤 로곤 테스 알레데이아스)에서 동사인 아쿠산테스(듣고)도 아오리스트 시제이다. 연속되는 세 개의 동사가 모두 순간적으로 발생하는 일이다. 진리의 말씀을 (순간순간)들을 때, 그 진리의 말씀을 (순간순간)믿으면서, (순간순간)성령의 인치심을 받는다. 그리고 이러한 일들은 "그리스도 안에서"(엔 호) 이루어진다.

한글개역에서 "인치심을 받았으니"로 번역된 에스프라기스데테

(기본형/스프라기조)는 "도장을 찍는다"는 뜻이다. 인침은 고대 근동에서 품질, 진정성, 재산 소유권, 혹은 법적 문서를 보증하기 위해 폭넓게 사용되었다. 인침으로 재산과 관련된 손실을 방지하는 역할을 했으며, 왕의 포고문, 매매 영수증, 혹은 결혼 계약서 등과 같은 법적 문서와 관련해서는 이해 당사자 사이에 위조 방지를 위한 증거가 되었다.10)

"약속의 성령으로 인치심을 받는다"는 것은 그리스도 안에서 구원의 복음인 진리의 말씀을 듣고 그것을 믿음으로 받는 사람에게 순간순간 성령으로 도장을 찍어 보증한다는 말이다. 진리의 말씀을 듣고 그것을 믿음으로 받아들이는 사람에게 성령의 인도하심과 성령의 능력적인 역사가 인침으로 나타난다.

하나님의 영광의 찬송이 되려고 해야 한다(1:14)

ὅ ἔστιν ἀρραβων της κληρονομιας ἡμων,
(그런데)그분은 있다 보증으로 그 상속의 우리의
εἰς ἀπολυτρωσιν της περιποιησεως, εἰς ἐπαινον
안으로 속량 그 얻음의 안으로 찬양
της δοξης αὐτου.
그 영광의 그분의

(직역)그런데 그분은 우리의 (그)상속의 보증으로 있다, 그 얻음의 대속 안으로(들어가면서), 그분의 (그)영광의 찬양 안으로(들어가면서).

"그런데 그분은 우리의 (그)상속의 보증으로 있다
(호 에스틴 아르라본 테스 클레로노미아스 헤몬)

하나님이 약속의 성령으로 인을 쳐서 보증하는 것은 테스 클레로노미아스 헤몬(우리의 그 상속)이다. 한글개역에서 '기업'으로 번역된 테스 클레로노미아스는 하나님 나라를 상속받는 것을 말한다. 또한 '보증'으로 번역된 아르라본은 히브리어 아라본을 헬

10) '에베소서' 프랭크틸만 부흥과 개혁사 p.131

라어로 음역한 말로써 전당물이나 보증금을 뜻하는 단어이다. 전당포에서 돈을 빌린 후에 돈을 갚을 것을 약속하고 제시하는 담보물이나 물건을 구매하기로 약속하고 물건 가격의 일부를 보증금으로 내는 것을 뜻한다. 그리스도 안에서 진리의 말씀을 구원의 복음으로 받고, 그 말씀을 따라 행하는 사람에게 주님은 하나님 나라의 상속에 대한 약속의 보증금으로 성령의 인침을 주신다.

"(그)얻음의 속량 안으로(들어가면서), 그분의 (그)영광의 찬양 안으로(들어가면서)"
(에이스 아폴뤼토신 테스 페리포이에세오스, 에이스 에파이논 테스 독세스 아우투)

"우리의 그 상속의 보증"(아르라본 테스 클레로노미아스)에 전치사구로 된 2개의 수식어가 연결되어 있다.

①(그)얻음의 속량 안으로
(에이스 아폴뤼트로신 테스 페리포이에세오스)
②그분의 (그)영광의 찬양 안으로
(에이스 에파이논 테스 독세스 아우투)

주님께서 청지기들에게 성령으로 인을 치는 이유는 우리가 소유하고 있는 예수 그리스도의 속량 안으로 들어가고, 그분의 영광의 찬양 안으로 들어가기 위함이다. 성령의 인침으로 성령의 능력이 나타나면 우리는 예수 그리스도의 구속으로 사람들을 속량하는 사역을 감당할 수 있으며 또한 이로 인해 승리의 영광을 하나님께 돌릴 수 있다.

1:15-23

청지기가 반드시 갖추어야 할 것들

청지기가 하나님의 아들이 되어 하나님 나라를 상속받으려면 갖추어야 할 것들이 많이 있다.

믿음과 사랑으로 사역해야 한다(1:15)

Δια	τουτο	καγω	ἀκουσας	την	καθ'	ὑμας
인하여	이것으로	역시 나도	듣고는	그	따르는	너희가

πιστιν	ἐν	τω	κυριῳ	Ἰησου	και	την	ἀγαπην
믿음을	안에	그	주	예수	그리고	그	사랑

την	εἰς	παντας	τους	ἁγιους
그	안으로	모든	그	성도들

(직역)이것으로 인하여 역시 나도 들으면서 / 주 예수 안에서 너희의(관점을) 따르는 그 믿음을 그리고 모든 성도들 안으로(들어가는) 그 사랑을

> "이것으로 인하여 역시 나도 들으면서/주 예수 안에서 너희의(관점을)따르는 그 믿음을 그리고 모든 성도들 안으로(들어가는) 그 사랑을"
> (디아 투토 카코 아쿠사스 텐 카드 휘마스 피스틴 엔 토 퀴리오 예수 카이 텐 아가펜 텐 에이스 판타스 투스 하기우스)

"이것으로 인하여"(디아 투토)는 앞 절에서 편지의 수신자인 청지기들이 "그리스도 안에서 진리의 말씀을 듣고, 믿어, 약속의 성령으로 인치심을 받은 결과 청지기로서 예수 그리스도의 구원 사역을 감당하고 하나님의 영광을 찬송하는 사람이 된 것으로 인하여"를 말한다.

분사인 카고 아쿠사스(역시 나도 듣고는)이 아오리스트시제이다. 순간순간 듣는 것을 말한다. 이것은 앞의 같은 구문 형태

를 가진 13절의 "그 안에서 너희가 진리의 말씀을 들으면서(아쿠산테스)"와 비교된다. 수신자들이 그리스도 안에서 진리의 말씀을 순간순간 듣고 믿어 약속의 성령으로 인치심을 받는 것으로 인해 나도 (하나님에게서)순간순간 듣고 있다는 것이다.

바울이 수신자인 청지기들에 대해 (하나님에게서)듣고 있는 것은 수신자들이 가진 '그 믿음'(텐 피스틴)과 모든 성도들을 향한 '그 사랑'(텐 아가펜)이다. 주님의 음성을 듣고 그 말씀에 순종하는 믿음이 있기에 모든 성도를 향한 아가페의 사랑이 있게 되었다는 것이다.

주의 깊게 볼 것은 바울이 주 예수 안에 있는 수신자들의 '그 믿음'에 대해 말할 때 "너희의 관점을 따라"(카드 휘마스)라는 전치사구를 관사 텐과 목적어 피스틴 사이에 삽입한 것이다. 텐 카드 휘마스 피스틴(너희의 관점을 따르는 그 믿음)은 관용구로 쓰였다. 바울은 주 예수 안에 있는 청지기들의 (그)믿음을 모든 그리스도인이 따라야 할 하나의 관점으로 보고 있다.

기도와 감사의 삶을 살아야 한다(1:16)

οὐ	πουομαι	εὐχαριστων	ὑπερ	ὑμων	μνειαν
안	(나는)그친다	감사하기를	위하여	너희를	기억을

ποιουμενος	ἐπι	των	προσευχων	μου,
(스스로)하면서	위에서	그	기도들	나의

(직역)나는 너희를 위하여 감사하기를 그치지 않는다, 나의 기도 위에서 기억하면서.

"나는 너희를 위하여 감사하기를 그치지 않는다, 나의 기도 위에서 기억하면서"
(우 푸오마이 유카리스톤 휘페르 휘몬 므네이안 포이우메노스 에피 톤 프로슈콘 무,)

에베소서의 수신자인 청지기들이 가진 예수 그리스도에 대한 믿음과 모든 성도를 향한 사랑은 특별했다. 바울은 1,2차 전도 여행을 통해 많은 사람에게 복음을 전했지만 이런 믿음을 가진 사람들은 별로 보지 못했다. 그리스도 안에서 주님의 음성을 듣고 믿어 약속의 성령으로 인치심을 받는 것은 바울이 복음 전도에서 추구하던 바였다. 에베소서 수신자인 청지기들에게 이러한 열매가 맺힌 것을 보고, 바울은 하나님께 감사하였다. 또한 바울은 기도할 때마다 그들을 기억하며 그들을 위해 하나님께 감사하기를 그치지 않았다.

지혜와 계시의 영을 소유해야 한다(1:17)

ἱνα	ὁ	θεος	του	κυριου	ἡμων	Ἰησου	Χριστου,
위하여	그	하나님이	그	주	우리의	예수	그리스도

ὁ	πατηρ	της	δοξης,	δωη	ὑμιν	πνευμα	σοφιας
그	아버지께서	그	영광의	주시도록	너희에게	영을	지혜의

και	ἀποκαλυψεως	ἐν	ἐπιγνωσει	αὐτου,
그리고	계시의	안에	친밀한 앎	그의

(직역)우리 주 예수 그리스도의 하나님은, 그 영광의 아버지이신데, 너희에게 지혜와 계시의 영을 주시도록(기도한다) / 그분의 친밀한 앎 안에서.

"우리 주 예수 그리스도의 하나님은, (그)영광의 아버지 이신데,"
(히나 호 데오스 투 퀴리우 헤몬 예수 크리스투, 호 파테르 테스 독세스)

수신자들을 위한 바울의 기도 내용이다. 수신자들에게 하나님이 지혜와 계시의 영을 주실 것을 기도하고 있다. 바울은 성부 하나님(호 데오스)을 "주 예수 그리스도의 하나님, 영광의 아버지"로 부른다. 성부 하나님을 "나의 하나님" 또는 "나의 아버지"로 부르지 않고, 예수 그리스도의 하나님과 아버지로 부르는 이유는 하나님이 주시는 지혜와 계시의 영이 독생자이신 예수 그리스도를 통해서 온다는 것을 보여주기 위함이다.

"너희에게 지혜와 계시의 영을 주시도록(기도한다)"
(도에 휘민 프뉴마 소피아스 카이 아포칼립세오스)

"지혜와 계시의 영"은 소유격의 '설명의 용법'이다. "지혜와 계시를 주시는 영"으로 성령을 의미한다. 청지기들에게 꼭 필요한 것은 하늘로부터 오는 지혜와 계시이다. 이것이 없이는 청지기직을 온전히 감당할 수 없다. 지혜와 계시는 성령에게서 온다. 청지기가 순간순간 성령의 인침을 받아야 하는 것은 이 때문이다.

"그분의 완전한 지식 안에서"
엔 에피그노세이 아우투,)

지혜와 계시의 영은 주님과의 친밀한 관계 안에서 소유할 수 있다. 한글개역에서 '완전한 지식'으로 번역된 에피그노세이는 강세접두사인 에피와 그노세이(알다)의 합성어로 친밀한 관계를 통해 아는 것을 말한다. 바울은 예수 그리스도와의 친밀한 관계를 맺을 때 그것 안에서 지혜와 계시의 영을 수신자들에게 줄 것을 기도하고 있다. 지혜와 계시의 영을 받으려면 그리스도 안에서 말씀이신 그리스도와 친밀한 관계를 맺어야 한다.

부르심의 소망과 상속자의 영광이 무엇인지 알아야 한다(1:18)

πεφωτισμενους τους ὀφθαλμους της [καρδιας
밝게되고난 후 그 눈들을 그 마음의

ὑμων] εἰς το εἰδεναι ὑμας τις ἐστιν ἡ
너희의 안으로 그 알았던 것 너희가 무엇으로 있으며 그

ἐλπις της κλησεως αὐτου, τις ὁ πλουτος
소망이 그 부름의 그분의 무엇으로 그 풍성함이

της δοξης της κληρονομιας αὐτου ἐν τοις ἁγιοις,
그 영광의 그 상속의 그분의 안에 그 성도들

(직역)너희 마음의 눈들이 밝게 비추어진 후에 너희가 알았던 것 속으로(들어가서) 그분의 부름의 소망이 무엇이며, 성도들 안에(있는) 그분의 (그)상속의 (그)영광의 (그)풍성함이 무엇인지를

"너희의 마음의 눈들이 밝게 비추어진 후에 너희가 알았던 것 속으로(들어가서)"
(페포티스메누스 투스 오프달무스 테스 (카르디아스 휘몬) 에이스 토 에이덴나이 휘마스)

본문의 첫 단어인 페포티스메누스(밝게 되어진)은 목적격 수동태 분사이며 그 뒤에 나오는 투스 호프달무스(그 눈들)을 수식한다. 직역하면 "밝게 된 (그)눈들을"이다. 앞 절의 동사 도에(주시기를)과 연결된다. 바울은 하나님이 수신자인 청지기들에게 ①지혜와 계시의 영을 주시기를 기도하고, ②밝게 된 (그) 눈을 주시기를 기도하고 있다.

원문을 보면 "너희 마음의 눈"에서 카르디아스 휘몬(너희의 마음)이 괄호로 묶여있다. 사본에 따라 이 부분이 있을 수도 있고, 없을 수도 있기 때문이다. 한글개역은 있는 것으로 번역을 했지만 문장 구조로 볼 때 없을 가능성이 크다. 카르디아스 앞에 있는 정관사 테스가 괄호 안에 있지 않고 밖에 있기 때문이다. 없는 것으로 보면 그 뒤에 나오는 에이스 토 이에데나이 휘마스(너희가 알고 있던 것 안으로)가 정관사 테스와 연결하여 앞에 나오는 투스 호프달무스(그 눈들)를 수식하게 된다. 직역하면 "너희가 알고 있던 것 안으로(들어가도록) (그)밝게 된 눈들을(주시기를)"이다.

바울은 하나님이 수신자인 청지기들의 마음의 눈을 밝혀주시기를 기도하는 게 아니라 그들이 이미 알고 있는 것(토 에이데나이 휘마스)을 밝히 보는 눈을 주시기를 기도하고 있다. 청지기들이 이미 알고 있는 것은 무엇인가? 이에 대해 바울은 '무엇'(티스)로 시작하는 세 가지를 언급한다. 이 중 둘은 18절에 나오고 하나는 19절에 나온다.

"그분의 (그)부르심의 소망이 무엇이며,"
(티스 에스틴 헤 엘피스 테스 클레테오스)

첫째, 하나님이 우리를 청지기로 부르신 (그)부르심의 (그)소망이 무엇인지를 밝히 알아야 한다. "(그)부르심의 (그)소망"은 우리의 소망이 아니라 우리를 청지기로 부르신 주님의 소망이다. 청지기를 부르신 주님의 소망은 예수 그리스도의 속량으로 성도들을 구원하여 온전케 하는 것이다.

"성도들 안에(있는) 그분의 (그)상속의 (그)영광의 (그)풍성함이 무엇인지를"
테스 독세스 테스 클레로노미아스 아우투 엔 토이스 하기오이스)

둘째, 청지기들은 사역의 대상인 성도들 안에 있는 예수 그리스도의 그 상속의 그 영광의 풍성함이 무엇인지를 밝히 알아야 한다. 본문에 나오는 상속과 영광과 풍성이라는 단어 앞에 모두 관사가 있다. 성도 안에는 하나님이 주시는 상속의 (그)영광이 (그)풍성함으로 있다. 하나님 나라의 상속자가 된 성도들은 하나님 나라의 싸움에서의 승리로 인한 영광을 받는데 그 풍성함이 엄청나다.

믿는 자에게 주시는 힘과 능력이 무엇인지 알아야 한다(1:19)

και	τι	το	ὑπερβαλλον	μεγεθος	της	δυναμεως
그리고	무엇인지	그(것이)	보다 뛰어난	크심이	그	능력의

αὐτου	εἰς	ἡμας	τους	πιστευοντας	κατα	την
그분의	안으로	우리	자(들인)	믿는	따라	그

ἐνεργειαν	του	κρατους	της	ἰσχυος	αὐτου.
활력을	그	힘의	그	강함의	그분의

(직역)그리고 보다 뛰어난 그분의 (그)능력의 크심이 무엇인지 / 믿는 자들인 우리 안으로(들어오는) / 그분의 (그)강함의 (그)힘의 (그)활력을 따라

"보다 뛰어난 그분의 (그)능력의 크심이 무엇인지"
(카이 티 토 휘페르발론 메게도스 테스 뒤나메오스 아우투)

셋째, 예수 그리스도를 믿는 하나님 나라의 상속자에게 주시는 그리스도의 그 강한 힘의 역사가 얼마나 큰지를 알아야 한다. 휘페르발론(기본형:휘페르발로)는 휘페르(넘어)+발로(던지다)의 합성어로 "(목표를)넘어 던지다"로 "탁월하다"라는 뜻이다. 뒤나메오스(기본형:뒤나미스)는 성경에서는 하나님의 신적인 능력을 나타내는 데 사용된다.

"믿는 자들인 우리 안으로(들어오는)"
(에이스 헤마스 투스 피스튜온타스)

"믿는 자들인 우리 안으로"(에이스 헤마스 투스 피스튜온타스) 그 능력이 들어온다. 바울은 전치사 카타로 시작하는 수식어로 그 능력이 어떻게 들어오는지를 보여준다.

"그분의 (그)강함의 (그)힘의 (그)역사를 따라"
(카타 텐 에네르게이안 투 크라투스 테스 이스퀴오스 아우투)

한글개역에서 "역사"로 번역된 에네르게이안(기본형:에네르게이아)는 엔(안에)+에르곤(일)의 합성어로 "일 안에 있는 것" 즉 "활력(에너지)"을 뜻한다. 청지기는 사역 중에 믿음으로 예수 그리스도의 그 강하신 힘의 활력을 따라가야 한다. 하나님의 신적인 두나미스의 능력은 모든 청지기에게 나타나는 것은 아니다. 믿음으로 예수 그리스도의 강력한 힘의 활력을 따라가는 청지기들에게 나타난다. 따라서 청지기는 내 능력이 아니라 내 안에 계신 그리스도의 능력으로 사역해야 한다. 또한 믿음으로 자기 안에 계신 그리스도의 능력을 자꾸 써야 한다. 그래서 예수 그리스도의 힘의 능력을 나타내야 한다. 청지기는 예수 그리스도의 이름으로 하는 치유 사역이나 능력 사역을 자주 해야 한다. 내 안에 계신 그리스도가 능력으로 역사하신다는 믿음으로 사역을 할 때 청지기 안에서 역사하시는 그리스도의 놀라운 힘을 체험할 수 있다.

그리스도의 능력은 그리스도 안에서 역사한다(1:20-21)

ἣν ἐνηρησεν ἐν τω Χριστω ἐγειρας
(그런데)그것을 (그가)역사하신다 안에서 그 그리스도 일으키신 후에

αὐτον ἐκ νεκρων και καθισας ἐν δεξια αὐτου
그를 에서 죽은 사람들 그리고 앉히신 후에 안에 오른편 그의

ἐν τοις ἐπουρανιοις ὑπερανω πασης ἀρχης
안에 그 하늘에 있는 것들 더 높은 모든 통치

και ἐξουσιας και δυναμεως και κυριοτητος
그리고 권세 그리고 능력 그리고 주권

και παντος ὀνοματος ὀνομαζομενου, οὐ μονον
그리고 모든 이름 (이름이)불려지는 아니다 오직

ἐν τω αἰωνι τουτω ἀλλα και ἐν τω μελλοντι·
안에서 그 시대 이 그러나 역시 안에서 그 오고 있는

(직역)(그런데)그것을 그가 그리스도 안에서 역사하신다, 죽은 사람들로부터 그를 일으키신 후에 그리고 그 하늘에 있는 것들 안에서 그분의 오른편에 앉히신 후에 (그)모든 통치와 권세와 능력과 주권과 (이름이)불려지는 모든 이름보다 더 높은 (그 능력이), 오직 이 시대 안에서만이 아니라 또한 오고 있는 그(시대) 안에서도 나타난다.

"그런데 그것을 그분이 역사하신다 그리스도 안에서"
(헨 에네레센 엔 토 크리스토)

첫 단어인 관계대명사 헨이 목적격(여성)이므로 선행사는 앞절에 나오는 텐 에네르게이아(그 활력)이다. 하나님이 강력한 힘의 활력이 그리스도 안에서 (순간순간)역사하신다. 에네르게센(그분이 역사하신다)가 아오리스트시제이다. 그리스도 안에서 우리는 그리스도의 놀라운 역사를 경험할 수 있다.

바울은 그리스도 안에 있는 그 강한 힘의 역사가 어떻게 그리스도 안에서 나타나게 됐는지를 설명한다.

"죽은 자들로부터 그를 일으키신 후에 그리고 (그)하늘에 있는 것들 안에서 그분의 오른편에 앉히신 후에"
(에게이라스 아우톤 에크 네크론 카이 카디사스 엔 덱시아 아우투 엔 토이스 에푸라니오이스)

"일으키신 후에"(에게이라스)와 "앉히신 후에"(카디사스)가 모

두 아오리스트시제이다. 하나님은 예수 그리스도를 죽은 자들로부터 일으킨 후에 그리고 하늘에 있는 것 중에서 하나님의 오른편에 앉히신 후에 그리스도 안에 그 강력한 힘의 역사를 나타나게 하셨다. 우리가 그리스도 안에 거해야 하는 이유는 그리스도 안에 있는 그 강력한 힘의 역사 때문이다. 그리스도의 강력한 힘의 역사는 아무나 그리스도의 이름을 쓰면 나타나는 게 아니다. 그리스도 안에 있는 청지기에게 나타난다.

> **"(그)모든 통치와 권세와 능력과 주권과 (이름이)불려지는 모든 이름보다 더 높은(그 능력이)"**
> **(휘페라노 파세스 아르케스 카이 엑수시아스 카이 뒤나메오스 카이 퀴리오테토스 카이 판토스 오노마토스 오노마조메누,)**

전치사 휘페라노는 휘페르(넘어서)+아노(위쪽)의 합성어로 "(무언가를)넘어서 위를 향한다"는 의미이다. 우리 안에 계신 그리스도의 강력한 힘의 역사는 세상의 모든 통치와 권세와 능력과 주권을 뛰어넘는다. 청지기들은 초월적인 힘의 근원이신 예수 그리스도를 바라보고 그분에게 나아가야 한다. 천국은 침노하는 자가 빼앗는 법이다(마11:12). 우리는 주님이 가지신 그 힘의 권세를 빼앗아 사용하는 청지기가 되어야 한다.

> **"(오직 이 시대 안에서만이 아니라 또한 오고 있는 그(시대) 안에서도(나타난다)"**
> **(우 모논 엔 토 아이오니 투토 알라 카이 엔 토 멜론티)**

한글개역에서 세상으로 번역된 토 아이오니(기본형:아이온)은 시대(age)를 뜻한다. 세상(world)이 공간적 개념이라면 시대(age)는 시간적 개념이다. 그리스도 안에서 하나님의 청지기직을 수행하는 자들에게 나타나는 그리스도의 강력한 힘의 역사는 지금 우리가 사는 시대뿐 아니라 다음 시대에도 그리고 영원히 이 땅에 나타날 것이다.

그리스도가 교회의 머리이심을 알아야 한다(1:22)

και	παντα	ὑπεταξεν	ὑπο	τους	ποδας	αὐτου	και
그리고	모든 것을	복종하게 하셨다	아래로	그	두 발을	그의	그리고

αὐτον	ἐδωκεν	κεφαλην	ὑπερ	παντα	τῃ	ἐκκλησιᾳ,
그를	주셨다	머리로	위에	모든 것을	그	교회에게

(직역)그리고 모든 것을 그분의 (그)발 아래 복종하게 하셨다 그리고 그를 모든 것 위에(있는) 머리로 주셨다 교회와(연관하여)

"그리고 모든 것을 그분의 (그)발 아래 복종하게 하셨다"
(카이 판타 휘페탁센 휘포 투스 포다스 아우투)

콜론으로 끝나는 21절에 대한 보충 설명이다. 하나님이 부활하신 예수 그리스도를 하나님 우편 보좌에 앉히신 후 그리스도 안에 강력한 힘의 역사가 나타나게 하신 이유는 모든 것을 그분의 발아래 복종하게 하기 위함이다. 복수대명사인 판타는 세상에 존재하는 모든 것들을 말한다. 성부 하나님은 세상에 존재하는 모든 것들을 예수 그리스도의 발아래 복종시키려 하신다. 휘페탁센(기본형:휘포타쏘)는 휘포(아래에)+타소(질서있게 하다)의 합성어이며 "누군가의 아래에 복종시키다"는 뜻으로 군대에서 사용하는 용어이다. 이 세상에 존재하는 모든 것이 예수 그리스도의 발아래 복종 될 때 이 땅에 하나님 나라가 이루어진다. 청지기들은 하늘과 땅에 있는 모든 것을 예수 그리스도의 발아래 복종시켜야 한다. 이 일을 하라고 청지기들에게 성령의 권능을 주는 것이다(행1:8).

"그리고 그를 모든 것 위에(있는) 머리로 주셨다
/교회와(연관하여)"
(카이 아우톤 에도켄 케팔렌 휘페르 판타 테 에클레시아,)

(성부)하나님은 예수 그리스도를 세상 모든 것들을 다스리는 (교회의)머리로 주셨다. 뒤따르는 여격명사인 테 엑클레시아는 여격의 관계의 용법으로 "그 교회와(연관하여)"이다. 예수

그리스도는 세상 모든 것을 다스리는 일을 교회와 연관해서 하신다. 따라서 교회가 청지기의 역할을 제대로 감당하지 못하면 예수 그리스도가 세상을 다스리는 것은 불가능하다.

엑클레시아(교회)는 에크(에서)+칼레오(부르다)의 합성어로 하나님이 개개인을 이름을 불러내서 만든 공동체이다. 돌로 지은 건물이 교회가 아니라 하나님 나라의 사명을 위해 불러낸 공동체가 교회이다. 모든 교회는 세상을 향한 청지기 사명을 감당해야 한다.

교회가 머리이신 그리스도로 충만해져야 함을 알아야 한다(1:23)

ἥτις ἐστιν το σωμα αὐτου, το πληρωμα
그런데(그것은) 있다 그 몸으로 그의 그 충만함(이다)

του τα παντα ἐν πασιν πληρουμενου.
그분의 그 모든 것들을 안에서 모든 것 충만케 하시는

(직역)교회는 그의 몸이다, 모든 것들 안에서 모든 것들을 충만하게 하는 분의 (그)충만함이다.

"그런데 그것은 그의 몸이다"
(헤티스 에스틴 토 소마 아우투)

관계대명사 헤티스(그런데 그것은)의 선행사는 앞에 나오는 테 엑클레시아(그 교회)이다. 교회는 그리스도의 몸이다. 헬라어 소마는 인간이나 짐승의 몸(body)을 뜻한다. 교회를 소마(몸)으로 표현한 것은 교회가 머리이신 예수 그리스도의 명령을 따라 청지기직을 수행하는 공동체이기 때문이다. 주님은 교회의 청지기 사역을 통해 세상 모든 것을 주님의 발아래에 복종시키려 하신다.

"모든 것들 안에서 모든 것들을 충만하게 하시는 그분의
(그)충만함"
(토 플레로마 투 타 판타 엔 파신 플레루메누)

본문에는 "모든 것들"이라는 단어와 "충만하다"라는 단어가 각각 2회 나온다. 플레로마(충만함)은 가득 채운다는 뜻이다. "모든 것"은 세상 모든 것을 가리킨다. 교회는 세상 모든 것 안에서 세상 모든 것을 그분의 생명으로 충만하게 채우시는 예수 그리스도의 충만함이다. 예수 그리스도는 세상 모든 것들을 그분의 생명으로 충만히 채우는 분이시다. 그리고 세상을 생명으로 충만히 채우시는 예수 그리스도의 그 충만함이 교회에 있다. 따라서 교회가 예수 그리스도의 생명으로 충만히 채워지지 않으면, 세상의 모든 것을 그리스도의 생명으로 충만히 채울 수 없다. 예수 그리스도가 세상에 오신 지 2000년이 지났지만, 아직도 이 땅에 하나님 나라가 요원한 것은 주님의 몸인 교회가 예수 그리스도의 생명으로 충만히 채워지지 않았기 때문이다. 주님의 몸인 교회가 예수 그리스도로 충만히 채워지게 하는 일이 청지기들이 해야 할 사역이다.

3
청지기가
알아야 할 것과
해야 할 일

2:1-3

우리를 구원하신 이유를 알아야 한다

허물과 죄로 인해 죽은 우리를 살리시려고(2:1)

Και ὑμας ὀντας νεκρους τοις παραπτωμασιν
그리고 너희를 있는 죽은(상태들로) 그 실수들로 인해
και ταις ἁμαρτιαις ὑμων,
그리고 그 죄들로 인해 너희의

(직역)그리고 죽은(상태들로) 있는 너희를/(그)실수들로 인해 그리고 너희의 (그) 죄들로 인해.

"그리고 죽은(상태들로) 있는 너희를"
(카이 휘마스 온타스 네크루스)

접속사 카이(그리고)로 시작하는 본문은 앞 구절과 연결된다. (예수 그리스도를 죽은 자로부터 일으키신 하나님이 이번에는) 죽은 상태로 있는 너희를(일으키신다). 바울은 2장 5절에서 이 점을 더 분명하게 말한다.

"허물로 죽은 우리를 그리스도와 함께 살리신다."

바울은 예수 그리스도의 부활과 우리의 부활을 동일시하고 있다. 바울이 카이 휘마스(그리고 너희를)이란 문장만을 사용하고 주어와 동사를 생략한 이유는 예수 그리스도의 부활과 우리의 부활이 동일시된다는 사실을 당시 기독교인들도 잘 알고 있었기 때문이다. 또한 "그리고 하나님이 예수 그리스도와 함께 살리신 사람 중에 "너희도" 포함되었다는 것을 강조하기 위함이다.

온타스 네크루스(죽은 상태로 있는)에서 비동사인 온타스는 현재분사이고, 네크루스(기본형:네크로스)는 죽은 상태를 뜻하는 형용사이다. 현재 죽은 상태로 있다는 것인데 영적으로 죽은 상태를 말한다. 죄와 실수로 인해 영적으로 죽은 상태로 있다.

"(그)실수들과 너희의 (그)죄들로 인해"
(토이스 파랍토마신 카이 타이스 하마르티아이스 휘몬)

"너희의 (그)실수들과 그 죄들"(토이스 파랍토마신 카이 타이스 하마르티아이스 휘몬)에서 '실수들'로 번역된 파랍토마신(기본형:파랍토마)은 "옆으로 미끄러지다"로 실수나 과실을 나타내는 단어이다. 한글개역은 이것을 '허물'로 번역하였다. "(그 실수들과 그 죄들"은 육신의 연약함으로 인해 짓는 실수나 죄를 말한다. 예수 그리스도의 십자가의 죽으심과 부활은 육신의 연약함으로 인해 범하는 실수나 죄로 인해 죽은 상태에 있는 우리를 살리기 위함이다. 하나님은 우리를 어떤 실수나 죄도 범하지 않는 완전한 존재로 만들려 하신다. 구약의 속죄제가 하나님의 백성들이 연약함으로 인해 짓는 잘못이나 죄를 해결하기 위해 드리는 제사인 것처럼 예수 그리스도 십자가의 속량도 하나님을 믿는 사람들이 짓는 실수나 죄의 문제를 해결하기 위함이다.

공중권세 잡은 마귀의 지배에서 벗어나게 하려고(2:2)

ἐν αἱς ποτε περιεπατησατε κατα τον
(그런데)그것들 안에서 그때에 (너희는)걸어갔다 따라 그
αἰωνα του κοσμου τουτου, κατα τον ἀρχοντα
시대를 그 세상의 이 따라 그 통치자를
της ἐξουσιας του ἀερος, του πνευματος του
그 권세의 그 공중의 그 영의 그
νυν ἐνεργουντος ἐν τοις υἱος της ἀπειθειας·
지금 역사하는 안에서 그 아들들 그 불신앙의

(직역)그것들 안에서 그때에 너희는 걸어갔다 이 세상의 (그)시대를 따라서, (그)공중의 (그)권세의 (그)통치자를 따라서, 불신앙의 아들들 안에서 지금 역사하는 그 영의(통치자를 따라서).

"그런데 그것들 안에(있던) 그때에
(엔 하이스 포테)

관계대명사인 엔 하이스(그런데 그것들 안에서)는 앞 절의 "(그)실수들과 (그)죄들 안에서"를 가리킨다. 선악과를 먹고 에덴에서 쫓겨난 아담의 후예로서 죄와 허물 가운데 살아가던 그때를 말한다.

"너희는 걸어갔다 이 (그)세상의 (그)시대를 따라"
(페리에파테사테 카타 톤 아이오나 투 코스무 투투)

페리에파테사테(너희는 걸어갔다)가 아오리스트시제인 것은 뜻하지 않게 걸어가게 되었다는 것이다. 한글개역에서 "따르고"로 번역된 페리에파테사테(기본형/페리파테오)는 페리(주변)+파테오(밟다)의 합성어로 "걸어가다"를 뜻한다. 한글개역에서 풍조로 번역된 톤 아이오나(기본형/아이온)은 "시대"(age)를 뜻한다. 세상(코스모스)은 사람이 사는 공간이고, 시대(아이온)는 사람이 세상을 사는 기간이다. 세상과 시대 앞에 관사가 있는 이유는 인간이 사는 세상과 시대가 특별하기 때문이다.

"(그)공중의 (그)권세의 (그)통치자를 따라서,"
(카타 톤 아르콘다 테스 엑수시아스 투 아에로스)

바울은 수신자인 청지기들이 살았던 세상과 시대가 왜 특별한지를 말한다. "(그)공중의 (그)권세의 (그)통치자를 따라서"는 앞의 "이 (그)세상의 (그)시대를 따라서"와 평행을 이룬다. "(그)세상의 (그)시대를 따른다"는 말은 "(그)공중의 (그)권세의 (그)통치자를 따른다"는 말이다. 한글개역에서 '공중'으로 번역된 투 아에로스(기본형/아에르)는 공기가 있는 대기권을 말한다. 엑수시아스(기본형/엑수시아)는 '권세'를 뜻하고 아르콘타(기본형/아르콘)은 우두머리나 통치자를 뜻한다. "(그)공중의 (그)권세의 (그)통치자들"(톤 아르콘타 테스 엑수시아스 투 아에로스)에 관사가 붙어서 공중의 권세를 가진 특별한 통치자인 사단을 나타낸다. 이 세상의 시대를 따르는 것은, 공중권세를 잡은 사단을 따르는 것이다. 공중권세 잡은 마귀를 따라가다 죄와 실수 안에서 죽을 수밖에 없는 게 선악과를 먹은 인간의 현실이다.

"불신앙의 아들들 안에서 지금 역사하는 그 영의(통치자를 따라서)"

(투 프뉴마토스 투 뉜 에네르군토스 엔 토이스 휘오스 테스 아페이데이아스)

"(그)불순종의 (그)아들들 안에서 지금 역사하는 그 영"은 공중의 권세를 잡은 통치자인 사단에 대한 보충 설명이다. 한글개역에서 '불순종'으로 번역된 아페이데이아스(기본형/아페이데이아)는 아(부정을 나타내는 접두어)+페이도(확신시키다)의 합성어로 "확신하지 못하거나 믿지 못하는 것"을 의미한다. 따라서 "(그)불순종의 (그)아들들" 보다는 "(그)불신앙의 (그)아들들"이 원문에 더 가깝다. 불신앙의 아들들은 스스로 하나님의 아들이라고 하면서 하나님의 말씀을 믿음으로 받아들이지 않는 사람들을 말한다.

투 프뉴마토스(그 영)은 토 프뉴마의 소유격으로, 앞에 나오는 '(그)통치자'(톤 아르콘타를)를 수식한다. 직역하면 "(그)불순종의 (그)아들들 안에서 지금 역사하는 (그)영의(통치자)"이다. 여기서 '(그)영'(토 프뉴마)은 '악한 영'을 말한다. 성경에서 영을 뜻하는 프뉴마에 관사가 붙으면 성령을 가리킨다. 성령은 특별한 영이다. 하지만 성령 외에도 특별한 영이 또 하나 있는데 악령이다. 본문의 토 프뉴마는 하나님을 불신하는 아들들 안에서 역사하는 영으로 사단에 속한 악령을 말한다. 스스로 하나님의 아들이라고 하며 하나님 나라의 신실한 일꾼인척하지만 사실은 성령이 아니라 악한 영의 지배를 받는 사람이다.

육신의 정욕을 따르지 않게 하려고(2:3)

ἐν οἱς καὶ ἡμεις παντες ἀνεστραφημεν ποτε
(그런데)그들 안에 그리고 우리 모두가 (위에서)비틀어지게 된다 그때에

ἐν ταις ἐπιθυμιαις της σαρκος ἡμων ποιουντες
안에서 그 정욕들 그 육신의 우리의 행하면서

τα θεληματα της σαρκος και των διανοιων,
그 원하는 것들을 그 육신 그리고 그 마음들의

και ἡμεθα τεκνα φυσει ὀργης ὡς και οἱ λοιποι·
그리고 (우리는)있었다 자녀들로 본래에 진노의 이처럼 그리고 그 남겨진 사람들도

(직역)(그런데)그들 안에서 우리 모두는 (위를 향해)비뚤어지게 된다 / 그때에 우리의 (그)육신의 (그)정욕들 안에서 (그)육신과 (그)생각들의 (그)원하는 것들을 행하면서, 그리고 우리는 본래 진노의 자녀들이다 그리고 이처럼 (그)남겨진 사람들도.

"그들 안에서 우리 모두는 (위를 향해)비뚤어지게 된다"
(엔 호이스 카이 휘메이스 판테스 아네스트라페멘)

관계대명사인 엔 호이스(그런데 그들 안에서)의 선행사는 앞 절 마지막 단어인 "(그)불신의 (그)아들들"이다. "우리 모두"(헤메이스 판타스)는 편지의 발신자인 바울과 수신자를 가리킨다. 우리 중 누구라도 불신의 아들들에 속해 있으면 육신의 정욕 안에서 자기가 원하는 대로 행동하게 된다.

한글개역에서 "지내며"로 번역된 아네스트라페멘(기본형/아나스트레포)는 아나(위로)+스트레포(비틀다)로 위를 향해 비뚤어진 것을 뜻한다. 위에 계신 하나님을 향한 비뚤어진 마음이다. 청지기가 주님을 향해 비뚤어진 마음을 가지면 더 이상 주님의 말씀에 순종하지 않는다. 육신이 원하는 대로 하고 싶기 때문이다.

대표적인 예가 구약성경에 나오는 사울이다. 유대 왕이 된 후 교만해진 사울은 전쟁에서 얻은 모든 가축을 죽이라는 하나님의 말씀을 어기고 소와 양을 챙긴다. 그리고 이를 지적하는 사무엘 선지자에게 "길갈에서 당신의 하나님 여호와께 제사하려고 양과 소를 취하였나이다"(삼15:22)라고 하였다. 하

나님을 향한 사울 왕의 비뚤어진 마음을 볼 수 있다. 이에 대해 사무엘 선지자는 이렇게 말했다.

"여호와께서 번제와 다른 제사를 그 목소리 순종하는 것을 좋아하심 같이 좋아하시겠나이까? 순종이 제사보다 낫고 듣는 것이 수양의 기름보다 나으니 이는 거역하는 것은 사울의 죄와 같고 완고한 것은 사신 우상에게 절하는 죄와 같음이라 왕이 여호와의 말씀을 버렸으므로 여호와께서도 왕을 버려 왕이 되지 못하게 하셨나이다"(삼15:23-24).

아네스트라페멘이 아오리스트시제로 쓰인 것은 하나님을 향해 비뚤어진 마음을 갖게 되는 것이 청지기들 누구에게라도 순간적으로 일어날 수 있는 일임을 보여준다.

"그때에 우리의 (그)육신의 (그)정욕들 안에서"
(포테 엔 타이스 에피뒤미아이스 테스 사르코스)

청지기에게도 이런 일이 일어날 수 있는 것은 우리의 육신 안에 있는 정욕들 때문이다. 바울이 (그)육신(테스 사르코스) 뒤에 "우리의"(헤몬)라는 대명사를 붙인 이유는 바울을 비롯한 모든 청지기에게 이런 육신이 있기 때문이다.

한글개역에서 육체로 번역된 헬라어 테스 사르코스(기본형/사륵스)에 대한 여러 신학적 견해가 있다. 사륵스를 인간의 몸(육체)으로 보기도 하고, 인간의 타락한 본성으로 보기도 한다. 하지만 사륵스에 대한 올바른 이해가 아니다. 인간의 몸을 뜻하는 헬라어는 소마이고 사륵스는 살점(fresh)이다. 사륵스를 인간의 타락한 본성으로 볼 수 없는 이유는 요한복음에서 예수 그리스도를 가리켜 "말씀이 육신(사륵스)이 되어 우리 안에 거하신다"(요1:14)고 말하기 때문이다. 하나님이신 예수님은 인간의 타락한 본성을 가지고 우리 안에 오신 게 아니다.

헬라어 사륵스의 원래 의미는 사람이나 짐승의 몸에 있는 살점(flesh)이다. 초대교회 그리스도인들은 이 단어를 히브리 신앙에서 가져왔다. 구약성경 레위기에는 하나님께 화목제나 속죄제를 드릴 때 희생제물의 간이나 쓸개에 붙은 기름진 살점을 태워서 하나님께 드리는 내용이 나온다. 제물로 드려지는 소나 양의 장기에 붙은 기름진 살점을 태워서 하나님께 드림으로 하나님과의 화목을 이루는 것이다. 따라서 사륵스는 인간이 하나님과 관계를 맺기 위한 신앙적 속성으로 보아야 한다. 인간이 하나님을 찾는 것은 사륵스가 있기 때문이며, 사륵스를 하나님께 드리므로 하나님과의 관계가 돈독해진다.

처음에 하나님은 하나님의 형상을 닮게 창조된 아담에게 강한 사륵스를 주셨다. 에덴동산에서 아담이 하나님과 동행하며 친밀한 관계를 맺을 수 있었던 것은 사륵스 때문이다. 하지만 선악과를 먹은 후 아담은 사륵스가 순간적으로 약해졌다. 그래서 하나님의 음성이 들리자 하나님을 피해 숨은 것이다.

십자가를 지기 전에 예수님은 제자들과 겟세마네 동산에 기도하러 갔을 때 예수님의 수제자인 베드로, 야고보, 요한은 기도하지 못하고 잠을 잤으며, 예수님을 그들을 향해 "시험에 들지 않게 깨어 기도하라 마음은 원이로되 육신이 약하도다"(마26:41)라고 하였다. 절박한 순간에 기도하지 못하고 잠을 자는 것은 육신(사륵스)이 약하기 때문이다.

하지만 예수님은 연약해진 사륵스가 아니라 하나님이 아담에게 주셨던 원래의 강한 사륵스를 가지고 우리 안에 오셨다. 신약성경은 예수님이 소유한 사륵스에는 관사를 붙이지 않고, 타락한 인간이 소유한 연약해진 사륵스에는 관사를 붙여서 구별한다.

육신(사륵스)이 연약해진 사람은 하나님을 믿더라도 연약해진 "(그)육신의 정욕들 안에서"(엔 타이스 에피뒤미아이스 테스 사르코스) 행할 수밖에 없다. 한글개역에서 '욕심'으로 번역된 에피뒤디아이스(기본형/에피뒤미아)는 갈망을 뜻하는 데 긍정적 의미와 부정적 의미에 모두 쓰인다. 본문에서는 부정적 의미로 쓰였다. 연약해진 육신에서 나온 정욕으로 인해 하나님과의 관계가 비틀어지고, 하나님의 말씀을 듣고 순종하는 게 안되며, 결국에는 인간적 욕심을 따라가게 된다.

"(그)육신과 (그)마음들의 (그)원하는 것들을 행하면서,"
(포이운테스 타 델레마타 테스 사르코스 카이 톤 디아노이온,)

바울은 "행하면서"(포이운테스)로 시작하는 분사구문을 통해 이 부분에 대한 보충 설명을 한다. 한글개역에서 "마음"으로 번역된 톤 디아노이온(기본형/디아노이아)는 '생각'으로 번역하는 게 좋다. 디아(통하여)+누스(생각)의 합성어이다. 누스는 영어의 heart가 아니라 mind이다. 헬라어에서 '마음'(heart)은 카르디아이다. 인간의 카르디아(마음)은 하나님과 관계가 있는 반면에 누스(생각)은 인간의 자아와 관계가 있다.

육신이 연약한 사람은 하나님을 믿더라도 하나님의 뜻이 아니라 자기 생각을 따르게 되고, 그 틈을 타고 악한 영이 들어온다. 그래서 하나님을 믿으면서도 공중권세 잡은 마귀의 지배를 받게 된다. "진노의 자녀들"(테크나 오르게스)이라는 표현은 이것을 분명히 한다.

"그리고 우리는 본래 진노의 자녀들이었다 그리고 이처럼 (그)남겨진 사람들도(진노의 자녀들이 된다);"
(카이 테크나 퓌세이 오르게스 호스 카이 호이 로이포이;)

바울은 예수 믿기 전 유대인이었을 때 자신들이 육신의 정욕을 따라 사는 진노의 자녀였다고 말한다. 그런데 예수를 믿더라도 육신의 정욕을 따르면 마귀의 지배를 받는 진노의 자녀들로 남겨질 수 있다. 한글개역에서 '본질상'으로 번역된 퓌세이(기본형/퓌시스)는 '성장'(growth)을 뜻하는 명사이며 여격으로 쓰였다. 직역하면 "성장과 관련해서 진노의 자녀였다"이다. 유대인들이 신앙 성장을 이루지 못해 진노의 자녀가 되었듯이, 그리스도인들도 신앙의 성장을 이루지 못하면 그렇게 될 수도 있다는 경고이다.

호이 로이포이(그 남겨진 자들)은 복음서에 나오는 예수님의 비유에서 예수님이 재림할 때 들림 받지 못하고 남겨진 자들에 대해 쓰인 말이다. 에베소서의 수신자인 청지기들에게 이 말은 강한 도전을 주었을 것이다.

2:4-9

우리를 청지기로 삼으신 이유를 알아야 한다

예수 그리스도가 십자가를 지신 이유는 우리를 죄에서 구원한 후 세상을 구원하는 일에 쓰임 받는 하나님 나라의 청지기로 삼기 위함이다. 1장에서 바울이 하나님 나라의 청지기가 되는 것이 하나님의 뜻 안에 있는 신비(미스터리)라고 한 것은 이 때문이다. 청지기가 된 우리는 그 신비를 알아야 한다.

허물과 죄로 죽은 우리를 그리스도와 함께 살리시려고(2:4-5)

ὁ δε θεος πλουσιος ὢν ἐν ἐλεει, δια την
그 그런데 하나님께서 풍성한 계시는 안에 긍휼 인하여 그

ολλην ἀγαπην αὐτου ἡν ἠγαπησεν ἡμας,
큰 사랑을 (그런데)그것을 (그는)사랑했다 우리에게

και ὀντας ἡμας νεκρους τοις παραπτωμασιν
그리고 있는 우리를 죽은(상태로) 그 허물들로

συνεζωοποιησεν τω Χριστω, χαριτι ἐστε
함께 살리셨다 그 그리스도와 은혜로 있다

σεσωσμενοι
구원받으면서

(직역)그런데 긍휼 안에서 풍성한(상태로) 계시는 (그)하나님이, 우리를 사랑했던 그분의 (그)큰 사랑을 인하여, 그리고 (그)실수들로 죽은(상태)에 있는 우리를 (그)그리스도와 함께 살리셨다, (너희는 은혜로 구원받으면서 있다).

"하지만 긍휼 안에서 풍성한(상태로) 계시는 (그)하나님이,"
(호 데 데오스 플루시오스 온 엔 엘레에이,)

접속사 데(그런데)는 앞 문장과 연결된다. 육신의 욕심을 따라 행하는 진노의 자녀였던 우리를 긍휼이 풍성하신 하나님이 그 진노에서 벗어나게 하셨다. 한글개역에서 '긍휼'로 번역된

엘레에이(기본형/엘레오스)는 연민이나 동정심을 뜻한다. 하나님은 동정심이 풍부하신 분이지만 그 풍부한 동정심을 아무에게나 베풀지 않는다. 긍휼히 여길 자를 긍휼히 여기고 불쌍히 여길 자를 불쌍히 여긴다(롬9:15). 자신이 진노의 자녀임을 깨닫고 그 진노에서 건져주시기를 간절히 구하는 자들을 긍휼히 여기신다. 그 대표적인 예가 18세기 조나단 에드워즈에 의해 일어났던 미국의 제1차 대각성운동이다.

산업혁명으로 인해 쇠퇴했던 미국의 신앙을 깨우고 부흥을 일으켰던 조나단 에드워즈의 설교는 "하나님의 진노의 손에 붙들린 죄인들"이었다. 죄로 인해 지옥의 불로 떨어질 지경이지만 하나님의 손끝에 간신히 붙들려있다. 진노하신 하나님이 그 손을 놓는다면 지옥의 불 속으로 떨어질 것이다. 그러니 빨리 회개하고 하나님의 긍휼을 구하라는 설교였다. 설교를 들은 성도들은 심판에 대한 두려움으로 하나님의 긍휼을 구했고, 이때 성령의 불이 떨어져 교회가 회복되는 부흥이 일어났다.

"우리를 사랑했던 그분의 (그)큰 사랑으로 인하여"
(디아 텐 올렌 아가펜 아우투)

전치사 디아가 목적격 명사와 함께 쓰일 때는 원인을 나타낸다. 그분의 그 큰 사랑을 인하여"(디아 텐 플렌 아가페 아우투) 하나님은 긍휼을 베푸신다. 하나님은 사랑(아가페)이시기에 우리에게 긍휼을 베푸신다.

필레오가 형제나 친구 간의 관계에 의한 사랑이라면 아가페는 가치에 대한 사랑이다. 하나님은 단지 우리가 불쌍해서 긍휼을 베푸시는 것이 아니다. 예수 믿고 구원받은 자들 안에 있는 가치를 보고 긍휼을 베푸신다. 특히 하나님 나라의 청지기로 부르심을 받은 사람은 하나님 나라를 위한 큰 가치가 있다. 하나님이 우리를 사랑하시는 이유는 이 때문이다.

"그리고 (그)실수들로 죽은(상태에)있는 우리를 그리스도와 함께 살리셨다"
(카이 온타스 헤마스 네크루스 토이스 파랍토마신 쉬네조오포이에센 토 크리스토)

접속사 카이(그래서)는 앞 문장과 연결된다. 구원받은 그리스도인에게 있는 가치 때문에 하나님은 실수로 죽은 상태에 있는 우리를 그리스도와 함께 살리셨다. 한글개역에서 허물로 번역된 토이스 파랍토마신(기본형/파랍토마타)는 "옆으로 미끄러지는 것" 즉 실수나 과실을 뜻한다. 관사가 있는 것은 일반적 실수가 아니라 사람에게 해를 끼치는 특별한 실수를 말한다.

네크루스(기본형/네크로스)는 "죽은(상태)"를 뜻하는 형용사이다. 여기서 죽음은 영적인 죽음이다. 하나님은 영적으로 죽은 우리를 그리스도와 함께 살리셨다(쉬네조오포이에센 토 크리스투).

쉬네조오포이에센(기본형/쉬네오포이에오)는 쉰(함께)+조오포이에오(살리다)의 합성어이다. 영적으로 죽은 우리가 그리스도와 함께 영적으로 살아가는 존재가 되었다. 예수 그리스도가 갖고 계신 영적 생명을 공유하게 된 것이다. 쉬네조오포이에센이 아오리스트시제이다. 그리스도와 함께 순간순간 살아간다는 것이다.

쉬네조오포이에센(함께 살리셨다)는 죄와 허물로 인해 죽은 상태로 있던 우리가 예수 그리스도와 함께 하는 새로운 영적 생명을 얻은 것을 말한다. 바울은 갈라디아서에서 이것을 "이제는 내가 사는 것이 아니요 오직 내 안에 그리스도께서 사시는 것이라"(갈2:20)고 하였다. 내 안에 계신 그리스도가 내 삶의 주체가 되어 살아가는 존재가 된 것이다.

"너희는 은혜로 구원받으면서 있다"
(카리티 에스테 세소스메노이)

분사인 세소스메노이(구원받은)이 현재완료, 수동태이다. 이미 구원을 받은 상태를 말하는데 비동사인 에스테(존재하다)와 연결되어 현재완료진행이 되었다. 청지기들은 하나님의 은혜로 이미 구원받은 상태이다. 은혜로 인한 구원은 과거의 어느 시점에 성령으로 거듭나면서 시작한다. 하지만 그보다 중요한 것은 지금 구원의 은혜로 살고 있는가이다. 구원은 과거형이나 미래형이 아니라 현재완료진행형이 되어야 한다. 과거에 구원받은 사실이나 미래에 천국에 들어가는 것보다 중요한 것은 성령으로 거듭나 현재 구원받은 삶을 살고 있느냐이다. 지금 내가 사는 것이 아니라 내 안에 계신 그리스도로 살아가고 있느냐가 중요하다(갈2:20).

"너희는 은혜로 구원을 받은 것이다"(카리티 에스테 세소스메노이)를 괄호로 묶은 이유는 사본에 따라 있는 것과, 없는 것이 있기 때문이다. 원문에 있다면 허물로 인해 죽은 우리가 그리스도와 함께 살리심을 받은 게 하나님의 은혜임을 강조한다.

그리스도와 함께 부활의 은혜를 입게 하려고(2:6)

καὶ συνήγειρεν καὶ συνεκάθισεν ἐν τοῖς
그리고 함께 일으키시고 그리고 함께 앉히신다 안에 그

ἐπουρανίοις ἐν Χριστῷ Ἰησοῦ,
하늘에 있는 것들 안에 그리스도 예수

(직역)그런데 (그)하늘들에 있는 것들 안에서 함께 일으키시고 함께 앉히신다 그리스도 예수 안에서,

바울은 5절과 6절에서 유대인들이 잘 알고 있는 문학 구조인 키아즘(교차대조법)을 사용한다.

A 허물로 죽은 우리를 그리스도와 함께 살리셨다(5절a)-과거
B 너희는 은혜로 구원을 받은 상태에 있다(5절b)-현재
A' 함께 일으키사 그리스도 예수 안에서 함께 하늘에 앉히실 것이다(6절)-미래

하나님은 예수 그리스도를 통해 우리에게 두 번의 은혜를 주신다. 첫 번째 은혜는 허물로 죽은 상태에 있는 우리를 그리스도와 함께 살리신 것이며(A), 두 번째 은혜는 그리스도와 함께 부활하여 하늘의 통치 자리에 앉히는 것이다(A'). 그리고 그 중심에 "너희는 (지금) 은혜로 구원받은 상태에 있다"가 있다. 히브리 문학의 키아즘 구조에서는 가운데 부분이 핵심이다. 예수 그리스도의 십자가의 은혜로 구원받은 사람은 그리스도 안에서 그리스도와 함께 살아야 하며, 그러한 삶을 살 때 예수 그리스도와 함께 부활하는 부활의 은혜를 받을 수 있다.

"그런데 (그)하늘들에 있는 것들 안에서 함께 일으키시고 함께 앉히신다/그리스도 예수 안에서"
(카이 쉬네게이렌 카이 쉬네카디센 엔 토이스 에푸라니오이스 엔 크리스토 예수)

한글개역에서 "함께 일으키사"로 번역된 쉬네게이렌(기본형쉬네게이로)는 쉰(함께)+에게이로(일으키다)의 합성어이다. 신약성경에서 에게이로(일으키다)는 예수 그리스도의 부활을 나타낼 때 쓰인다. 고전15:12의 "예수 그리스도께서 죽은 자 가운데서 다시 살아나셨다"(에크 네크론 에게게르타이)를 직역하면 "그가 죽은 자들로부터 일으켜졌다"이다.

쉬네이게렌(함께 살리셨다)가 아오리스트시제이다. 성령으로 거듭나는 것이 순간적인 은혜라면 부활하신 그리스도와 함께 일으켜지는 은혜도 순간적이다. 예수 그리스도가 부활하셨듯이 우리도 그리스도와 함께 부활해야 한다. 하나님은 예수 그리스도와 함께 부활의 은혜를 입은 사람을 예수님과 함께 하늘의 통치 자리에 앉히신다.

에푸라니오이스(기본형/에푸라니오스)는 중성복수 형용사이며, 관사와 함께 "그 하늘에 있는 것들"을 뜻한다. 헬라어에서 명사인 우라노스(하늘)은 남성이지만 중성으로 쓰일 때는 하늘의 위엄이나 통치를 나타낸다. 하늘의 위엄과 통치의 자리에 그리스도와 함께 앉게 하신다. 성령으로 거듭나 생명이 살아나는 은혜를 입은 우리가 그리스도와 함께 부활의 은혜를 입을 때 왕 같은 제사장의 사역을 온전히 감당할 수 있다.

예수 그리스도와 함께 부활하여 하늘의 통치 자리에 앉는 것은 그리스도 안에서(엔 크리스토) 가능하다. 엔 크리스토(그리스도 안에)는 구원의 은혜를 받은 자가 부활의 은혜를 받기 위해 현재 있어야 할 자리이다. 하나님 나라의 청지기가 되었다고 해도 그리스도 안에 거하지 않는다면 부활하신 그리스도와 함께 하는 하늘의 통치 자리에는 앉을 수 없다. 기독교 신앙에서 엔 크리스토가 중요한 것은 이 때문이다.

지극히 크신 구원의 은혜를 모든 시대에 보여주려고(2:7)

ἱνα ἐνδειξεται ἐν τοις αἰωσιν τοις ἐπερχομενοις
위하여 (그가)보여주기 안에 그 시대들 그 오는

το ὑπερβαλλον πλουτος της χαριτος αὐτου ἐν
그 초과하는 풍성함을 그 은혜의 그의 안에

χρηστοτητι ἐφ’ ἡμας ἐν Χριστω Ἰησου.
유요함 위에 우리 안에 그리스도 예수

(직역)(그)초과하는 그분의 (그)은혜의 풍성함을 (그)오는 (그)시대들 안에서 보여주기 위하여 / 그리스도 예수 안에(있는) 우리 위에(있는) 유용함 안에서

"(그)초과하는 그분의 (그)은혜의 풍성함을 (그)오는 (그)시대들 안에서 보여주기 위하여"
(히나 엔데익세타이 엔 토이스 아이오신 토이스 에페르코메노이스 토 휘페르발론 플루토스 테스 카리토스 아우투)

히나는 목적이나 결과를 나타내는 종속접속사이다. 본문에서는 목적으로 쓰였다. 하나님이 죄와 허물로 죽은 우리를 그리스도와 함께 살리시고, 그리스도 안에서 그리스도와 함께 부

활하여 하늘 통치의 자리에 앉히시려는 목적은 하나님의 지극히 풍성하신 구원의 은혜를 오는 시대에 나타내기 위함이다. 한글개역에서 "나타내려 하심이다"로 번역된 엔데잌세타이가 아오리스트시제, 중간태이다. 하나님은 순간순간 자신을 나타내신다.

"오는 시대들"(엔 토이스 아이오신 토이스 에페르코메노이스)에서 에페르코메노이스(기본형/에페르코마이)는 에피(위에)+에르코마이(오다)의 합성어이다. 전치사 에피는 영어의 on으로 무언가에 붙어있는 것을 뜻한다. 에르코마이(오다)는 디포넌트 동사로 의지를 써서 오는 것을 말한다.

예수 그리스도에(붙어있으려고) 의지를 써서 오는 시대들 안에 하나님은 자신을 순간순간 나타내신다. 하나님은 예수 그리스도를 붙들기 위해 오는 시대에 "그분의 (그)은혜의 지극히(크신) 풍성함"(테스 카리토스 아우투)을 나타내신다. 한글개역에서 "풍성함"으로 번역된 형용사 플루토스는 "재물이 많은 상태"를 나타내는 형용사이다. 그리고 "지극히"로 번역된 분사 휘페르발론(기본형/휘페르발로)는 휘페르(넘어)+발로(던지다)의 합성어로 "목표를 넘어서는 것"을 뜻한다. 그리스도인을 향한 하나님의 그 은혜는 상상을 초월할 정도로 풍요하다. "그분의 그 은혜"(테스 카리토스 아우투)는 5절의 허물로 죽은 우리를 그리스도와 함께 살리신 그 은혜이다.

"그리스도 예수 안에(있는) 우리 위에(있는) 유용함 안에서"
(엔 크레스토테티 에프 헤마스 엔 크리스토 예수)

한글개역에서 '인자함'으로 번역된 크레스토테티(기본형/크레스토테스)는 "유용함"(usefulness)을 뜻한다. 한글개역은 이 단어를 하나님의 성품을 나타내는 "인자함"으로 번역했다. 하지만 뒤에 이어지는 에프 휘마스(우리 위에)는 이 단어가 하나님보다 청지기인 우리와 관련된 것임을 보여준다. 쓸모 있는 청지기들 안에 생명을 살리는 예수 그리스도의 (그)은혜가 나타난다.

청지기는 쓸모가 있어야 한다. 이것은 그 뒤에 나오는 엔 크리스토 예수(그리스도 안에서)와 연결된다. 청지기가 하나님 나라에서 유용한 존재가 되려면 그리스도 안에 있어야 한다. 십자가를 앞둔 예수님은 제자들에게 엔크리스토의 중요성을 강조하셨다.

"내 안에 거하라 나도 너희 안에 거하리라. 가지가 포도나무에 붙어 있지 아니하면 스스로 열매를 맺을 수 없음 같이 너희도 내 안에 있지 아니하면 그러하리라"(요15:4).

구원의 은혜가 믿음으로 온다는 것을 보여주려고(2:8-9)

τη γαρ χαριτι ἐστε σεσωσμενοι δια πιστεως·
그 왜냐하면 은혜로 (너희는)있다 구원받은(상태로) 통하여 믿음을

και τουτο οὐκ ἐξ υμων, θεου το δωρον·
그리고 이것이 아니다 에게서 너희 하나님의 그 선물

οὐκ ἐξ ἐγρων, ἱνα μη τις καυχησηται.
아니다 에서 사역들 위하여 못하기 누군가 자랑하지

(직역)왜냐하면 너희는 (그)은혜로 믿음을 통하여 구원받은(상태로) 있다;
그리고 이것은 너희에게서(나온 것이)아니라, 하나님의 (그)선물이다;
사역들에게서(나온 것이)아니니, 아무도 자랑하지 못하게 하기 위함이다.

"왜냐하면 너희는 (그)은혜로 믿음을 통하여 구원받은 (상태로) 있다;"
(테 가르 카리티 에스테 세소스메노이 디아 피스테오스;)

하나님이 허물로 죽은 우리를 그리스도와 함께 살리신 이유이다. '그 은혜'(테 카리티)는 여격의 '원인의 용법'이다. 생명을 살리는 그 은혜 때문에, 허물로 죽은 우리를 구원하여 청지기가 되게 하신 것이다.

에스테 세소스메노이(구원받은 상태로 존재한다)는 5절 후반절

의 반복인데 "믿음을 통하여"(디아 피스테오스)라는 전치사구가 첨부되었다. 한글개역은 "믿음으로 말미암아"로 번역했지만, 전치사 디아는 소유격 명사와 함께 쓰였으므로 "믿음을 통하여"로 번역하는 게 맞다. 한글개역이 "믿음으로 말미암아"로 번역한 것은 예수 그리스도가 십자가에서 우리를 속량했다는 사실을 믿음으로 인해 우리가 구원을 받게 되었음을 나타내려 한 것으로 보인다. 하지만 그런 의미라면 전치사 디아 다음에 목적격 명사가 와야 한다. "믿음을 통하여"(디아 피스테오스)는 지금 믿음을 통하고 있다는 것이다. 이 말은 현재완료진행인 "구원받은 상태로 있다"(에스테 세소스메노이)와 연결되었다.

"믿음을 통하여 구원받은 상태로 있다"는 것은 예수 그리스도의 믿음을 통하는 하나님 나라의 청지기가 되었다는 의미이다. 로마서에서도 바울은 이와 비슷한 말을 한다.

"곧 예수 그리스도의 믿음을 통하여(디아 피스테오스 예수 크리스투) 모든 믿는 자에게 미치는 하나님의 의니 차별이 없느니라"(롬3;22).

한글개역은 이것 역시 "예수 그리스도를 믿음으로 말미암아"로 번역했는데 오역이다. "예수 그리스도의 믿음을 통하여"로 번역해야 한다. 예수 그리스도의 믿음을 통할 때 하나님의 의를 행하는 사람이 되며, 이것이 모든 믿는 자에게 주시는 생명을 살리는 구원의 은혜이다.

"그리고 이것은 너희에게서 나온 것이 아니라 하나님의 선물이다"(카이 투토 우크 엑스 헤몬, 데우 토 도론)

'(그)은혜'(테 카리티)라는 말을 쓰는 이유는 우리가 하나님의 청지기가 된 것이 무언가를 잘해서 된 게 아니라 하나님의 선물이기 때문이다. "너희에게서 나온 것이 아니라"는 말의 보충 설명이다.

"사역에서 난 것이 아니다"
(우크 엑스 에르곤)

한글개역은 "행위에서 난 것이 아니요"로 번역했는데 오해의 소지가 있다. 행위와 사역은 다르다. 행위는 도덕적 행위를 연상시킨다. 이 말씀을 근거로 도덕적 행위는 구원과는 아무 상관이 없으므로 비도덕적인 삶을 살아도 된다는 사람들이 있다. 하지만 본문은 도덕적 행위가 아니라 그리스도인의 사역에 대한 언급이다. 우리가 하나님의 청지기가 된 것은 일을 잘해서가 아니라 전적으로 하나님의 은혜이며 선물이다.

"아무도 자랑하지 못하게 하기 위함이다"
(히나 메 티스 카우케세타이)

카오케세타이(기본형카우메오마이)는 "자랑하거나 뽐내는 것"을 뜻한다. 아오리스트시제, 중간디포태로 쓰였다. 예수 믿고 구원받아 하나님의 청지기가 된 게 자랑하거나 뽐낼 일은 아니다. 내가 똑똑하고 유능해서 청지기가 된 게 아니라 하나님의 은혜와 선물로 된 것이기 때문이다. 굳이 자랑하려면 우리를 청지기로 삼으신 하나님을 자랑해야 한다.

2:10-12

그리스도 안에서 선한 사역을 해야 한다

그리스도 안에서 새롭게 창조한 이유(2:10)

αὐτου γαρ ἐσμεν ποιημα, κτισθεντες ἐν Χριστω
그의 왜냐하면 (우리는)있다 만든 것으로 창조된(사람들)인 안에서 그리스도
Ἰησου ἐπι ἐργοις ἀγαθοις οἱς προητοιμασεν
예수 위에서 사역들 선한 (그런데)그것들에게 (그가)미리 준비했다
ὁ θεος, ἱνα ἐν αὐτοις περιπατησωμεν.
그 하나님이 그 결과 안에서 그것들 우리는 (순간군가)걸어간다

(직역)왜냐하면 우리는 그분의 만드신 것으로 있다, 그리스도 예수 안에서 창조된(사람들로)/선한 사역들 위에서 (그런데)그것들과 관련하여 하나님이 미리 준비하셨다, 그 결과 그것들 안에서 우리는 순간순간 걸어간다.

"우리는 그분의 만드신 것으로 있다"
(아우투 가르 에스멘 포이에마)

하나님 나라 청지기의 정체성에 대한 말이다. 포이에마(만든 것)는 동사 포이에오(만들다)의 명사형이다. 바울은 이해를 돕기 위해 관계대명사 호이스를 통해 부연 설명을 한다.

"그리스도 예수 안에서 창조된 자들로"
(크티스덴테스 엔 크리스토 예수)

"하나님 나라의 청지기는 교회를 섬기도록 특별히 세운 존재이다. 창조 때에 세상을 섬기도록 아담을 만든 것과 같다. 차이점은 청지기 사역은 그리스도 예수 안에서 가능하다는 것이다. 청지기들은 "그리스도 예수 안에서 창조된 자들"이다.

크티센테스는 크티조(창조하다)의 아오리스트 분사로 "순간적으로 창조된 자"를 말한다. 청지기들은 성령세례를 받을 때 순간적으로 창조된다.

“선한 일들 위에서”
(에피 에르코이스 아가도이스)

하나님이 청지기들을 그리스도 안에서 새로운 피조물로 만드신 이유는 “선한 일들 위에”(에피 에르코이스 아가도이스) 있도록 하기 위함이다. 그들의 사역의 목표는 “선한 일들”(아가도이스)을 하는 것이다. 청지기는 그리스도 안에서 선한 일들을 하도록 지음을 받은 존재이다.

아가도이스는 아가도스의 복수이다. 한글개역에서는 일반적으로 ‘선한’으로 번역된다. 아가도스는 도덕적 악의 반대인 선이 아니라 다른 사람을 이롭게 하는 선이다[11]. 헬라어 아가도스는 고조선의 건국신화에 나오는 널리 세상을 이롭게 한다는 ‘홍익인간’과 비슷한 개념이다.

아가도스는 왕과 같은 통치자에게 필요한 덕목이다. 왕의 통치는 사람들을 이롭게 하는 것이 되어야 한다. 올바른 다스림을 통해 모든 사람이 행복하게 잘 사는 세상을 만드는 게 통치의 목적이다. 문제는 세상 통치자들은 이것을 제대로 할 수 없다는 것이다. 세상의 통치자들은 아가도스(선)을 원하지만 실제로 이루는 사람은 거의 없다. 아가도스(선)은 인간의 영역이 아니라 신의 영역이기 때문이다. 그래서 예수님은 “선한 선생님이여 내가 무엇을 해야 영생을 얻으리이까?”라고 묻는 관원에게 “네가 어찌하여 나를 선하다 일컫느냐 하나님 한 분 외에는 선한 이가 없느니라”고 하였다(눅18:18-19).

하지만 청지기는 선한 일을 위하여 지으심을 받은 존재이다. 어떻게 인간이 청지기가 신의 영역인 아가도스(선)을 행할 수 있을까? 청지기가 그리스도 안에서 사역하면 된다. 본문에서 바울이 “그리스도 안에서”(엔 크리스토)를 문장의 맨 앞에 둔 것

---

11) 헬라어에서 도덕적 선을 뜻하는 단어는 칼로스(καλος)이다.

은 이 때문이다.

"(그런데)그것들과 관련하여 하나님이 미리 준비하셨다"
(호이스 프로에토이마센 호 데오스)

(여격중성복수)관계대명사인 호이스(그런데 그것들)의 선행사는 바로 앞에 나온 "선한 일들"(에르고이스 아가도이스)이다. 하나님의 영역인 선한 일을 청지기들이 할 수 있도록 하나님이 미리 준비하셨다. 하나님 나라의 청지기가 된 우리는 그리스도 안에서 하나님이 준비하신 대로 따라만 가면 된다. 그러면 그 선한 일들을 이룰 수 있다.

"그 결과 그것들 안에서 우리는 (순간순간)걸어간다"
(히나 엔 아우토이스 페리파테소멘)

종속접속사 히나는 목적이나 결과를 나타내는 데 여기서는 결과적 용법으로 쓰였다. 엔 아우토이스(그것들 안에서)는 "선한 일들 안에서"를 가리킨다. "걸어가다"를 뜻하는 페리파테소멘(기본형/페리타테오)이 아오리스트시제로 쓰였다. 우리가 선한 일을 할 수 있도록 하나님이 미리 준비하셨기에 우리는 선한 일들 안에서 순간순간 걸어갈 수 있다. 페리파테소멘(걸어간다)가 아오리스트시제인 것은 그리스도 안에서 주님의 음성을 들으며 주님과 순간순간 동행하는 것을 말한다.

창세 때에 하나님이 아담을 하나님의 형상대로 창조하신 이유는 하나님 나라의 청지기로 삼아 세상을 다스리게 하기 위함이다. 여기서 '형상'으로 번역된 히브리어 첼렘은 닮은 것을 뜻한다. 하나님과 외모가 닮았다는 게 아니라, 함께 살면서 서로 닮아간다는 것이다. 부부가 함께 닮아가고, 개가 사람과 함께 살면 사람을 닮아가는 것과 비슷하다.

하나님의 형상으로 지음을 받은 아담은 에덴동산에서 하나님의 음성을 들으며 그분과 순간순간 동행하는 삶을 통해 하나님을 닮아가도록 만들어졌다. 하지만 아담과 하와가 선악과를 먹은 후 그것을 상실했다. 성령으로 거듭나 새로운 피조물이 된 우리는 그리스도 안에서 주님과 순간순간 동행할 때 주님을 닮아가게 된다. 그리고 그로 인해 청지기 직무를 감당할 수 있게 된다.

하나님 나라의 청지기 된 그리스도인들은 아담과 같은 오류를 범하면 안 된다. 어떻게 해야 하나? 그리스도 안에서 그분의 음성을 듣고 그 말씀에 순종하는 삶을 살아야 한다. 청지기는 자신이 하는 모든 사역을 그렇게 해야 한다. 선악과를 먹은 아담이 그랬듯이 스스로 선악을 구별하려고 하면 안 된다. 스스로 선악을 구별하며 자신이 하는 일이 옳다고 여기는 사람들은 잘못된 길을 가게 된다.

육신 안에 있으면 안 된다(2:11)

Διο μνημονευετε ὁτι ποτε ὑμεις τα ἐθνη ἐν
그러므로 (너희는)기억하라 것을 그때 너희는 (그)이방사람들이 안에서

σαρκι, ὁι λεγομενοι ἀκροβυστια ὑπο της
육신 그 불리는 무할례자라 의하여 그(자)에

λεγομενης περιτομης ἐν σαρκι χειροποιητου,
불려지는 할례자라 안에서 육신 손으로 행한

(직역)그러므로 너희는 기억하라 그 때에 너희는 육신 안에(있는) 이방사람들(이었다는 것을), 육신 안에서 손으로 행한 할례자라 불리는 사람에 의하여,

"그러므로 너희는 기억하라"(디오 므네모뉴에테)

새롭게 창조된 하나님 나라의 청지기들은 아담이 했던 잘못을 범하지 않으려면 반드시 기억해야 할 것이 있다. "너희는 기억하라"(므네모뉴에테)가 명령법, 현재시제이다. 반드시 항상 기억해야 한다는 것이다. 명사절 접속사 호티(~라는 것을)는

무엇을 기억해야 할지를 말한다.

"그때 너희는 육신 안에(있는) (그)이방사람들(이었다는)것을"
(호티 포테 휘메이스 타 에드네 엔 사르키)

청지기들이 반드시 기억해야 할 것은 전에 엔 사륵키(육신 안에) 있었다는 사실이다. 포테(그때)는 수신자인 청지기들이 예수 믿고 성령으로 거듭나기 이전이다. 그때는 이방인으로서 육신 안에(엔 사르키) 있었다. "육신 안에"(엔 사르키)라는 말이 중요하다.

신학적으로 사륵스를 인간의 몸(육체)이나 인간의 죄성으로 보는 경향이 있다. 하지만 어느 것도 합당하지 않다. 헬라어에는 인간의 몸을 뜻하는 소마라는 단어가 있기에 사륵스가 인간의 육체라는 것은 옳지 않다. 또한 성경은 말씀이신 하나님이 육신(사륵스)으로 오셨다고 말한다(요1:14). 따라서 사륵스가 인간의 죄성을 뜻한다고 볼 수도 없다. 예수님은 죄성을 입고 세상에 오신 분이 아니다. 또한 마태복음 26장에서 예수님이 십자가를 앞두고 제자들과 함께 겟세마네로 기도하러 갔을 때, 기도하다가 잠에 빠진 제자들을 향해 "육신이 약하도다"라고 하였다. 만일 사륵스가 인간의 죄성을 말한다면, 죄성이 약해서 기도하지 못하고 잠을 잤다는 것인데 말이 안 된다.

그렇다면 사륵스의 성경적 의미는 무엇일까?

헬라어 사륵스의 원래 의미는 몸에 있는 '살'을 뜻한다. 영어 성경은 사륵스를 일관적으로 flesh(살)로 번역하였다. 요한복음에서 예수님이 제자들에게 "내 살을 먹어라"(요6:54)고 할 때도 사륵스이다. 이 말씀으로 인해 초대 그리스도인들은 사람들로부터 인육을 먹는다는 오해를 받기도 하였다.

그렇다면 초대교회는 사륵스를 어떤 의미로 사용했을까? 또한 성육신하신 예수님을 가리켜 "말씀이 육신이 되어 우리 안에 오셨다"는 말은 무슨 의미인가? 그리고 예수님이 제자들에게 "육신이 약하도다"라고 한 것은 무슨 의미인가?

고대 헬라어에서 사륵스는 사람이나 짐승의 피부 안에 있는 살(또는 살점)을 뜻하지만, 히브리 신앙에서 사륵스는 제사 때에 하나님께 드려지는 살점을 뜻한다. 레위기를 보면 히브리인들은 하나님께 화목제나 속죄제를 드릴 때 "내장에 덮인 기름과 내장에 붙은 모든 기름과 두 콩팥과 그 위의 기름 곧 허리 쪽에 있는 것과 간에 덮인 꺼풀을 콩팥과 함께 떼어내어 제단위에서 불살라 드렸다"(레3:14-16, 4:8-10). 희생제물의 가장 기름진 살점만을 떼어내어 드린 것이다.

사륵스는 창조 때에 하나님이 아담에게 주신 하나님을 찾는 신앙심을 의미한다. 수많은 피조물 중에서 인간만이 신을 찾는 것은 사륵스가 있기 때문이다. 말씀(호 로고스)이 육신(사륵스)이 되어 우리 안에 오셨다는 것은 예수 그리스도가 하나님을 찾는 신앙심을 갖고 우리 안에 오셨다는 것이며, 예수님이 제자들에게 "육신이 약하다"고 한 것은 하나님에 대한 신앙심이 약해졌다는 것이다.

창조 시에 하나님은 인간에게 강한 사륵스를 주었는데, 아담이 선악과를 먹고 에덴에서 쫓겨난 후 인간의 사륵스는 연약해졌으며 이로 인해 하나님 앞에 나아가는 게 어렵게 되었다. 본문에서 바울이 "육신 안에서"(엔 사륵스)라는 말을 이방인들과 유대인들에게 사용한 것은 이 때문이다. 편지의 수신자인 청지기들도 전에는 연약해진 육신 안에서 살아가는 이방인이었다.

"육신 안에서 손으로 행한 할례자라 불려지는 사람들에 의하여,"
(휘포 테스 레고메네스 페리토메스 엔 사르키 케이로포이에투)

이방인들을 가리켜 "육신 안에 있는 자들"이라고 비아냥대는 것은 유대인들이다. 할례를 받지 않았기 때문에 하나님에 대한 신앙이 없는 “육신 안에 있는 자들”이라는 것이다. 하지만 유대인들이 받은 할례 역시 “육신 안에서”(엔 사르키) 손으로 행한 것이다. 할례를 받았다고 해도 신앙이 없는 것은 마찬가지이다. “육신 안에서 손으로 행한 할례”(페리토메스 사르키 케이로포이에투)라는 표현은 하나님에 대한 신앙이 없이 단지 사람의 손으로 행해진 의식일 뿐이라는 조롱이 들어있다. 반면에 수신자인 청지기들이 받은 성령세례는 사람의 손이 아니라 하나님의 손으로 주어진 것이다. 성령세례를 받으면 육신을 따르지 않고 성령을 따라 살 수 있다(롬8:8-9).

그리스도 밖에 있으면 안 된다(2:12)

ὁτι ἠτε τω καιρω ἐκεινω χωρις Χριστου,
왜냐하면 (너희가)있었다 그 시간에 이 없이 그리스도가

ἀπηλλοτριωμενοι της πολιτειας του Ἰσραηλ
멀리 떨어져 있는(사람들) 그 시민권의 그 이스라엘의

και ξενοι των διαθηκων της ἐπαγγελιας,
그리고 이방인들 그 언약들의 그 약속의

ἐλπιδα μη ἐχοντες και ἀθεοι ἐν τω κοσμω.
소망을 못 가진 그리고 하나님이없는(자들) 안에서 그 세상

(직역)왜냐하면 너희는 (그)시간에 그리스도 없이 존재했다, (그)이스라엘의 (그)시민권의 멀리 떨어져있는 자들로 그리고 (그)약속의 (그)언약의 이방인들로, (그)세상 안에서 소망을 못 가진 그리고 하나님이 없는 자들로

“왜냐하면 너희는 이 (그)시간에 그리스도 없이 존재했다”
(호티 에테 토 카이로 에케이노 코리스 크리스투)

수신자인 청지기들이 불신자였을 때를 말한다. (그)시간(토 카이로)은 물리적인 시간(크로노스)이 아닌 하나님의 시간(카이로스)이다. 세상 사람들은 크로노스의 시간만을 살지만, 하나님의 사람들은 카이로스의 시간을 산다. “있었다”를 뜻하는 비동사 에테(기본형/에이미)가 아오리스트시제이다. 하나님의 사람들은 순간순간 성령의 인도하심을 받는 삶을 살지만, 이방인들은 그

런 삶을 살지 못한다. 이유는 그리스도가 없기 때문이다.

"(그)이스라엘의 (그)시민권의 멀리 떨어져있는 사람들로"
(아펠로토리오메노이 테스 폴리테이아스 투 이스라엘)

관사가 있는 이스라엘의 시민권은 특별한 시민권으로 '하나님 나라의 시민권'을 말한다. 현재완료분사인 아펠로트리오메노이(기본형/아팔로토리오)는 "멀리 떨어져있다"라는 뜻으로 아내가 남편으로부터 분리되어 있거나, 사람이 하나님으로부터 분리되어 있을 때 사용된다. "(그)이스라엘의 (그)시민권의 멀리 떨어져 있는 자들"은 소유격의 '분리의 용법'으로 "(그)이스라엘이 가진 (그)시민권에서 멀리 떨어져 있는 자들"이다. 이방인들이 이스라엘이 가진 하나님 나라의 시민권에서 멀리 떨어지게 된 이유는 유대인으로 태어나지 않았기 때문이 아니다. 그들 안에 그리스도가 없기 때문이다.

"그리고 (그)약속의 (그)언약의 이방인들로,"
(카이 크세노이 톤 디아데콘 테스 에팡겔리아스)

"(그)이스라엘의 (그)시민권에서 멀리 떨어져 있는 자들"에 대한 추가설명이다. "(그)약속의 (그)언약의 외국인들"(엑세노이 톤 디아데콘 테스 에팡겔리아스)에는 2개의 소유격이 있다. "(그)약속의 (그)언약"(톤 디아데콘 테스 에팡겔리아스)은 소유격의 '동격의 용법'으로 (그)약속인 (그)언약을 뜻한다. 그리고 "(그)언약의 이방인들"(엑세노이 톤 디아데콘)은 소유격의 '분리의 용법'으로 "(그)언약에서 나온 이방인들"을 뜻한다.

관사가 있는 "(그)약속의 (그)언약"(톤 디아데콘 테스 에팡겔리아스)은 구약성경에서 하나님이 아브라함에게 하신 언약을 말한다. 에팡겔리아스(기본형/에팡겔리아)는 약속이고, 디아데콘(기본형/디아데케)는 언약이다. 언약이란 서로 간에 협정을 맺는 것이다. 하나님은 아브라함과 하나님 나라에 대한 협정을 맺었는데 일

방적인 약속으로 하셨다. 창세기 17장에는 아브라함이 99세 때에 하나님이 아브라함과 언약을 맺는 장면이 나온다.

"나는 전능한 하나님이라 너는 내 앞에서 행하여 완전하라. 내가 내 언약을 나와 너 사이에 세워 너로 심히 번성케 하리라 하시니 아브람이 엎드렸더니 하나님이 또 그에게 일러 가라사대 내가 너와 내 언약을 세우니 너는 열국의 아비가 될찌라"(창17:1-4).

하나님은 아브라함과 언약(디아다케)을 세우며 아브라함이 열국의 아비가 될 거라고 약속(에팡겔리아)하였다. 열국의 아비가 된다는 것은 열국을 하나님의 나라로 만드는 자가 된다는 것이다. 예수를 믿더라도 하나님 나라의 청지기가 되지 않으면 하나님이 아브라함과 언약으로 맺은 약속과는 무관하다.

"세상 안에서 소망을 못 가진 그리고 하나님이 없는 자들로"
(엘피다 메 에콘테스 카이 아데오이 엔 토 코스모)

하나님이 아브라함과 맺은 약속의 언약과 상관이 없는 자들은 이 땅에서 하나님 나라의 소망을 갖지 못한다. 그 안에 하나님이 없는 자들이기 때문이다.

복수형용사인 아데오이(기본형/아데오스)는 부정접두사 아와 하나님을 뜻하는 데오스의 합성어로 "하나님이 없는(자들)"을 뜻한다. 바울은 이 말을 코리스 크리스투(그리스도가 없는)과 연결한다. 그리스도를 주로 영접하지 않은 자들은 하나님이 없는 자들이다. 하나님이 없는 자들은 이 땅에 하나님 나라를 이루려는 소망이 없다. 하지만 하나님 나라의 청지기들은 이 소망이 있다. 이 소망은 그리스도 안에서 갖게 된다. 청지기가 되었을지라도 그리스도 안에 없으면 이 소망이 없다. 하나님 나라의 청지기에게 엔크리스토가 중요한 것은 이 때문이다.

교회가 하나 되게 해야 한다

성도들이 서로 가까워지게 해야 한다(2:13)

νυνι	δε	ἐν	Χριστω	Ἰησου	ὑμεις	ὁι	ποτε	ὀντες
지금은	하지만	안에서	그리스도	예수	너희가	그	전에	있던

μακραν	ἐγενηθητε	ἐγγυς	ἐν	τω	ἁιματι	του	Χριστου.
멀리	(우리는)되었다	가까이	안에서	그	피	그	그리스도의

(직역)하지만 지금은 그리스도 안에서 전에 멀리 있었던 너희가 그리스도의 그 피 안에서 가깝게 되었다.

> "하지만 지금은 그리스도 안에서/전에 멀리 있던 너희가 가깝게 되었다/그리스도의 피 안에서 "
> (누니 데 에 크리스토 예수 휘메이스 호이 포테 온테스 마크란 에게네데테 엥귀스 엔 토 하이마티 토 크리스투)

하나님 나라의 청지기는 교회가 하나 되게 하는 일을 해야 한다. 오늘날에도 그런 일이 있지만, 바울 당시의 초대교회에도 교회 안에 분란이 있었다.

"전에 멀리 있던 너희"는 유대인과 헬라인을 가리킨다. 유대인들은 헬라인을 이방인이라고 하여 부정한 존재로 여겼으며 이방인과 식사하는 것을 율법으로 금했다. 선민사상에 빠진 유대인은 헬라인을 싫어했으며, 헬라인 역시 그런 유대인을 적대시했다. 하지만 멀리 떨어져 있던 그들이 지금은 서로 가까운 사이가 되었다. 예수를 믿는다는 것만으로 생각이 다른 사람들이 하나가 될 수 있는 것은 아니다. 2가지 조건을 충족해야 한다.

①그리스도 안에서(엔 크리스토)

②그리스도의 (그)피 안에서(엔 토 하이마티 투 크리스투)

본문에서 "지금 그리스도 안에서"(뉘니 엔 크리스토)는 문장의 맨 앞에 있고 "그리스도의 (그)피 안에서"(엔 토 하이마티 투 크리스투)는 문장의 맨 뒤에 있다. 성경 헬라어에서는 제일 중요한 것은 맨 앞에, 두 번째로 중요한 것은 맨 뒤에 배치한다. 그리스도 안에 있는 것은 그리스도의 피 안에 있는 것을 의미한다. 히브리 사상에서 피는 생명을 상징한다.

'지금'(뉘니)이라는 부사를 '그리스도 안에'(엔 크리스토) 앞에 둔 것은 엔 크리스토가 지금 이루어져야 함을 강조하기 위함이다. 예수를 믿고 성령 받고 하나님 나라의 청지기가 되었어도 서로 하나가 되지 못하는 사람들이 있다. 교회에서 목사와 장로가 서로 대적하고 미워하는 일은 절대로 있으면 안 되지만 있는 게 현실이다. 함께 힘을 모아 하나님 나라를 세워나가야 할 청지기들이 서로 미워하고 다투는 이유는 그리스도 안에 있지 않기 때문이다. 생명(피)이신 그리스도 안에서 거하지 않기 때문에 그런 일이 일어난다.

육신으로 인해 막힌 담을 허물어야 한다(2:14)

Αὐτος γαρ ἐστιν ἡ εἰρηνη ἡμων, ὁ ποιησας
그분은 왜냐하면 이시다 그 평화 우리의 그 만드시는

τα ἀμφοτερα ἑν και το μεσοτοιχον του φραγμου
그 둘을 하나로 그리고 그 중간의 벽을 그 담의

λυσας, την ἐχθραν ἐν τη σαρκι αὐτου,
허무시는 그 원수된 것을 안에(있는) 그 육신 그의

(직역)왜냐하면 그분은 우리의 평화이시다, (그)둘을 하나로 만드신 분(이시다) 그리고 (그)담의 (그)중간의 벽을 허무시는(분이시다), 그의 (그)육신 안에(있는) (그)원수된 것을.

"왜냐하면 그분은 우리의 (그)평화이시다"
(아우토스 가르 에스틴 헤 에이레네 헤몬)

소유격인 "우리의 (그)평화"(헤 에이레네 헤몬)는 우리가 소유해야 할 (그)평화를 말한다. 관사가 있으므로 하나님이 주신 특별한 평화이다. (그)평화는 예수 그리스도가 화목제물이 되심으로 만들어졌다.

"저는 우리 죄를 위한 화목제물이니 우리만 위할 뿐 아니요 온 세상의 죄를 위하심이라"(요일2:2).

레위기 6장을 보면 이스라엘 백성이 화목제사를 드린 이유는 죄로 인해 단절된 하나님과의 관계를 회복하고, 이웃과의 관계를 회복하기 위함이다. 하나님과의 관계가 단절된 게 죄이고, 이웃과 화목한 삶을 살지 못하는 게 죄이다. 화목제로 드린 제물은 소나 양의 내장에 붙어 있는 기름진 부분만을 하나님께 번제로 드리고 나머지 고기는 화목제를 드린 사람이 이웃들과 나누어 먹었다. 모세 율법의 목표인 하나님 사랑과 이웃 사랑은 예수 그리스도가 십자가에서 화목제로 드려짐으로 인해 가능해졌다. 청지기들은 성도들이 하나님과 화목하고, 이웃과 화목한 삶을 살 수 있게 해야 한다.

"(그)둘을 하나로 만드신 분(이시다) 그리고 (그)담의 (그)중간의 벽을 허무신(분이시다),"
(호 포이에사스 타 암포테라 헨 카이 토 메소토이콘 투 프라그무 뤼사스)

예수 그리스도는 죄로 인해 서로를 적대하는 자들 사이에 있는 벽을 허물어 (그)둘을 하나로 만드는 분이시다. 요한복음에는 십자가를 앞둔 예수님의 기도가 나온다.

"아버지께서 내 안에, 내가 아버지 안에 있는 것 같이 저희도 다 하나가 되어 우리 안에 있게 하사 세상으로 아버지께서 나를 보내신 것을 믿게 하옵소서. 내게 주신 영광을 내가 저희에게 주었사오니 이는 우리가 하나 된 것같이 저희도 하나가 되게 하려 함이니이다"(요17:21-22).

성부 하나님과 아들이신 예수님이 하나가 된 것처럼 그리스도인들도 서로 하나가 되게 해 달라는 기도이다. 하나님 나라는 이 땅에 사는 모든 사람이 서로 하나가 되어 평화롭게 사는 세상이다. 심지어 사람들과 짐승들까지도 서로 어울려 평화롭게 사는 나라가 하나님 나라이다. 이사야 선지자는 예수 그리스도로 말미암아 이 땅에 이루어질 하나님 나라를 이렇게 예언한다.

> "그 때에 이리가 어린 양과 함께 거하며 표범이 어린 염소와 함께 누우며 송아지와 어린 사자와 살찐 짐승이 함께 있어 어린아이에게 끌리며, 암소와 곰이 함께 먹으며, 그것들의 새끼가 함께 엎드리며, 사자가 소처럼 풀을 먹을 것이며, 젖 먹는 아이가 독사의 구멍에서 장난하며, 젖뗀 어린아이가 독사의 굴에 손을 넣을 것이라. 나의 거룩한 산 모든 곳에서 해됨도 없고 상함도 없을 것이니 이는 물이 바다를 덮음같이 여호와를 아는 지식이 세상에 충만할 것임이니라. 그날에 이새의 뿌리에서 한 싹이 나서 만민이 기호로 설 것이요, 열방이 그에게로 돌아오리니 그 거한 곳이 영화로우리라"(사11:6-9).

그런데 이어지는 말씀이 난해하다.

"그의 (그)육신 안에(있는) (그)원수된 것을"
(텐 에크드란 엔 테 사르키 아우투)

한글개역은 이 부분을 "(둘로 하나를 만드사) 원수 된 것(곧 중간에 막힌 담을) 자기 육체로 허시고"로 번역하였다. 예수 그리스도가 십자가에서 육체가 죽임을 당함으로 원수 된 것을 허물었다는 의미로 보인다. 하지만 원문과 차이가 있다.

"그의 (그)육신 안에"(엔 테 사르키)는 십자가에 달리신 예수 그리스도의 육체를 말하는 게 아니다. 육체(소마)와 육신(사륵스)은 다르다. 신약성경에서 사륵스(육신)은 예수님에게 사용할 때는 관사가 없고, 인간에게 사용할 때는 정관사가 있다. 본문의 육신(사륵스)은 관사가 있으므로 유대인과 헬라인 안에 있는 연약해진 육신(사륵스)을 가리킨다.

"그의 (그)육신"(테 사르키 아우투)에서 "그의"(아우투)는 유대인과 헬라인을 말한다. 유대인과 헬라인 각각의 육신 안에 있는 (그)원수된 것을 허무신다는 것이다. 이것은 예수 믿고 구원받은 하나님의 자녀가 되었음에도 교회 안에서 유대인과 헬라인으로 나뉘어 서로 원수가 된 원인이 그들 안에 있는 (그)육신(헤 사륵스) 때문이라는 것을 보여준다. 오늘날 교회에서 목사와 장로가 서로 갈등하는 이유이기도 하다. 하나님의 사역을 한다고 하면서 성령을 따라 하지 않고 육신을 따라 하기 때문이다.

"육신을 따르는 자는 육신의 일을, 성령을 따르는 자는 성령의 일을 생각하나니 육신의 생각은 사망이요 성령의 생각은 생명과 평안이니라"(롬8:5).

교리화된 율법을 폐하고 새사람 안으로 들어가야 한다(2:15)

τον νομον των ἐντολων ἐν δογμασιν καταργησας,
그 율법을 그 계명들의 안에 법령들 폐지하시고

ἱνα τους δυο κτιση ἐν αὐτω εἰς ἑνα καινον
(그 결과) 그 둘을 창조하기 안에서 그분 안으로 한 새

ἀνθρωπον ποιων εἰρηνην,
사람 만드시면서 평화를

(직역)법령들 안에(있는) (그)계명들의 (그)율법을 폐지하면서, 그 결과 그 둘을 창조하려하신다/그분 안에서 한 새사람으로(들어가는)/평화를 만드시면서,

"법령들 안에(있는) (그)계명들의 (그)율법을 폐지하면서"
(톤 노몬 톤 엔톨론 엔 도그마신 카타그레사스)

유대인이 헬라인을 싫어하는 이유는 그들이 따르는 율법 때문이다. "(그)계명들의 (그)율법"(톤 노몬 톤 엔톨론)은 '소유격의 근원의 용법'으로 하나님이 모세에게 주신 (그)계명에서 나온 (그)율법을 말한다. 하지만 하나님은 모세에게 이방인을 미워하라는 계명을 준 적이 없다. 하나님이 모세에게 준 계명과 율법이 유대교 교리가 되면서 변질이 된 게 문제이다. '법령들(도그마신/기본형:도그마)은 종교화된 교리나 법령을 뜻한다.

예수님은 "내가 율법이나 선지자나 폐하러 온 줄로 생각지 말라. 폐하러 온 것이 아니요 완전케 하려 함이로다"(마5:17)라고 하였다. 또한, 바울은 로마서에서 "율법도 거룩하며 계명도 거룩하며 의로우며 선하도다"(롬7:12)라고 하였다. 하나님이 모세에게 주신 율법 자체는 거룩하고, 의롭고, 선하지만 유대인들이 법령화시키면서 율법 본래의 취지가 변한 것이다. 예수님과 바리새인들 사이에 갈등이 생긴 것도 이 때문이다. 유대 율법주의자들은 율법에 따라 안식일에 병자들을 치료하는 것을 금했다. 하지만 예수님은 안식일에 구덩이에 빠져 고통받은 짐승은 구해도 되고 질병으로 고통받은 하나님의 백성을 구하면 안 되냐고 반문하였다(마12:11~12).

갈라디아서 2장에는 바울이 당시 교회의 기둥으로 여겨졌던 베드로를 책망하는 내용이 나온다. 베드로가 안디옥에 왔을 때 이방인 그리스도인들과 식사를 하다가 야고보 사도가 보낸 유대인 그리스도인들을 보고 순간적으로 자리를 떠난 적이 있었다. 그러자 베드로와 함께 있던 유대인 그리스도인들도 그를 따라 식사 자리를 떠났다. 이를 본 바울이 베드로에게 "네가 유대인으로 이방을 좇고 유대인답게 살지 아니하면서 어찌하여 억지로 이방인을 유대인답게 살게 하려느냐"고 책망하였다. 베드로의 행동은 이방인들과의 식사를 금한 유대교 율법에 따른 것이다. 하지만 바울은 베드로가 이방인과의 식사 금지의 법령이 원래 율법의 취지와 맞지 않음을 알면서도 유대인들에게 율법을 지키지 않는 사람으로 몰리는 게 두려워 자리를 피한 것을 책망한 것이다.

바울 당시나 오늘날이나 유대인들이 지키는 율법은 본래 하나님이 모세에게 주신 율법의 취지와는 상관없는 교리화 된 율법이다. 교리화된 율법으로는 "내 이웃을 내 몸처럼 사랑하라"는 본질적인 율법을 지킬 수 없다.

"그 결과 그 둘을 창조하려 하신다/그분 안에서
한 새사람 안으로(들어가도록)/평화를 만드시는,"
(히나 투스 뒤오 크티세 엔 아우토 에이스 헤나 카이논 안드로폰)

히나는 목적이나 결과를 나타내는 접속사인데 본문에서는 결과로 쓰였다.[12] 예수 그리스도는 유대인들의 교리화된 율법을 폐한 후에 유대인과 헬라인을 새롭게 창조하여 "한 새사람" 안으로 들어가게 하였다. "한 새사람"은 새 아담인 예수 그리스도를 가리킨다. 유대인과 헬라인 모두 새 아담인 그리스도 안에 들어가야 새로운 피조물이 될 수 있다. 이 새로운 피조물이 바로 하나님 나라의 청지기들이다. 바울은 고린도후서에서 그리스도 안에서 된 새롭게 창조된 하나님 나라의 청지기의 정체성을 말한다.

"그런즉 누구든지 그리스도 안에 있으면 새로운 피조물이라. 이전 것은 지나갔으니 보라 새것이 되었도다. 모든 것이 하나님께로 났나니 저가 그리스도로 말미암아 우리를 자기와 화목하게 하시고 또 우리에게 화목하게 하는 직분을 주셨으니 이는 하나님께서 곧 하나님께서 그리스도 안에 계시사 세상을 자기와 화목하게 하시며 그들의 죄를 그들에게 돌리지 아니하

12)종속접속사 히나는 콤마 뒤에 올 때는 결과를 나타낸다.

시고 화목하게 하는 말씀을 우리에게 부탁하셨느니라”(고후 5:17~19).

“평화를 만드시는”
(포이온 에이레넨)

현재분사 구문인 “평화를 만드시는”(포이온 에이레넨)은 그 앞의 “한 새사람”(헤나 카이논 안드로폰)을 수식한다. 예수 그리스도는 평화를 만드시는 분이시다. 예수님이 이 땅에 이루려는 하나님 나라는 모든 사람이 평화롭고 화목하게 사는 나라이다. 심지어 인간과 짐승 간에 그리고 짐승들끼리도 싸움이 없는 그런 나라이다. 이 일을 위해 하나님은 이스라엘을 청지기 국가로 세웠다. 하지만 하나님이 주신 율법이 종교화된 교리가 되면서 이 땅에 하나님 나라를 이루는 일에 실패했다. 이제는 이 땅에 평화를 이루는 그 일을 교회가 해야 한다.

먼저 교회가 화목해야 한다(2:16)

και ἀποκαταλλαξη τους ἀμφοτερους ἐν ἑνι
그리고 (그가)화목하게 하실거다 그 둘을 안에서 한

σωματι τω θεω δια του σταυρου, ἀποκτεινας
몸 그 하나님과 통하여 그 십자가를 멸하시면서

την ἐχθραν ἐν αὐτω.
그 원수된 것을 안에서 그

(직역)그리고 (그가)화목하게 하실거다 그 둘을 한 몸 안에서/하나님께/
/(그)십자가를 통하여,/그분 안에서 그 원수된 것을 멸하시면서

“그리고 (그가)화목하게 하실거다 그 둘을/한 몸 안에서
/(그)하나님에게”
(카이 아포카탈락세 투스 암포테루스 엔 헤니 소마티 토 데오)

아포카탈락세(기본형/아포카탈라쏘)는 아포(강세접두사)+카탈라소(화목하게 하다)의 합성어로 “완전히 화목하게 한다”이다. 예수 그리스도가 유대인과 헬라인을 완전히 화목하게 하실 것이다. 그

것은 (1)그리스도 안에서 될 것이며 (2)성부 하나님께 나아감으로 될 것이다. 유대인과 헬라인의 화목은 그리스도 안에서 가능하며, 함께 하나님 앞에 나아갈 때 가능하다.

"(그)십자가를 통하여"
(디아 투 스타우루)

예수 그리스도가 십자가에서 죽임을 당하신 것은 유대인과 이방인이 그리스도 안에서 하나가 되고, 함께 하나님께 나아가는 자들이 되도록 하기 위함이다. 예수 그리스도의 "(그)십자가를 통하여" 하나님께 나아갈 수 있다.

"그분 안에서 (그)원수 된 것을 멸하시면서"
(아포크테이나스 텐 에크드란 엔 아우토)

아포크테이나스(기본형/아포크테이노)는 "(완전히)살해하다"라는 뜻으로 (그)원수된 것을 완전히 없애버린다는 의미이다. "(그)원수된 것"(텐 에크드란)에서 원수 된 대상이 누구냐가 논란이 된다. 하나님과 사람들 사이에 원수 된 거라는 견해가 있다. 본문이 하나님과 사람 사이에 화해를 말하고 있기 때문이다. 하지만 우리가 알아야 할 것은 하나님은 하나님의 백성뿐 아니라 이 땅에 누구와도 원수를 맺지 않는다는 사실이다. 사람들 간에 원수 된 것을 풀라고 하시는 분이 사람들을 원수 삼는다는 것은 말이 안 된다.

하나님은 그리스도 안에서 유대인과 헬라인의 원수 된 것을 풀어내신다. 교회 안에서 청지기 간에 다툼이나 갈등이 있는 것은 그들이 그리스도 안에 있지 않기 때문이다. 혹시라도 교회 안에서 청지기들 간에 서로 다투는 일이 있다면 빨리 회개하고 함께 하나님의 보좌 앞에 나아가야 한다.

교회에는 그리스도의 평안이 있어야 한다(2:17)

καὶ ἐλθὼν εὐηγγελίσατο εἰρήνην ὑμῖν τοῖς
그리고 (그가)오셔서 기쁜 소식으로 전했다 평안을 너희에게 그

μακρὰν καὶ εἰρήνην τοῖς ἐγγύς·
멀리있는(사람들에게) 그리고 평안을 그 가까이 있는(사람들에게)

(직역)그리고 그가 오셔서 평안을 기쁜소식으로 전했다 (그)멀리있는 사람들인 너희에게 그리고 평안을(전했다) 그 가까이 있는 사람들에게.

"그리고 그가 오셔서 평안을 기쁜소식으로 전했다"
(카이 엘돈 유엥겔리사토 에이레넨)

분사인 엘돈(기본형/에르코마이)은 "오다"(come)를 뜻하는 데 디포넌트 동사로서 의지를 써서 오는 것을 말한다. 아오리스트 시제로 쓰였다. 이것은 예수님의 초림이나 재림을 말하는 게 아니다. 성령으로 거듭난 그리스도인에게 그리스도가 순간적으로 들어오시는 것을 말한다. 예수님은 우리 안에 오셔서 평안의 기쁜소식을 전하신다.

유엥겔리사토(기본형/유앙겔리조)는 "기쁜소식을 전하다"라는 뜻으로 "(메시지를)전하다"라는 뜻의 케뤼소와는 다르다. 유엥겔리사토가 아오리스트시제, 중간태이다. 우리 안에 계신 예수 그리스도는 평안의 기쁜소식을 우리에게 순간순간 전하신다(아오리스트시제). 또한 예수 그리스도 자신을 위해서 기쁜 소식을 전하신다(중간태).[13)]

평안의 복음이란 소유격의 "동격의 용법"으로 평안이라는 복음을 뜻한다. 예수 믿고 내 안에 평안이 이루어지고, 사람들 간에 다투지 않고 평화롭게 사는 게 복음이다. 그리고 그 평안을 사람들에게 전해서 다른 사람들도 평안의 삶을 살도록 돕는 것이 평안의 복음을 전하는 것이다. 예수 그리스도는 세

13) 아오리스트시제는 순간적으로 생각지 않게 발생하는 일에 사용되며, 중간태는 주어가 행한 동작이 자신에게 영향을 미칠 때 사용된다.

상 사람들에게 이 평안을 주시려고 십자가에서 희생제물이 되셨다.

"(그)멀리 있는(사람들인) 너희에게 그리고 평안을
(그)가까이 있는(사람들에게);"
(휘민 토이스 마크란 카이 에이레넨 토이스 엥귀스)

예수님은 평안의 복음을 멀리 있는 사람들과 가까이 있는 사람들에게 전했다. "멀리 있는 너희는" 이방인들을 가리키며, "가까이 있는 자들은" 유대인들을 가리킨다. 예수 그리스도는 하나님이 주시는 평안을 가까이 있는 유대인과 멀리 있는 헬라인 모두에게 전하신다. 그래서 그들이 그리스도의 몸인 교회로 하나가 되게 하신다. 서로 다른 각종의 사람들이 모인 교회에는 하나님이 주시는 평안이 항상 있어야 하고, 청지기들은 그런 교회가 되도록 힘써야 한다.

교회가 성령 안에서 하나가 되어야 한다(2:18)

ὁτι	δι	αὐτου	ἐξομεν	την	προσαγωγην	οἱ
왜냐하면	통하여	그분을	(우리가)가진다	그	나아감을	그

ἀμφοτεροι	ἐν	ἑνι	πνευματι	προς	τον	πατερα.
둘이	안에서	한	성령	에게로	그	아버지

왜냐하면 그분을 통하여 그 둘이 나아감을 가진다 우리 모두가 한 성령 안에서 그 아버지에게로

"왜냐하면 그분을 통하여 그 둘이 나아감을 가진다 우리 모두가 한 성령 안에서 그 아버지에게로"
(호티 디 아우투 엑소멘 텐 프로사고겐 호이 암포테로이 엔 헤니 프뉴마티 프로스 톤 파테라)

호티(왜냐하면)는 이유를 나타내는 접속사이다. 평안의 복음을 전하는 청지기가 되려면 성령 안에서 하나가 되어 예수 그리스도를 통하여 하나님 아버지께 나아가야 한다. 서로 다투는 청지기들은 평안의 복음을 전할 수 없다. 또한 서로 다투는

청지기들은 하나님 아버지 앞에 나아갈 수도 없다.

프로사고겐(기본형/프로사고게)는 프로스(~을 향해)+아고(이끌다)의 합성어인 프로사고(~을 향해 이끌다)에서 연유된 말로 "입장하다"이다. 유대인과 헬라인 모두가 한 성령 안에(엔 헤니 프뉴마티) 예수 그리스도를 통하여(디 아우투) 하나님 아버지께 나아가는 문이 열렸다. 따라서 청지기들은 성령 안에서 하나가 되어야 하고, 함께 예수 그리스도를 통하여 하나님 아버지께 나아가야 한다. 그러면 평안의 복음을 전하는 청지기직을 감당할 수 있다.

2:19-22

교회가 거룩한 성전이 되게 해야 한다

성도이자 하나님 나라의 시민이자 하나님의 가족(2:19)

ἀρα οὐν οὐκετι ἐστε ξενοι και παροικοι ἀλλα
지금 그러므로 더이상 안 (너희는)있다 외국인들로 그리고 나그네들로 그러나
ἐστε συμπολιται των ἁγιων και οἰκειοι του θεου,
(너희는)있다 동료시민들로 그 성도들의 그리고 가족들로 그 하나님의

(직역)그렇다면 그 때에 너희는 더 이상 외국인들과 나그네들로 있지 않다 그러나 너희는 (그)성도들의 동료시민들로 있다 그리고 (그)하나님의 가족들로 있다.

"그러므로 지금 너희는 더 이상 외국인들과 나그네들로 있지 않다"(아라 운 우케티 에스테 엑세노이 카이 파로이코이)

아라 운(그러므로)는 이야기의 결론을 나타낼 때 쓰는 접속사이다. 예수 그리스도를 통하여 한 성령 안에서 하나님 아버지께 나아가게 되었으므로 이제는 더 이상 크세노이(외국인들)과 파로이코이(나그네들)이 아니라는 것이다. 엑세노이(기본형/엑세노스)는 완전히 낯선 사람 즉 외국인을 뜻한다. 파로이코이(기본형/파로이코스)는 파라(옆에)+오이코스(집)의 합성어로 누군가의 집 옆에 있으면서도(들어가지 못하는) 사람인 '나그네'를 뜻한다.

초대교회에서 이방인 기독교인들은 하나님의 자녀이면서도 유대인 기독교인들에게 외국인과 나그네 취급을 받았다. 선민의식이 있는 유대인 그리스도인들은 헬라인 그리스도인들을 이방인 취급하며 무시했다. 사도행전 6장에는 헬라파 그리스도인들이 자기의 과부들이 매일의 구제에 빠지므로 히브리파 사람을 원망했다는 내용이 나온다. 특히 로마교회는 이런 일로 유대인 기독교인들과 헬라인 기독교인들 사이에 갈등이 심했

다. 교회 안에서 발생하는 이런 갈등은 한 성령 안에서 그리스도를 통하여 하나님 아버지께 나아갈 때 해결된다. 모든 성도는 하나님 나라의 시민이고, 하나님의 가족이다. 쉼폴리타이(기본형/쉼폴리테스)는 쉼(함께)+폴리테스(시민)의 합성어로 "함께하는 시민"이라는 뜻이다. 하나님 나라의 시민으로 하나님과 함께 하는 가족이다.

모퉁잇돌 되신 그리스도 위에 세워진 교회(2:20)

ἐπικοδομηθεντες ἐπι τω θεμελιω των ἀποστολων
(너희는)세우심을 받으면서 위에 그 기초 그 사도들의

και προθητων, ὀντος ἀκρογωνιαιου αὐτου
그리고 선지자들의 있으면서 모퉁이돌로 그분 자신이

Χριστου Ἰησου,
그리스도 예수

(직역)너희는 (그)사도들과 선지자들의 그 기초 위에 세우심을 받으면서, 그리스도 예수 그분 자신이 모퉁잇돌로 있는

"너희는 (그)사도들과 선지자들의 (그)기초 위에 세우심을 받으면서"
(에피코도메덴테스 에피 토 데메리오 톤 아포스톨론 카이 프로데톤)

교회는 예수님이 임명한 '사도들'(톤 아포스톨론)과 '선지자들'(프로데톤)이 쌓아놓은 기초 위에 세워진다. 데멜리오(기본형데/멜리오스)는 건물의 기초나 토대를 뜻한다.

"그리스도 예수 그분 자신이 모퉁잇돌로 있으면서"
(온토스 아크로고니아이우 아우투 크리스투 예수)

모퉁잇돌은 예수 그리스도를 가리킨다. 한글개역에서 '모퉁잇돌'로 번역된 헬라어 아크로고니아이우는 구약성경을 헬라어로 번역한 70인역의 이사야서에 한 번 나온다.

"그러므로 주 여호와께서 가라사대 보라 내 한 돌을 시온에

두어 기초를 삼았노니 곧 시험한 돌이요 귀하고 견고한 기초돌(아크로고니아이우)이라 그것을 믿는 자는 급절하게 되지 아니하리로다"(사28:16)

아크로고니아이우에 대한 서로 다른 견해가 있다. 건물을 지을 때 기초석으로 삼는 돌이라는 견해와 건물을 지을 때 마지막으로 가장 높은 곳에 두는 돌이라는 견해다. 모퉁잇돌로 번역되는 아크로고니아이우(기본형/아크로고니아이오스)는 아크론(끝, 꼭대기)+고니아(모퉁이)의 합성어로 두 가지 견해 모두 일리가 있다. 본문에서 어떤 용도로 사용되었는가가 중요하다.

문맥을 보면 성전인 교회는 모퉁잇돌이신 그리스도 예수와 연결되어 있다. 따라서 건물의 기초 위에 가장 먼저 놓는 머릿돌로 보는 게 합당하다. 사도들과 선지자들이 기초를 놓고, 그 위에 머릿돌 되신 예수 그리스도를 놓고 거기서부터 교회가 세워진다.

마태복음에서 예수님은 "주는 그리스도시요 살아계신 하나님이 아들이십니다"라고 고백하는 베드로에게 "너는 베드로라 내가 이 반석 위에 내 교회를 세우리니 음부의 권세가 이기지 못하리라"고 한 것은 이 때문이다. 베드로가 사도가 되어 교회의 토대인 반석이 되면 그 위에 예수 그리스도를 머릿돌로 하는 교회가 세워진다는 것이다. 이것은 교회가 세워지는 데에 있어서 사도와 같은 청지기의 역할이 얼마나 중요한가를 보여준다.

청지기들이 함께 지어가는 성전(2:21-22)

ἐν ᾧ πασα οἰκοδομη συναρμολογουμενη αὔξει
안에서 그분 모든 건물이 함께 연결되면서 자란다
εἰς ναον ἅγιον ἐν κυριω, ἐν ᾧ και ὑμεις
안으로 성전 거룩한 안에서 주 (그런데)그분 안에서 역시 너희는
συνοικοδομεισθε εἰς κατοικητηριον του θεου
함께 지어진다 안으로 거처 그 하나님의
ἐν πνευματι.
안에서 성령

(직역)그분 안에서 모든 건물이 함께 연결되면서 자란다/거룩한 성전 안으로(들어가면서)/주 안에(있는), 그런데 그분 안에서 역시 너희도 함께 지어진다 (그)하나님의 거처 안으로(들어가면서)/성령 안에(있는)

"그분 안에서 모든 건물이 함께 연결되면서 자라서 주 안에 있는 거룩한 성전 안으로(들어간다)"
(엔 호 파사 이오코도메 쉬나르몰로구메네 아욱세이 에이스 나온 하기온 엔 퀴리오)

엔 호(그분 안에서)는 '그리스도 안에서'를 뜻한다. 한글개역에서 '건물'로 번역된 오이코도메는 오이코스(집)+도마(지붕)의 합성어로 '건물 지붕'을 뜻한다. 그리스도 안에서 모든 건물 지붕이 함께 연결되면서 자라나서 성전이 된다. 그리스도인 개개인이 그리스도 안에서 서로 연결되어 성전으로 들어간다. 여기서 성전은 그리스도의 몸인 교회를 가리킨다. 교회는 그리스도 안에 있는 성도들의 공동체이다.

나온(기본형/나오스)는 이스라엘의 성전을 의미하지만 하기온(거룩한)과 엔 퀴리오(주 안에서)라는 수식어로 인해 그리스도인들의 성전인 교회를 의미한다. 기독교의 성전은 건물이 아니라 그리스도 안에 있는 거룩한 신자들의 공동체이다.

"(그런데)그분 안에서 역시 너희도 함께 지어진다/하나님의 거처 안으로(들어가면서)/성령 안에서"
(엔 호 카이 휘메이스 쉬노이코도메이스데 에이스 카토이케테리온 투 데우 엔 프뉴마티)

엔 호(그분 안에서)는 '그리스도 안에서'를 뜻하고 휘메이스(너희)는 에베소서의 수신자인 청지기들을 가리킨다. 성도가 서로 연결되어 주님 안에 있는 거룩한 성전인 교회가 되려면 수신자인 청지기들이 함께 교회로 지어져서 하나님의 거처 안으로 들어가야 한다. 카토이케테리온 투 데우(하나님의 거처)는 하나님이 거주하는 장소를 뜻한다. 하나님의 임재가 있는 곳인 지성소를 가리킨다.

본문의 끝에 있는 엔 프뉴마티(성령 안에)는 앞에 있는 동사 쉬노이코도메이스데(함께 지어진다)를 수식한다. 청지기들은 성령 안에서 함께 지어져 가야 한다." "성령 안에"(엔 프뉴마티)를 문장의 맨 뒤에 둔 이유는 강조하기 위함이다. 성경 헬라어에서는 문장 구성에서 제일 강조를 문장의 맨 앞에 두고, 제이 강조를 문장의 맨 뒤에 둔다. 하나님 나라의 청지기들이 교회를 거룩한 성전으로 지어가려면 함께 그리스도 안에 있어야 하고 또한 함께 성령 안에 있어야 한다.

4
바울이 알게된 청지기직의 비밀

3:1-6

바울은 어떻게 청지기직의 비밀을 알게 되었는가

예수 그리스도의 포로가 된 바울(3:1)

Τουτου χαριν ἐγω Παυλος ὁ δεσμιος του Χριστου
이런 까닭으로 나 바울은 그 갇힌 자 그 그리스도의
[Ἰησου] ὑπερ ὑμιν των ἐθνων
예수의 위하여 너희를 그 이방사람들을

(직역)이런 까닭에 나 바울은 그리스도의 (그)갇힌 자로 있다/너희 그 이방사람들을 위하여

"이런 까닭에 나 바울은"
(투투 카린 에고 파울로스)

투투(이런)은 지시대명사이고 카린(까닭으로)는 은혜를 뜻하는 카리스의 소유격로서 투투와 함께 "이런 까닭에"가 된다. 그리스도가 사도들과 선지자들로 놓인 교회의 터에 모퉁잇돌이 되신 까닭을 말하고 있다. 에고(나)라는 말을 넣어 바울 자신이 이런 까닭과 관계가 있음을 보여준다.

"그리스도(예수)의 갇힌 자로 있다"
(호 데스미오스 투 크리스투 예수)

한글개역에서 '포로'로 번역된 데스미오스는 동사 데오(묶다)에서 연유되었다. 바울은 자신을 그리스도 예수의 포로로 소개한다. 문법적으로 '그리스도 예수의 포로'는 두 가지 해석이 가능하다.

①그리스도 예수로 인한 포로(소유격의 원인의 용법)

②그리스도 예수에 속한 포로(소유격의 소유의 용법)

소유격의 '원인의 용법'으로 보면 바울은 그리스도 예수 때

문에 로마의 포로가 되었다는 것이다. 하지만 왜 의미가 분명한 "로마의 포로"라는 말 대신에 "그리스도(예수)의 포로"라는 말을 사용했는지가 의문이다.

소유격의 '소유의 용법'은 그리스도 예수에 속한 포로를 뜻한다. 다른 성경에서 바울이 자신을 "그리스도 예수의 종"으로 소개하는 것처럼 여기서는 "그리스도 예수의 포로"로 소개한 것이다.

데스미오스(포로)라는 말은 둘로스(종)이라는 말보다 누군가에게 더 강하게 묶인 느낌을 준다. 포로 앞에 있는 관사 투는 예수 그리스도에 속한 특별한 포로를 의미한다. 이렇게 보면 '그리스도(예수)의 포로'와 뒤에 나오는 '하나님의 은혜의 청지기직'이 의미상 연결된다.

그리스도 다음에 오는 예수가 괄호에 묶인 것은 사본에 따라 이 말이 있기도 하고 없기도 하기 때문이다. 어쩌면 바울이 예수님으로 인해 로마의 포로가 되었음을 분명히 하기 위해 그리스도 다음에 예수라는 말을 임의로 넣었을 수도 있다. '그리스도의 포로'가 그리스도께 붙잡힌 자라는 의미라면 그리스도 다음에 예수라는 말이 없어도 된다.

"너희 이방인들을 위하여"
(휘페르 휘민 토 에드논)

바울은 자신이 예수 그리스도의 포로가 된 것을 "너희 (그) 이방인들을"(휘민 토 에드논) 위해서라고 말한다. 이방인들에게 복음을 전하기 위해 로마의 포로가 되었다는 의미로 볼 수도 있다. 하지만 내 견해는 수신자인 이방인 청지기들을 위해 자신이 예수 그리스도에게 붙잡힌 포로가 된 것으로 본다. 앞 문장과 연결된 접속사인 "이런 까닭에"(투투 카린)과 이방인(에드논) 앞에 관사가 있기 때문이다. 바울은 교회가 거룩한 성전으로 지어져 가는 데 있어서 예수 그리스도의 포로가 된 청지기의 역할이 얼마나 중요한가를 말하고 있다.

바울에게 주어진 청지기직의 은혜(3:2)

εἰ γε ἠκουσατε την οἰκονομιαν της χαριτος
만일 참으로 (너희가)들었다면 그 청지기직을 그 은혜의
του θεου της δοθεισης μοι εἰς ὑμας,
그 하나님의 그(것) 주어진 나에게 안으로 너희들

(직역)만일 참으로 너희가 나에게 주어진 (그)하나님의 (그)은혜의 (그)청지기직을 들었다면/너희 안으로(들어가는).

"만일 참으로 너희가 나에게 주어진 (그)하나님의 (그)은혜의 (그)청지기직을 들었다면"
(에이 게 에쿠사테 텐 오이코노미안 테스 카리토스 투 데우 테스 도데이세스 모이)

에이(만일)로 시작하는 가정법 구문이다. 에이는 일어날 가능성이 많은 가정법에 쓰인다. 수신자들인 이방인 청지기들은 바울에게 주어진 "하나님의 (그)은혜의 (그)청지기직"에 대해 들었을 가능성이 있다. 에쿠사테(들었다면)이 아오리스트시제이다. 바울은 하나님이 청지기직에 대한 신비를 자신만이 아니라 다른 청지기들에게도 계시해주었을 거라고 본 것이다. 바울이 게(참으로)라는 부사를 사용한 것은 수신자인 청지기들도 "(그)은혜의 (그)청지기직"에 대한 말씀을 참으로 들어야 한다는 바람이 담겨 있다.

"그 하나님의 그 은혜의 그 청지기직"에서 테스 카리토스 투 데우(그 하나님의 그 은혜의)는 성부 하나님이 예수 그리스도를 통해 주신 구원의 은혜를 말한다. 한글개역에서 '경륜'으로 번역된 오이코노미안(기본형/오이코노미아)는 오이코스(집)+노모스(법)의 합성어로 법에 따라 집을 다스리는 '청지기직'을 뜻한다. 청

지기는 주인이 맡긴 것들을 주인의 뜻에 따라 관리하는 종이다. 따라서 "(그)하나님의 (그)은혜의 (그)청지기직"(텐 오이코모미안 테스 카리토스 투 데우)은 하나님이 예수 그리스도를 통해 주시는 구원의 은혜를 맡은 청지기직을 말한다.

"너희 안으로(들어가는)"
(에이스 휘마스)

청지기가 섬겨야 할 대상은 교회 밖에 사람이 아니라 교회 안에 있는 성도들이다. 청지기가 성도들을 섬기려면 그들 안으로 들어가야 한다. 하나님 나라의 청지기인 바울이 지금 섬기는 대상은 편지의 수신자인 청지기들이다. 바울은 그들을 섬기려고 그들 안으로 들어가고 있다. 편지를 써서 보내는 것이 그들 안으로 들어가는 것이다.

바울에게 계시로 알려진 청지기직의 신비(3:3)

[ὅτι] κατα ἀποκαλυψιν ἐγνορισθη μοι το
왜냐하면 따라서 계시를 알려졌다 나에게 그

μυστηριον, καθως προεγραψα ἐν ὀλιγῳ,
신비가 같이 내가 전에 기록했던 안에 연약함

(직역)[왜냐하면] 계시를 따라서 알려졌다 나에게 그 신비가, 연약함 안에서 내가 전에 기록했던 것 같이

"(왜냐하면)계시를 따라서 나에게 알려졌다 그 신비가"
(호티 카타 아포칼륍신 모이 토 뮈스테리온)

1장 9절에서 바울은 그리스도 안에서 하나님 나라의 청지기가 되는 것을 뮈스테리온(신비)라고 하였다. 신비는 신비스러운 비밀을 뜻한다. 본문에서 바울은 토 뮈스테리온(그 신비가) 자신에게 아포칼륍신(계시를) 따라 알려졌다고 말한다. 예수 그리스도는 청지기직의 신비를 바울에게 계시로 알게 하셨다.

한글개역에서 "알게 하신"으로 번역된 에그노리스데(기본형/그

노리조)는 히브리어 야다와 같은 의미인 헬라어 기노스코에서 비롯된 단어로 아오리스트시제, 수동태이다. 예수 그리스도와 친밀한 관계를 맺고 있는 바울에게 예수 그리스도의 계시가 순간적으로 주어진 것이다.

"연약함 안에서 내가 기록했던 것 같이"
(카도스 프로에그랍사 엔 올리고)

바울은 예수 그리스도의 계시로 알게 된 그 신비를 전에 글로 기록했다고 하면서 엔 올리고(연약함 안에서)라는 수식어를 붙인다. 올리고는 "연약하고 보잘 것" 없는 것을 뜻한다. 청지기직에서 중요한 것은 자신이 연약한 존재라는 것을 아는 것이다. 그럴 때 주님의 능력이 함께 한다. 바울이 자신의 연약함을 밝히는 이유는 청지기 사역은 누구나 감당할 수 있는 것임을 알게 하기 위함이다. 그래서 수신자인 청지기들에게 "너희도 할 수 있다"고 말한 것이다.

바울에게 어떻게 계시로 알려졌는가(3:4)

πρὸς	ὁ	δυνασθε	ἀναγινωσκοντες	νοησαι	την
향하여	그것을	너희도 할 수 있다	위를 향해 알면서	이해하기 위해	그

συνεσιν	μου	ἐν	τω	μυστηριω	του	Χριστου,
함께 둔 것	나의	안에서	그	신비	그	그리스도의

(직역)(그런데)그것을 향해 너희도 할 수 있다/위를 향해 알면서

"(그런데)그것을 향해 너희도 할 수 있다/위를 향해 알면서"
(프로스 호 뒤나스데 아나기노스콘테스)

관계대명사인 프로스 호(그런데 그것을 향해)에서 중성 관계대명사인 호의 선행사는 앞 절에 나오는 토 뮈스테리온(그 신비)이다. 바울은 자신이 계시를 통해 알게 된 그 비밀을 수신자인 청지기들도 알 수 있다고 말한다.

아나기노스콘테스(위에서 알면서)라는 현재분사가 따라온다. 이 단어는 아나(위를 향해)+기노스코(알다)의 합성어로 직역하면 "위를 향해 알다"이다. 위에 계신 분과 관계를 맺는 청지기라면 누구든지 청지기직의 신비를 알 수 있다.

"그리스도의 (그)신비 안에서 나의 함께 둔 그것을 이해하기 위해"(노에사이 텐 쉬네신 무 엔 토 뮈스테리오 투 크리스투)

토 뮈스테리오 투 크리스투(그리스도의 그 신비)는 소유격의 주어의 용법으로 그리스도가 (계시로)주신 그 신비를 말한다. 바울은 자신이 예수 그리스도의 계시로 이해하게 된 청지기직에 대한 비밀을 수신자인 청지기들도 이해할 수 있다고 말한다. 한글개역에서 "깨달은"으로 번역된 노에사이(기본형/노이에오)는 마음으로 이해하는 것을 뜻한다. 아오리스트시제로 쓰인 것은 그 신비에 대한 이해를 순간적으로 할 수 있기 때문이다.

텐 쉬네신(나의 함께 둔 그것)은 예수 그리스도의 신비를 이해하려면 나의 마음을 위에 계신 그리스도에게 함께 두어야 한다는 것이다. 청지기들이 그리스도의 신비를 알려면 주님이신 예수 그리스도를 향한 마음의 태도가 중요하다.

이전 세대에는 알려지지 않았던 청지기직의 비밀(3:5a)

ὃ ἑτέραις γενεαῖς οὐκ ἐγνωρίσθη τοῖς υἱοῖς
(그런데)그것이 다른 세대들에게 안 알려졌다 그 아들들에게
τῶν ἀνθρώπων
그 사람들의
(직역)그런데 그것이 다른 세대들에게는 알려지지 않았다 사람들의 아들들에게는

"그런데 그것이 다른 세대들에게는 알려지지 않았다"
(호 에테라이스 게네아이스 우크 에그노리스데)

본문은 관계대명사 호(그런데 그것은)으로 시작한다. 선행사는 앞 절의 토 뮈스테리오 크리스투(그리스도의 그 신비)이다. 그

리스도의 그 신비는 헤테라이스 게네아이스(다른 세대들)에는 알려지지 않았다. 헤테라이스(기본형/헤테로스)는 질적으로 완전히 다른 것을 뜻하며, 게네아(세대)는 세상에서 한 사람이 일할 수 있는 기간인 30~40년을 말한다. 헤테라이스 게네아이스(다른 세대들)은 뒤에 있는 뉜(지금)과 비교해 볼 때 이전 세대들을 가리킨다. 예수 그리스도가 오시기 이전 세대를 말한다. 예수님이 오시기 이전 세대에는 청지기직에 대한 신비가 알려지지 않았다.

"(그)사람들의 (그)아들들에게"
(토이스 휘오스 톤 안드로폰)

토이스 휘오이스 톤 안드로폰(그 사람들의 그 아들들)은 "다른 세대들"(헤테라이스 게네아이스)에 대한 추가설명으로 토이스 휘오이스 톤 데온(그 하나님의 그아들들)과 대조된다. 토이스 휘오이스 톤 안드로폰(그 사람들의 그 아들들)은 소유격의 '동격의 용법'으로 "그 사람들인 그 아들들"이다. 하나님 나라의 청지기로 부르심을 받았던 유대인들에게 청지기직의 신비가 계시되지 않은 이유는 그들의 사역이 하나님의 아들로서 사역이 아니라 인간의 아들로서의 사역이었기 때문이다.

지금 세대에는 청지기직의 비밀이 어떻게 알려지는가(3:5a)

ὡς νυν ἀπεκαλυφθη τοις ἁγιοις
처럼 지금 (그것이)계시되었던 것 그 거룩한
ἀποστολοις αὐτου και πορφηταις ἐν πνευματι,
사도들에게 그의 그리고 선지자들에게 안에 성령
지금 그것이 그분의 (그)거룩한 사도들과 성령 안에(있는) 선지자들에게 계시되었던 것처럼

"지금 그것이 그분의 (그)거룩한 사도들과 성령 안에(있는) 선지자들에게 계시되었던 것 같이,"

(호스 뉜 아페칼륍프테 토이스 하기오이스 아포스톨로이스 아우투 카이 프로페타이스 엔 프뉴마티)

지금은 청지기직의 신비가 그분(예수 그리스도)의 (그)거룩한 사도들과 성령님 안에 있는 선지자들에게 알려졌다. 아페칼뤼프데(그것이 계시되었다)가 아오리스트시제이다. 예수님은 청지기직의 신비를 자신의 사도들과 선지자들에게 순간적으로 계시하셨다. 사도들 앞에 '거룩한'(하기오이스)이라는 수식어와 선지자들 앞에 '성령 안에'(엔 프뉴마티)라는 수식어를 쓴 이유는 교회 안에는 성령의 인도하심을 따르지 않는 자칭 사도들과 거짓 선지자들이 있기 때문이다.

왜 이방인들에게 청지기의 신비를 알려주는가(3:6)

ἐιναι τα ἐθνη συγκληρονομα και συσσωμα και
있게 하려고 그 이방인들이 함께(하는)상속자로 그리고 함께(하는)지체로 그리고
συμμετοχα της ἐπαγγελιας ἐν Χριστῳ Ἰησου
함께 참여하는 자들로 그 약속의 안에서 그리스도 예수
δια του εὐαγγελιου,
통하여 그 복음을

(직역)(그)이방인들이 함께하는 상속자로 존재하게 하려고/그리고 함께하는 몸으로/그리고 (그)약속의 함께하는 참여자들로/그리스도 예수 안에서/(그)복음을 통하여.

(그)이방인들이 있게 하려고/함께하는 상속자과 함께 하는 지체와 그 약속의 함께 참여하는 자들로
(에이나이 타 에드네 쉉클레로노마 카이 쉬스소마 카이 쉼메토카 테스 에팡겔리아스)

이제부터 바울은 하나님이 자신에게 알려준 청지기직의 신비를 자세히 진술한다. 본문의 첫 단어인 에이나이는 비동사 에이미(있다, 존재하다)의 목적격 부정사이다. 하나님이 바울을 하나님 나라의 청지기로 삼은 목적은 이방인들에게 청지기직의 비밀을 알려주어 하나님의 특별한 약속에 함께 참여하는 자가 되게 하려 함이다. 본문에서 바울은 타 에드네(그 이방인들)을

언급하면서 접두어 쉬(함께)가 붙은 3개의 단어를 사용한다.

쉉클레로노마 – 함께(하는) 상속자
쉬스소마 – 함께(하는) 몸
쉼메토카 테스 유앙겔리아스 – (그)약속에 함께 참여한 자들

타 에드네(그 이방인들)은 이방인 그리스도인들을 말한다. 그들은 예수 그리스도와 함께 하는 상속자이고, 예수 그리스도와 함께 하는 몸이고, 예수 그리스도와 함께 그 약속에 참여한 자들이다. 테스 유앙겔리아스(그 약속)은 하나님이 아브라함에게 했던 아브라함의 믿음의 후손을 통해 이 땅에 하나님의 나라를 이루시겠다는 약속이다.

본문의 마지막에 두 개의 전치사구가 있다.

"그리스도 안에서 (그)복음을 통하여"
(엔 크리스토 예수 디아 투 유앙겔리우)

하나님이 아브라함에게 하신 그 약속이 이방인 청지기들을 통해 이루어지는 것은 그리스도 안에서(엔 크리스토), 그 복음을 통할 때(디아 투 유앙겔리우) 가능하다.

"그리스도 예수 안에서"(엔 크리스토 예수)와 "(그)복음을 통하여"(디아 투 유앙겔리우)는 서로 연결되어 있다. (그)복음을 통한다는 말은 그리스도 예수를 통한다는 말이다. 바울은 로마서에서 "(그)복음이 곧 예수 그리스도"라고 하였다(롬1:1-5).

바울이 복음이신 그리스도 안에서 예수 그리스도와 통하는 사도가 되어 아브라함에게 하신 그 약속의 참여자가 되었듯이 수신자인 이방인 청지기들도 그리스도 안에서 예수 그리스도를 통하여 하나님 아버지께 나아간다면 아브라함에게 주신 그 약속에 함께 참여하는 자들이 될 수 있다.

3:7-11

바울을 청지기로 삼으신 이유

하나님의 특별하신 은혜의 선물을 주려고(3:7)

ὁ ἐγηνηθην διακονος κατα την δωρεαν
(그런데)그것의 (나는)되었다 사역자가 따라 그 선물을

της χαριτος του θεου της δοθεισης μοι κατα
그 은혜의 그 하나님의 그(것의) 주어진 나에게 따라

την ἐνεργειαν της δυναμεως αὐτου.
그 역사함을 그 능력의 그의

(직역)(그런데)그것의 사역자가 내가 되었다/(그)하나님의 (그)은혜의 (그)선물을 따라/그분의 (그)능력의 (그)역사하심을 따라 나에게 주어진

"그런데 나는 그것의 사역자가 되었다/(그)하나님의
(그)은혜의 (그)선물을 따라"
(호 에게네덴 디아코노스 카타 텐 도레안 테스 카리토스 투 데우)

그것의 사역자가 되었다는 것은, 복음의 사역자가 되었다는 말이다. 소유격 관계대명사 호의 선행사는 앞에 나오는 "(그) 복음"(투 유앙겔리우)이다. 디아코노스(사역자)는 섬김의 사역자를 말한다. 청지기는 교회 안에서 성도들을 섬기는 사역자이다.

바울은 자신이 (그)복음의 사역자가 되어 교회를 섬기게 된 것은 "(그)하나님의 (그)은혜의 (그)선물"(텐 도레안 테스 카리토스 투 데우)을 따라 된 것이라고 말한다. "(그)은혜의 (그)선물"은 (그)은혜로 주신 (그)선물이다. 바울이 하나님 나라의 청지기가 된 것은 하나님이 은혜로 주신 특별한 선물이다.

"그분의 (그)능력의 (그)역사하심을 따라 나에게 주어진
(카타 텐 에네르케이안 테스 뒤나메오스 아우투)

바울의 청지기직은 복음이신 예수 그리스도의 "(그)능력의

(그)역사하심을 따라"(카타 텐 에네르게이안 테스 뒤나메오스) 주어졌다. "주어진"(도데이세스)이 아오리스트시제, 수동태이다. 순간적으로 주어졌다는 것이다. 청지기로서 바울의 능력은 그리스도의 능력이 역사하심을 따라 된 것이다. 하나님 나라의 청지기들은 자신의 능력이 아니라 하나님이 순간적으로 주신 예수 그리스도의 능력으로 사역하는 사람들이다.

그리스도의 풍성하신 구원의 복음을 이방인에게 전하려고(3:8)

ἐμοι τω ἐλαχιστοτερῳ παντω ἁγιων ἐδοθη
나에게 그 지극히 작은 자보다 더 작은 모든 성도들 중의 주어졌다
ἡ χαρις αὑτη, τοις ἐθνεσιν εὐαγγελισασθαι
그 은혜가 이 그 이방사람들에게 복음을 전하기 위하여
το ἀνεξιχνιαστον πλουτος του Χριστου
그 헤아릴 수 없는 풍성함을 그 그리스도의

(직역) 나에게/모든 성도 중에서 지극히 작은 자보다 더 작은 자인/이 (그)은혜가 주어졌다,/(그)이방인들에게 그리스도의 (그)헤아릴 수 없는 풍성함을 복음으로 전하기위해.

> "모든 성도 중에서 지극히 작은 자보다 더 작은 자인 나에게/그 은혜가 주어졌다,"
> (에모이 토 엘라키스토테로 판토 하기온 에도네 헤 카리스 하우테)

바울은 자신을 가리켜 "모든 성도 중에 지극히 작은 자보다 더 작은 자"라고 말한다. 바울은 괜히 겸손한 척하는 게 아니다. 성도라면 누구나 하나님 나라의 청지기가 될 수 있음을 말하고 있다.

> "(그)이방인들에게 그리스도의 (그)헤아릴 수 없는 풍성함을 복음으로 전하기위해."
> (토이스 에드네신 유앙겔리사스다이 토 아넥시크니아스톤 플루토스 투 크리스투)

주님이 바울을 하나님 나라의 청지기로 삼은 이유는 "그리스도의 (그)헤아릴 수 없는 풍성함"을 이방인들에게 복음으로

전하기 위함이다. 소유격의 '주어의 용법'으로 그리스도가 주시는 측량할 수 없는 풍성함을 말한다. 예수 그리스도가 하나님 나라의 청지기에게 주시는 은혜는 측량할 수 없을 만큼 풍성하다. 바울은 그 은혜를 복음(기쁜 소식)으로 이방인들에게 전하기 위해 사도로 세움을 받은 것이다.

청지기직의 신비가 무엇인지를 모든 사람에게 밝히 보여주려고(3:9)

και	φωτισαι	[παντας]	τις	ἡ	οἰκονομια	του
그리고	밝히기 위하여	모든 사람들에게	무엇인지	그	청지기직이	그

μυστηριου	του	ἀποκεκρυμμενου	ἀπο	των	αἰωνων
신비의	그	감추어져 있는	부터	그	영원

ἐν	τω	θεῳ	τῳ	τα	παντα	κτισαντι.
안에	그	하나님	그	그	모든 것을	창조하신

(직역)[모든 사람에게] 밝히 보여주기 위하여/(그)신비의 (그)청지기직이 무엇인지 /(그)영원부터 감추어져 있는/(그)모든 것을 창조하신 (그)하나님 안에.

"그리고 모든 사람에게 밝히 보여주기 위하여/(그)신비의 (그)청지기직이 무엇인지"
(카이 포티사이 판타스 티스 헤 오이코노미아 투 뮈스테리우)

한글개혁에서 "드러내게"로 번역된 소티사이(기본형/소티조)는 "빛을 비추다"를 뜻한다. 판타스는 남성복수목적어로 "모든 사람"을 뜻한다. 유대인과 이방인 모두에게 청지기직의 신비가 무엇인지를 밝히 보여주려고 바울을 사도로 세운 것이다.

"(그)영원부터 감추어져 있는/(그)모든 것을 창조하신 (그)하나님 안에."
(투 아포케크륍메누 아포 톤 아이오논 엔 토 데오 토 타 판타 크티산티)

현재완료분사인 아포케크륍메누(기본형/아포케크뤼토)는 아포(강조접두사)+케크뤼토(숨기다)의 합성어로 완전히 숨겨진 것을 말한다. 신적 수동태로 숨기신 분은 하나님이시다. 영원 전부터(아포 톤 아이오논) 하나님은 청지기직의 신비를 세상 모든 사람에게 숨겼다. 선민인 유대인들에게도 숨겼다. 청지기직의 신비가 숨겨진 장소는 성부 하나님 안(엔 토 데오)이다. 하나님 앞에 "모든 것을 창조하신"이라는 수식어를 사용한 것은 모든 사람을 청지기로 삼은 것과 하나님의 창조 사역이 긴밀한 관계가 있기 때문이다.

하나님이 세상을 창조하신 이유는 하나님 나라를 세우기 위함이다. 창조 때 하나님은 지구라는 별에 하나님 나라를 만들려고 계획하셨다. 그래서 아담을 하나님의 형상대로 창조하시고 하나님 나라의 청지기로 삼았다. 하지만 하나님의 계획은 선악과를 먹은 아담의 범죄로 틀어졌다. 그래서 하나님은 믿음의 사람인 아브라함을 택하고 그의 후손인 이스라엘을 하나님 나라의 청지기로 삼았다. 하지만 이 역시 이스라엘이 율법주의에 빠지면서 틀어졌다. 그래서 이번에는 예수 그리스도의 속량으로 구원받은 이방인들을 하나님 나라의 청지기로 삼은 것이다. 이방인들까지 청지기로 삼는 하나님의 계획은 영원 전부터 창조주 하나님 안에 숨겨져 있던 신비이다. 하나님은 이제껏 아무에게도 이러한 청지기직의 신비를 알려주지 않았는데 이제 모든 사람에게 밝히 보여주려 하신다.

하늘에 있는 권세자들에게 하나님의 지혜를 알게 하려고(3:10)

ἱνα γνωρισθῃ νυν ταις ἀρχαις και ταις
위하여 알려지기 이제 그 통치자들에게 그리고 그

ἐξουσιαις ἐν τοις ἐπουρανιοις δια της ἐκκλησιας
권세자들에게 안에 그 하늘 위에 있는 것들 통하여 그 교회를

ἡ πολυποικιλος σοφια του θεου,
그 여러가지 지혜가 그 하나님의

(직역)(그)하늘 위에 있는 것들 안에(있는) (그)통치자들과 (그)권세자들에게 지금 알려지게 하기 위하여/(그 교회를 통하여 (그)하나님의 여러 가지 지혜가

"(그)하늘 위에 있는 것들 안에(있는)(그)통치자들과

(그)권세자들에게 지금 알려지게 하기 위하여"
(히나 그노리스데 뉜 타이스 아르카이스 카이 타이스 엑수시아이스 엔 토이스 에푸라니오이스)

(그)통치자들(타이스 아르카이스)과 (그)권세자들(타이스 엑수시아이스)은 세상의 통치자들과 권세자들을 가리킨다. 에푸라니오이스(기본형/에푸라니오스)는 에피(위에)+우라노스(하늘)의 합성어로 "하늘 위에 있는 것"을 뜻한다. 왕과 같은 세상의 통치자들과 권세자들 중에는 자신이 하늘 위에 있다고 여기는 사람들이 있다.

"(그)교회를 통하여 (그)하나님의 (그)여러가지 지혜가"
(디아 테스 에클레시아스 헤 폴뤼포이킬로스 소피아 투 데우)

세상의 통치자들과 권세자들에게 하나님이 갖고 계신 여러 가지 다양한 지혜가 교회를 통해 알려져야 한다. 폴뤼포이킬로(여러가지)는 여러 가지 다양한 것을 뜻하는 단어이다. 헬라어에서는 꽃의 다양한 색깔을 나타낼 때 이 형용사를 사용한다. 청지기들은 하나님의 지혜를 다방면으로 나타내어야 한다. 하나님 나라의 청지기들이 하나님의 지혜를 다방면으로 나타낼 때, 세상의 통치자들과 권세자들은 교회를 통해 역사하는 하나님의 지혜를 알게 될 것이다.

그리스도 예수 안에 있는 하나님의 영원한 뜻을 알게 하려고(3:11)

κατα προθεσιν των αἰωνων ἡν ἐποιησεν
따라 목적을 그 시대들의 (그런데)그것을 그가 만드신다
ἐν τω Χριστῳ Ἰησου τῳ κυριῳ ἡμων,
안에서 그 그리스도 예수 그 주 우리의

(직역)(그)시대들의 목적을 따라서/(그런데)그것을 그가 만들었다 우리 주 그리스도 예수 안에서.

"(그)시대들의 목적을 따라"
(카타 프로데신 톤 아이오논)

하나님 나라의 청지기들에게 주어지는 하나님의 지혜는 그 시대들의 목적에 따라 다양하게 주어진다. (그)시대들(톤 아이오논)은 하나님 나라의 청지기들이 활동하는 시대들이다. 한글 개역에서 "예정하신 뜻대로"로 번역된 카타 프로데신 톤 아이오논을 직역하면 "(그)시대들의 목적을 따라"이다. 프로데신(기본형/프로데시스)은 프로(앞)+데시스(놓여짐)의 합성어로 앞에 놓인 '목적'을 뜻한다. "(그)시대들의 목적"은 소유격의 '소유의 용법'으로 (그)시대들이 소유한 목적이다.

"(그)시대들"(톤 아이오논)은 복수이지만 "목적"(프로데신)은 단수이다. 시대는 달라도 소유한 목적은 같다. 예수님 당시의 교회와 오늘날 교회는 모습에 많은 차이가 있다. 하지만 시대를 불문하고 하나님 나라 청지기들을 세우는 목적은 같다. 주님은 청지기들에게 다양한 지혜를 주어서 하나님의 목적을 이루게 하신다.

"그런데 그것을 만드신다 우리 주 그리스도 예수 안에서"
(헨 에포이에센 엔 토 크리스토 예수 토 퀴리오 헤몬)

청지기들에게 주시는 하나님의 다양한 지혜는 그리스도 예수 안에서 만들어진다. "만들어진다"(에포이에센)가 아오리스트 시제이다. 하나님 나라의 청지기들은 하늘로부터 순간순간 만들어지는 다양한 지혜들을 받아서 청지기직을 수행해나가야 한다. 이것은 청지기들이 그리스도 예수 안(엔 토 크리스토 예수)에 거할 때 가능하다. 그리스도 안에서 주님 말씀을 듣고 순종하는 청지기들에게 주님은 순간순간 하늘의 지혜를 주신다.

3:12-13

바울이 알려주는 청지기직의 노하우

하나님 앞에서 어떤 말도 할 수 있는 담대함을 가져라(3:12)

ἐν ᾧ ἔχομεν τὴν παρρησίαν καὶ προσαγωγὴν
안에서 그분 (우리는)갖고있다 그 담대함을 그리고 나아감을
ἐν πεποιθήσει διὰ τῆς πίστεως αὐτοῦ.
안에서 확신 통하여 그 믿음을 그의

(직역)(그런데)그분 안에서 우리가 가지고 있다 (그)많은 말을 그리고 확신 안에서 나아감을/그의 (그)믿음을 통하여).

"그런데 그분 안에서 우리는 갖고 있다 (그)많은 말을"
(엔 호 에코멘 켄 파르레시안)

청지기일지라도 하늘로부터 순간순간 오는 지혜로 사역하는 게 쉬운 일은 아니다. 사역 중에 하늘로부터 오는 지혜를 구해도 응답이 없을 때가 많기 때문이다. 어떻게 하면 하늘로부터 오는 지혜로 사역하는 청지기가 될 수 있을까? 바울은 이에 대한 노하우를 알려준다.

예수님이 주시는 지혜를 받으려면 예수 그리스도의 보좌 앞에 나아가 어떤 말도 할 수 있는 담대함이 있어야 한다(히 4:16). 한글개역에서 담대함으로 번역된 파르레시안(기본형/파르레시아)는 파르(모든)+레오(말하다)의 합성어이다. 청지기들이 사소한 문제를 주님께 아뢰는 것은 결례라는 생각이 들 수가 있다. 하지만 이런 마음을 가지면 안 된다. 주님은 청지기가 아무리 사소한 일이라도 주님과 상의하는 것을 기뻐하신다.

"확신 안에서 나아감을"
(카이 프라사고겐 엔 페포이데세이)

어떤 문제를 가지고 주님께 나아갈 때는 주님이 반드시 응답하실 것을 확신해야 한다. 또한 주님이 주신 지혜대로 행하면 하나님의 뜻을 이룰 수 있음을 확신해야 한다.

“그분의 (그)믿음을 통하여”
(디아 테스 피스테오스 아우투)

이러한 확신이 있으려면 그분의 (그)믿음을 통해야 한다. 그분의 (그)믿음은 예수 그리스도의 신실하심을 말한다. 내 믿음보다 중요한 게 예수 그리스도의 신실하심이다. 예수님은 말씀하신 것은 반드시 이루시는 분이시다. 예수님에 대한 이러한 믿음의 확신이 없으면 결국 문제가 생겨도 주님 앞에 나아가지 않고, 결국 자기 생각이나 다른 사람의 지혜로 문제를 해결하려 할 것이다.

하나님 손에 떠밀려서라도 하나님 보좌 앞에 나아가라(3:13)

διο αἰτουμαι μη ἐγκακειν ἐν ταις θλιψεσιν
그러므로 (내가)여쭈어본다 되지 않도록 가치가 없는 것이 안에서 그 들립세스들

μου ὑπερ ὑμων, ἡτις ἐστιν δοξα ὑμων.
나의 위한 너희를 그것은 이다 영광 너희의

(직역)그러므로 내가 여쭈어본다/가치가 없는 것이 되지 않도록/나의 (그)들립세스 안에서/너희를 위한,/그런데 그것은 너희의 영광이다.

선악과를 먹은 아담의 후예인 인간은 문제가 생기면 하나님의 지혜가 아니라 인간의 지혜와 지식으로 해결하려고 한다. 심지어 하나님의 음성을 듣는 것조차 싫어한다. 선악과를 먹은 아담과 하와가 하나님을 피해 숨은 것은 이 때문이다(창3:8).

예수님이 주시는 지혜로 사역하는 청지기가 되려면 예수님의 얼굴 앞에 나아가 자신의 문제를 여쭈어야 한다.

“그러므로 내가 여쭈어본다”
(디오 아이투마이)

한글개역에서 "구하노니"로 번역된 아이토마이(기본형/아이테오)는 윗사람에게 무언가를 여쭙는 것을 뜻한다. 중간태는 자신을 위해 여쭙는 것이며, 현재시제는 지속해서 여쭙는 것을 말한다. 청지기로서 바울은 지속적으로 주님께 여쭈었다.

"가치가 없는 것이 되지 않도록"
(메 엥카케인)

한글개역에서 "낙심하지"로 번역된 엥카케인(기본형/에크카케오)은 에크(발단의 접두사)+카코스(가치 없는 것)의 합성어로 "가치 없게 되는 것을 뜻한다. 바울이 주님께 지속적으로 여쭙는 이유는 자신의 사역이 가치가 없는 것이 되지 않도록 하기 위함이다. 청지기의 사역은 이 땅에서 가장 가치 있는 일이지만 하나님의 지혜가 아닌 인간의 지혜로 할 때는 가치 없는 일이 된다.

"나의 (그)들립세스들 안에서"
(엔 타이스 들립세신 무 휘페르 휘몬)

청지기들은 모든 일을 여쭈려면 예수님이 계시는 지성소로 들어가야 한다. 하지만 사람들에게는 하나님 앞에 나아가기를 꺼리는 마음이 있다. 아담이 선악과를 먹은 후 이런 마음이 생겼다. 하나님 나라의 청지기들에게도 이런 마음이 있다. 기도해야 한다는 것을 알면서도 이런저런 핑계를 대고 기도하지 않는 것은 이 때문이다. 그래서 하나님은 청지기의 등을 떠밀어서 지성소로 들어가게 하신다.

한글개역에서 '환난'으로 번역된 들립세신(기본형/들립시스)는 '압박'(pressure)을 뜻한다. 이 단어는 군중들이 밀려와서 떠밀려가는 것을 의미하는데 신약성경에서는 하나님에 의해 떠밀려서 지성소 안으로 들어가는 것을 의미한다. 한글개역이 번역한 '환난'이라는 말과는 뜻이 완전히 다르다. 사실 이 단어를 번역할 적당한 우리말이 없으므로 나는 원어 그대로 들립시스로 쓸려고 한다. 마음속에 기도해야 한다는 마음이 강하게 들 때가 바로 들립시스 안에 있을 때이다.

"너희를 위한"
(휘페르 헤몬)

바울이 하나님의 손에 떠밀려 지성소로 들어가는 것은 수신자인 청지기들을 위한 것이다. 이렇게 해서라도 하나님의 얼굴 앞에 나아가야 하기 때문이다. 지성소에 들어가지 않는 청지기는 성공적인 사역을 할 수 없다.

"그런데 그것은 너희의 영광이다"
(헤티스 에스틴 독사 헤몬)

관계대명사 헤티스(그런데 그것은)의 선행사는 들립시스이다. 청지기가 하나님께 떠밀려 지성소에 들어가면 그것은 청지기 자신의 영광이 된다. 하나님 나라의 싸움에서 승리한 청지기들은 그 영광을 하나님께로 돌리면 된다. 요한계시록을 보면 이십사 장로들이 보좌에 앉으신 여호와 하나님 앞에 경배하며 자신들의 관을 드리면서 영광을 돌리는 장면이 나온다.

"이십사 장로들이 보좌에 앉으신 이 앞에 엎드려 세세토록 살아계시는 이에게 경배하고 자기의 관을 보좌 앞에 드리며 이르되 우리 주 하나님이여 영광과 존귀와 권능을 받으시는 것이 합당하오니 주께서 만물을 지으신지라. 만물이 주의 뜻대로 있었고 또 지으심을 받았나이다 하더라"(계4:10-11).

3:14-21

청지기들을 위한 바울의 중보기도

주님이 모든 가족을 청지기로 이름을 불러주시기를(3:14-15)

Τουτου χαριν καμπτω τα γονατα μου προς
이것의 이유로 내가 꿇는다 그 무릎을 나의 향하여
τον πατερα, ἐξ οὑ πασα πατρια ἐν οὐρανοις
그 아버지를 부터 그분으로 모든 가족이 안에서 하늘
και ἐπι γης ὀνομαζεται,
그리고 위에서 땅 이름이 불려진다

(직역)이런 이유로 내가 나의 (그)무릎을 꿇는다 (그)아버지를 향하여, (그런데)그분으로부터 하늘 안에(있는) 그리고 땅 위에(있는) 모든 가족이 이름이 불려진다

"이런 이유로 나는 나의 (그)무릎을 꿇는다 (그)아버지를 향하여"
(투투 카린 캄프토 타 고나타 무 프로스 톤 파테라)

한글개역은 "무릎을 꿇고 비노니"이지만 원문에는 "비노니"라는 말은 없다. 바울이 무릎을 꿇은 장소는 하나님 아버지 앞이다. "(그)아버지를 향하여"(프로스 톤 파테라)에서 전치사 프로스는 영어의 toward와 같은 의미로 눈에 보이는 것을 향한다는 뜻이다. 바울은 지금 하나님 아버지를 향해 무릎을 꿇고 수신자들을 위해 간구하고 있다.

"(그런데)그분으로부터 하늘 안에(있는) 그리고 땅 위에 (있는) 모든 가족이 이름이 불려진다,"
(엑스 우 파사 파트리아 엔 우라노이스 카이 에피 게스 오노마제타이)

관계대명사 (엑스 후)의 선행사는 앞 절의 톤 파테라(그 아버지)이다. 하나님 아버지가 어떤 분이신가에 대한 설명이다. 관사가 없는 복수 하늘인 우라노이스는 교회 공동체를 뜻한다.[14)]

성경에서 우라노스(하늘)은 하나님이 계신 곳을 뜻하는 히브리식 용어이다. 하나님 아버지로부터 땅에 있는 교회들의 모든 가족이 이름이 불려진다. 오노마제타이(기본형/오노마조)는 “이름을 부르다”를 뜻하며 현재시제, 수동태이다. 이름이 불린다는 것은, 하나님 나라의 청지기로 세워지는 것을 말한다. 예수님은 열두 사도를 한 사람 한 사람 이름을 불러 세웠다(눅6:13). 하나님 아버지는 이 땅에 있는 모든 교회의 구성원 하나하나의 이름을 불러 청지기로 세우기를 원하신다.

성령을 통하여 속사람의 능력으로 강건해지기를(3:16)

ἱνα δω ὑμιν κατα το πλουτος της δοξης
그 결과 (그가)줄거다 너희에게 따라 그 풍성함을 그 영광의
αὐτου δυναμει κραταιωθηναι δια του πνευματος
그의 능력으로 강건하게 되는 것을 통하여 (그) 성령을
αὐτου εἰς τον ἐσω ἀνθρωπον,
그의 안으로 그 속 사람

(직역)그 결과 너희에게 (그가)줄거다/그분의 (그)영광의 (그)풍성함을 따라/능력으로 강건하게 되는 것을/그분의 (그)성령을 통하여/(그)속사람 안으로(들어가면서),

“그 결과 그분이 너희에게 (순간적으로)주실 것이다/그분의 (그)영광의 풍성함을 따라 강건하게 되는 것을”
(히나 도 휘민 카타 토 플루토스 테스 독세스 아우투 뒤나메이 크라타이 오데나이)

히나는 목적이나 결과를 나타내는 접속사이다. 본문에서는 결과로 쓰였다. 그래서 하나님 아버지는 청지기들을 순간순간 그분의 영광의 풍성함으로 강건하게 하신다. 여격인 뒤나메이(기본형/뒤나미스)는 하나님의 초월적인 능력이며, 부정사인 크라타

14) 신약성경에는 ‘하늘’(우라노스)이 4개의 형태로 나타난다. (1)관사가 없는 단수하늘(우라노스) (2)관사가 있는 단수 하늘(호 우라노스) (3)관사가 없는 복수 하늘(우라노이) (4)관사가 있는 복수 하늘(호이 우라노이). (1)우라노스는 영적 하늘을 뜻하고, (2)호 우라노스는 공중 하늘을 뜻하고, (3)우라노이는 교회공동체 하늘을 뜻하고, (4)호이 우라노이는 성령으로 거듭난 그리스도인 안에 이루어진 하늘을 뜻한다.

이오데나이(기본형/크라타이오오)는 힘을 주어 강하게 하는 것을 뜻한다. 청지기들에게 능력을 주시는 이유는 하나님 나라의 싸움에서 승리하여 영광을 주님께 돌리게 하기 위함이다.

"그분의 (그)성령을 통하여"
(디아 투 프뉴마토스)

우리를 강건하게 하시는 능력은 "그분의 성령을 통하여" 온다. "그분의 성령"은 예수 그리스도의 성령이다. 제3위 하나님이신 성령님은 제2위 하나님이신 예수님께 속해 있다. 그리스도 예수 안에 생명의 성령의 법이 있다(롬8:2).

"(그)속사람 안으로(들어가서)"
(에이스 톤 헤소 안드로폰)

"(그)속사람"(에소 안드로폰)은 구원받은 그리스도인 안에 계신 예수 그리스도를 가리킨다. 하나님의 능력으로 강건해지려면 성령님과의 소통이 이루어져야 하며, 성령님과의 소통이 이루어지려면 우리 안에 '(그)속사람'으로 계시는 예수 그리스도 안으로 들어가야 한다.

그 믿음을 통해 그리스도께서 너희 마음에 거주하시기를(3:17a)

κατοικησαι	τον	Χριστων	δια	της	πιστεως
거주하기를	그	그리스도가	통하여	그	믿음을

ἐν	ταις	καρδιαις	υμων,
안에	그	마음들	너희의

(직역)그리스도가 거주하시기를 / 너희의 (그)마음들 안에(있는) (그)믿음을 통하여

"그리스도가 거주하기를 그 믿음을 통하여/너희의 그 마음들 안에"
(카토이케사이 톤 크리스톤 디아 테스 피스테오스 엔 타이스 카르디아이스 휘몬)

바울이 편지의 수신자인 청지기들을 위해 기도하는 또 한가지 이유는 예수 그리스도가 "(그)믿음을 통하여"(디아 테스 피스

테오스) "그들의 (그)마음에"(엔 타이스 카르디아이스 헤몬) 거주하도록 하기 위함이다.

테스 피스테오스(그 믿음)과 타이스 카르디아이스(그 마음들)에 모두 관사가 있다. "(그)믿음"은 예수 그리스도의 신실하심을 말한다. 그리고 "(그)마음들"은 우리 안에 계신 예수 그리스도와 연결된 마음이다. 청지기들은 예수 그리스도를 주로 영접하고 그분의 신실하심을 받아들이는 마음이 있어야 한다.

기독교인 중에는 영접 기도를 따라하기만 하면 예수님이 우리 안에 거하시고 절대로 떠나지 않으며 우리를 지키신다고 믿는 사람들이 있다. 하지만 성경은 그렇게 말하지 않는다. 주님을 영접했으면 그분의 신실하심을 받아들이고 그분의 말씀에 순종해야 한다. 주님은 그런 마음을 가진 성도들을 하나님 나라의 청지기로 세우신다.

사랑 안에서 뿌리가 박히고 터가 놓였지기를(3:17b)

ἐν	ἀγαπῃ	ἐρριζωμενοι	και	τεθεμελιωμενοι,
안에서	사랑	(너희가)뿌리박혀지기를	그리고	(너희가)터가 놓여지기를

(직역)사랑 안에서 (너희가)뿌리가 박혀지기를 그리고 터가 놓여져지기를

"너희가 뿌리박혀왔던 그리고 터가 놓여왔던 사랑 안에서"
(엔 아가페 에르리조메노이 카이 데메멜리오메노이)

교회를 세우는 사역자인 청지기에게는 성령과 믿음과 더불어 사랑이 중요하다. 청지기의 사역은 그리스도의 사랑에 뿌리가 박히고 터가 놓여져야 한다. 에르리조메노이(너희가 뿌리박혀왔다)와 테데멜리오메노이(터가 놓여왔다)가 수동태 완료분사이다. 성령세례를 받을 때 청지기의 마음에 터가 놓이고, 뿌리가 내린 그리스도의 사랑을 지금도 갖고 있어야 한다.

청지기들이 그리스도의 사랑의 넓이와 깊이를 깨닫기를(3:18)

ἱνα ἐξισχυσητε καταλαβεσθαι συν πασιν τοις
그 결과 (너희는)할만한 힘이 있기를 이해하는 것을 함께 모든 그

ἁγιοις τι το πλατος και μηκος και ὑψος και
성도들과 어떤지 그 넓이 와 길이 와 높이 와

βαθος,
깊이가

(직역)그 결과 너희는 이해할 힘을 갖게 될 거다/모든 성도들과 함께/그 넓이와 길이와 높이와 깊이가 무엇인지

"그 결과 너희가 이해할 힘을 가게 되기를/모든 (그)성도들과 더불어/그 넓이와 길이와 높이와 깊이가 어떠한지"
(히나 엑시스퀴세테 카탈라베스다이 쉰 파신 토이스 하기오이스 티 토 플라토스 카이 메코스 카이 휩소스 카이 바도스)

청지기들은 교회를 사랑하는 예수 그리스도의 사랑(아가페)의 넓이와 길이와 높이와 깊이가 어떠한지를 알아야 한다. 엑시스퀴세테(기본형/엑시스퀴오)는 엑스(~에서)+이스퀴오(힘을 갖다)의 합성어이다. 무언가에서 힘을 갖게 되는 것을 뜻한다. 카탈라베스다이(기본형/카탈람바노)는 카타(따라서)+(받아들이다)의 합성어이다. 무언가를 받아들여 따라가는 것을 뜻한다. 청지기들은 교회를 향한 예수 그리스도의 크신 사랑을 따라가야 한다.

그리스도와의 친밀한 관계를 통해 그 사랑을 알 수 있기를(3:19a)

γνωναι τε την ὑπερβαλλουσαν της γνωσεως
알도록 또한 그 능가하는 그 지식의

ἀγαπην του Χριστου,
사랑을 그 그리스도의

(직역)또한 그리스도의 (그)능가하는 (그)지식의 사랑을 알 수 있기를, .

"또한 그리스도의 (그)탁월한 (그)지식의 사랑을 알 수 있기를"
(그노나이 테 텐 휘페르발루산 테스 그노세오스)

또한 청지기들은 "그리스도의 그 탁월한 지식의 사랑을"(텐

휘페르발루산 테스 그노세오스 아가펜 투 크리스투) 알 수 있어야 한다. 휘페르발루산(기본형 휘페르발로)는 휘페르(넘어)+발로(던지다)의 합성어로 무언가를 넘어서는 탁월한 것을 뜻한다. 교회를 향한 그리스도의 사랑은 세상 사람들이 하는 어떤 사랑도 넘어서는 탁월한 사랑이다. 안다(그노나이)는 것은 지식으로 아는 것이 아니라 예수 그리스도와의 친밀한 관계를 통해서 아는 것을 말한다. 그노나이(기본형 기노스코)는 결혼한 남녀가 한 몸이 됨으로 서로를 알게 되는 히브리어 야다와 같다.

바울은 수신자인 청지기들이 그리스도의 그 탁월하신 사랑을 주님과의 친밀한 관계를 통해 알게 되기를 기도하고 있다.

하나님의 충만하신 사랑 속으로 들어갈 수 있기를(3:19b)

ἵνα πληρωθητε εἰς παν το πληρωμα του θεου.
그 결과 충만할 수 있기를 속으로 모든 그 충만함 그 하나님의
(직역)그 결과 너희는 (그)하나님의 모든 (그)충만함 속으로(들어가서) 충만하게 될거다.

"그 결과 너희는 (그)하나님의 모든 (그)충만한 속으로(들어가서) 충만하게 될 거다"
(히나 플레로데테 에이스 판 토 플레로마 투 데우)

그렇게 되면 우리는 모든 것으로 충만하신 (성부)하나님의 그 충만함 속으로 들어가게 되고, (성부)하나님의 충만하신 아가페의 사랑으로 충만하게 될 것이다. 성경은 하나님이 사랑이시며, 이웃을 사랑하지 않는 사람은 하나님을 모르는 것이라고 말한다.

"사랑하지 아니하는 자는 하나님을 알지 못하나니 이는 하나님은 사랑이심이라"(요일4:8).

청지기들은 자신이 하는 사역을 사랑해야 하고, 사역의 대상인 교회와 성도들을 사랑해야 한다. 또한 함께 동역하는 청

지기들을 사랑해야 한다. 사랑하되 인간적인 사랑이 아니라 하나님의 사랑으로 사랑해야 한다. 이러한 사랑은 그리스도 안에 들어가서 예수 그리스도가 교회를 얼마나 사랑하는지 그리고 교회의 성도들과 청지기들을 얼마나 사랑하는지를 알 때 그리고 하나님의 충만하신 사랑 안으로 들어가서 그 사랑으로 충만해질 때 가능하다. 바울이 편지의 수신자인 청지기들이 사랑의 사역자가 되기를 기도하는 것처럼, 오늘날 교회의 청지기들도 사랑의 사역자가 되기 위해 기도해야 한다.

하나님의 능력이 구하는 것 이상으로 넘치게 나타나기를(3:20)

Τω	δε	δυναμενω	ὑπερ	παντα	ποιησαι
그(분에게)	그런데	능히할 수 있는	이상으로	모든 일들	행하는 것을

ὑπερεκθερισσου	ὡν	αἰτουμεθα	ἠ	νοουμεν	κατα
넘치게	(그런데)그것들을	우리는 구한다	또는	생각한다	따라

την	δυναμιν	την	ἐνεργουμενην	ἐν	ἡμιν,
그	능력을	그(것을)	역사하는	안에	우리

(직역)그런데 모든 것들 위에서 넘치게 행하는 것을 능히 할 수 있는 그분에게/그런데 그것들을 우리는 구하거나 또는 생각한다/우리 안에 역사하시는 그 능력을 따라.

> "그런데 우리가 구하거나 생각하는 모든 것들 위에서 넘치게 행하는 것을 능히 할 수 있는 그분에게"
> (토 데 뒤나메노 휘페르 판타 포이에사이 휘페르에크데리쑤 혼 아이투메다 헤 노우멘)

청지기들이 교회를 향한 예수 그리스도의 크신 사랑을 알고, 하나님의 사랑 안에 들어가서 그 사랑으로 사역하게 되면 하나님은 청지기들이 구하고 생각하는 모든 것 위에 능력으로 역사하신다. 바울은 편지의 수신자인 청지기들이 이런 능력으로 사역할 수 있기를 기도한다. 하나님 나라의 청지기들은 사랑으로 사역해야 하고 또한 능력으로 사역해야 한다. 아무리 사랑이 많더라도 능력이 없으면 제대로 된 사역의 열매를 맺지 못한다.

아이투메다(기본형/아이테오)는 자신보다 높은 위치에 있는 사람에게 무언가를 여쭙는 것을 뜻한다. 중간태인 것은 자신의 문제를 위해 예수님께 여쭈는 것이다. 현재시제는 항상 여쭈는 것이다. 노우멘(기본형/노이에오)는 깊이 생각하는 것을 말한다. 청지기가 어떤 문제가 생겨서 주님께 여쭈거나, 또는 깊이 생각할 때 주님은 응답하시고 문제를 해결해 주시되 넘치도록 해 주신다.

"우리 안에서 역사하시는 그 능력을 따라"
(카타 텐 뒤나민 텐 에네르구메넨 엔 헤민)

따라서 청지기는 어떤 문제가 생길 때마다 주님께 아뢰고 우리 안에서 역사하시는 그 능력을 따라야 한다. 우리 안에서 역사하시는 예수 그리스도의 초월적인 능력이 사역 중에 일어나는 모든 문제를 해결해 주실 것이다

교회 안에서와 그리스도 안에서 하나님의 영광을 나타내기를(3:21)

αὐτω ἡ δοξα ἐν τη ἐκκλησια και ἐν Χριστῳ
그분에게 그 영광이 안에서 그 교회 와 안에서 그리스도
Ἰησου εἰς πασας τας γενεας του αἰωνος των
예수 안으로 모든 그 세대들 그 영원 그
αἰωνων, ἀμην.
영원들의 아멘

(직역)그분에게 (그)영광이 (그)교회 안에서와 예수 그리스도 안에서/모든 (그)세대들 속으로 들어가면서/영원 영원히, 아멘.

"그분에게 (그)영광이 (그)교회 안에서와 예수 그리스도 안에서 (있기를) 모든 (그)세대들 속으로 들어가면서/영원 영원히, 아멘"
(아우토 헤 독사 엔 테 엑클레시아 카이 엔 크리스토 예수 에이스 파사스 타스 게네아스 투 아이오노스 톤 아이오논, 아멘.)

하나님께 영광을 돌리는 청지기가 되려면 (1)그리스도의 몸인 교회 안에 있어야 하고 (2)그리스도 안에 있어야 한다. 청

지기의 사역 대상은 교회 안에 있는 성도들이다. 청지기의 사역은 성도들을 신실한 믿음의 사람이 되게 하는 것이다. 그것을 이룰 때 하나님께 영광을 돌리게 된다.

청지기의 승리하는 사역은 그리스도 안에서 가능하다. 청지기가 그리스도 안에 들어가서 그리스도의 말씀으로 살아가야 하는 이유는 이 때문이다. 바울은 "이제는 내가 사는 것이 아니라 내 안에 계신 그리스도로 사는 것이라"(갈2:10)고 하였다. 이것은 그리스도 안에 있는 청지기의 삶을 말한 것이다.

"모든 세대들 속으로(들어가면서) 영원 영원히, 아멘"
(에이스 파사스 타스 게네아스 투 아이오노스 톤 아이오논, 아멘.)

이러한 청지기의 사역은 모든 세대 속에서 이루어져야 한다. 기독교 역사상 어떤 세대도 청지기가 필요하지 않은 세대는 없었다. 모든 세대의 교회가 청지기가 있어야 한다. 청지기들의 사역으로 교회가 세워지기 때문이다.

5
귀하게 쓰임 받는 청지기가 되려면

4:1-6

청지기들 간의 관계가 중요하다

부르심을 따라 제대로 된 청지기의 길을 가라(4:1)

Παρακαλω οὐν ὑμας ἐγω ὁ δεσμιος ἐν κυριω
(나는)권한다 그러므로 너희에게 나는 그 포로 안에서 주
ἀξιως περιπατησαι της κλησεως ἡς ἐκληθητε,
제대로 걸어가기를 그 부름의(그것을) (너희가)부르심을 받았던

(직역)그러므로 주 안에서 포로된 자인 나는 권한다 너희에게 /제대로 걸어가기를

"그러므로 주 안에서 포로된 된 자인 나는 권한다 너희에게/ 제대로 걸어가기를"
(파라칼로 운 휘마스 에고 호 데스미오스 엔 퀴리오 악시오스 페리파테사이)

청지기가 어떤 길을 가야 할지에 대한 바울의 권면이다. 바울은 이제껏 청지기로서의 길을 걸어왔던 자신의 경험에 비추어 권면한다. "주 안에서 포로"(호 데스키오스 엔 퀴리오)는 예수님 때문에 로마의 감옥에 있다는 의미보다는 예수님 안에 붙잡힌 자의 의미로 보는 게 좋다. 포로 앞에 관사가 있는 것은 특별한 포로를 뜻한다. 바울은 그리스도 안에서 그리스도에게 결박된 특별한 포로가 되었기에 제대로 된 청지기의 길을 갈 수 있었다.

악시오스(제대로)는 아고(인도하다)에서 유래된 말로서 누군가의 인도함을 받아 길을 제대로 가는 것을 뜻한다. 하나님 나라의 청지기가 제대로 된 길을 가려면 예수 그리스도께 완전히 붙들려야 한다.

"너희가 부르심을 받았던 그 부름의(그것)으로"
(테스 클레세오스 헤스 에클레데테)

테스 펠레세오스(그 부름의)는 소유격 명사이다. 헬라어 소유격은 수식하는 명사가 있어야 하지만 여기에는 없다. 수식하는 명사가 생략되었으며 생략된 명사는 "청지기직"이다. 부르심을 받은 청지기로서 제대로 된 길을 걸어가야 한다. 청지기들은 종종 자신이 처음 부르심을 받았던 때를 기억해야 한다. 그래서 초심으로 돌아가야 한다. 그래야 잘못된 길로 가지 않는다.

온유와 겸손과 오래참음으로 청지기의 길을 가라(4:2)

μετα πασης ταπεινοφροσυνης και παυτητος,
함께 모든 겸손 과 온유
μετα μακροθυμιας, ἀνεχομενοι ἀλληων ἐν ἀγαπη,
함께 오래 참음 위를 향해 소유함 서로를 안에서 사랑

(직역)모든 겸손과 온유와 함께, 오래참음과 함께, 서로를 위를 향해 소유하면서 사랑 안에서

"모든 겸손과 온유와 함께"
(메타 파세스 타테이노프로쉬네스 카이 파우테토스)

겸손과 온유는 제대로 된 청지기의 길을 가기 위한 덕목이다. 겸손으로 번역한 타페이노프로쉬네스는 타페이노스(겸손)+프렌(횡경막)의 합성어이다. 횡격막은 사람의 가슴에 있는 막으로 수축과 이완을 통해 호흡을 가능하게 한다. 바울이 청지기의 덕목을 말하면서 이런 단어를 사용한 이유는 청지기직에 있어서 겸손은 사람이 숨을 쉬는 것만큼 중요하기 때문이다. 겸손과 더불어 하나님 나라의 청지기에게 중요한 덕목은 파우테토스(온유)이다. 청지기는 부드러워야 한다. 사역 중에 모든 사람을 부드럽게 대해야 한다.

"오래참음과 함께"
(메타 마크로뒤미아스)

청지기는 화를 낼 일이 있어도 쉽게 화를 내면 안 된다. 가능한 한 오래 참아야 한다.

"사랑 안에서 서로를 위를 향해 소유하면서"
(아네코메노이 알렐론 엔 아가페)

청지기 사역을 하다 보면 화낼 일이 생긴다. 어떻게 하면 화를 참을 수 있을까? 바울은 여기서 중요한 노하우를 말한다. "사랑 안에서 서로를 위를 향해 소유하면" 화를 참게 된다. 화가 날 때 자신도 모르게 상대방을 노려보게 된다. 이때 상대방을 노려보던 눈을 들어 위에 계신 주님을 바라보라. 그러면 주님이 상대방을 어떻게 생각하는지를 알게 되고 이로 인해 화를 참을 수 있게 된다.

평안의 매는 띠로 하나가 되라(4:3)

σπουδαζοντες τηρειν την ἑνοτηρα του
힘쓰라 지키기를 그 하나됨을 그
πνευματος ἐν τῳ συνδεσμῳ της εἰρηνης·
성령의 안에서 그 띠 그 평안의
(직역)성령의 (그)하나 되게 함을 지키기를 힘쓰라/(그)평안의 (그)띠 안에서

"성령의 (그)하나 되게 함을 지키기를 힘쓰라/(그)평안의 (그)띠 안에서"
(스푸다존테스 테레인 텐 에노테라 투 프뉴마토스 엔 토 쉰데스모 테스 에이레네스)

하나님은 교회의 구성원들이 서로 싸우지 않기를 원하신다. 교회 안에서의 내적 분열 특히 청지기 간의 다툼은 교회를 무너뜨리는 가장 무서운 요인이다. 그래서 하나님은 성령의 하나 되게 하는 평안의 띠로 교회를 하나로 묶고 계신다. 청지기들은 이 띠가 풀리지 않도록 힘써 지켜야 한다. 교회의 청지기들이 성령의 사람들이라면 평안의 띠는 풀리지 않는다. 하지만

성령이 소멸하여 성령의 띠가 풀리면 청지기들 간에 다툼이 일어난다. 교회에서 청지기들 간에 서로 다투는 이유는 성령이 없기 때문이다. 그들은 다투는 이유가 상대방의 잘못을 바로잡기 위함이라고 하지만 실제 원인은 그게 아니다. 성령의 음성을 듣지 못할 때 다툼이 일어난다. 한쪽이라도 성령의 음성을 듣는다면 다툼은 일어나지 않을 것이다.

성령 안에서 한 소망을 가져라(4:4)

ἑν	σωμα	και	ἑν	πνευμα,	καθως	και	ἐκληθητε
한	몸이	그리고	한	성령이	이처럼	그리고	(너희는)부름을 받았다

ἐν	μια	ἐλπιδι	της	κλησεως	ὑμων·
안에서	한	소망	그	부르심의	너희의

(직역)한 몸이(있다) 그리고 한 성령이(있다), 그리고 이처럼 너희의 그 부르심의 한 소망 안에서 너희는 부름을 받았다.

> “한 몸이(있다) 그리고 한 성령이(있다),
> (헨 소마 카이 헨 프뉴마,)

바울은 예수 그리스도의 몸인 교회와 성령을 비교하여 설명한다. 그리스도의 몸인 교회도 하나이고 성령도 하나인 것은 교회가 성령의 공동체임을 보여준다. 교회는 오순절 마가의 다락방에서 120명의 제자가 모여 기도할 때 성령의 기름부음으로 세워졌다. 서로 다른 성령을 받은 게 아니라 한 분 성령을 받은 것이다. 따라서 교회는 성령의 띠로 하나가 돼야 한다.

> 그리고 이처럼 너희의 (그)부르심의 한 소망 안에서
> 너희는 부름을 받았다”
> (카도스 카이 에클레데테 엔 미아 엘피디 테스 클레세오스 휘몬;)

교회의 청지기들이 부르심의 소망이 같다면 서로 다툴 일이 없다. 관사가 있는 “(그)부르심”(테스 클레세오스)은 청지기로서의 부르심을 말한다. 주님이 우리를 청지기로 부르신 것은 하나님 나라를 세우기 위함이다. 하나님 나라는 의와 평화의 나

라이다. 평화의 나라를 세우겠다는 사람들은 서로 다투어서는 안 된다. 청지기들끼리 서로 다투어가면서 이룰 하나님의 나라는 없다.

청지기들은 절대로 하나가 되어야 한다(4:5-6)

ἑίς κυριος, μια πιστις, ἑν βαπτισμα, ἑίς θεος
한 주님은 한 믿음은 한 세례 한 하나님

και πατηρ παντων, ὁ ἑπι παντων και δια
그리고 아버지 모든 것들의 그(분) 위에 모든 것들 그리고 통하여

παντων και ἑν πασιν.
모든 것들 그리고 안에 모든 것들

(직역)한 주님(이시고), 한 믿음(이고), 한 세례(이고), 한 세례(이고), 한 하나님(이시다) 그리고 모든 것들의 아버지이신, (그런데)그분은 모든 것들 위에(계시고) 그리고 모든 것들을 통하여(계시고) 그리고 모든 것들 안에(계신다).

"한 주님(이시고), 한 믿음(이고), 한 세례(이고), 한 하나님(이시고) 그리고 모든 것들의 아버지(이신),"
(에이스 퀴리오스, 미아 피스티스, 엔 밥티스마, 에이스 데오스 카이 파테르 판톤)

우리를 구원하신 주님도 한 분이시고, 우리가 믿는 그 믿음도 한 믿음이고, 우리가 받은 (성령)세례도 한 세례이고, 우리의 아버지 되시는 하나님도 한 분이시다. 예수를 믿는 기독교인이라면 이것을 부인할 사람은 없을 것이다. 따라서 한 주님과 한 믿음과 한 성령세례와 한 하나님 아버지를 모시고 있는 청지기들은 절대로 서로 다투어서는 안 된다.

"모든 것들"(판톤)은 남성복수가 될 수도 있고, 중성복수가 될 수도 있다. 중성복수로 보면 하나님이 창조하신 이 땅에 모든 피조물이 되고, 남성복수로 본다면 하나님의 부르심을 받은 청지기들로 볼 수 있다. 문맥으로 볼 때는 남성복수인 청지기들로 보는 게 맞다. 모든 청지기의 아버지이신 성부 하나님은 그들 모두 위에 계시고, 그들 모두를 통해 계시고, 그들 모두

안에 계신다. 바울이 이런 말을 하는 이유는 청지기들은 절대로 하나가 되어야 하기 때문이다. 교회를 세워나가야 할 청지기들은 어떤 상황에서도 서로 다투거나 분리되어서는 안 된다.

4:7-10

그리스도의 손에 완전히 붙들려야 한다

그리스도의 선물의 분량에 따라 은혜를 주신다(4:7)

Ἑνι δε ἑκαστω ἡμων ἐδοθη ἡ χαρις
한 사람에게 그런데 각각 우리의 주어진다 그 은혜가
κατα το μετρον της δωρεας του Χριστου.
따라서 그 분량을 그 선물의 그 그리스도의

(직역)그런데 우리의 각각 한 사람에게 (그)은혜가 주어진다/그리스도의 (그)선물의 (그)측량에 따라서

"그런데 우리의 각각 한 사람에게 (그)은혜가 주어진다"
(헤니 데 헤카스토 헤몬 에도데 헤 카리스)

"그 은혜"(헤 카리스)는 청지기직의 은혜를 말한다. 엡3:7에서 바울은 자신이 받은 청지기직을 가리켜 "(그)하나님의 (그)은혜의 (그)선물"(텐 도레안 테스 크리스투 투 데우)이라고 하였다. 하나님이 주신 특별한 은혜의 선물인 청지기직은 사람에 따라 그 분량이 다르다.

"그리스도의 (그)선물의 (그)분량에 따라서,"
(카타 토 메트론 테스 도레아스 투 크리스투)

(성부)하나님은 신실한 그리스도인에게 청지기직이라는 특별한 은혜를 선물로 주실 때 예수 그리스도를 통해 주신다. 그리고 예수 그리스도는 그 은혜의 선물을 각 사람에게 주실 때 그 분량에(토 메트론) 따라 주신다.

한글개역에서 분량으로 번역된 메트론은 측량이나 측정을 하는 것을 뜻한다. 무언가의 크기나 부피나 넓이를 재는 것이다. 주님은 청지기가 가진 그릇의 크기를 측량해서 그 분량에 따

라 은혜의 선물을 다르게 주신다. 바울이 디모데에게 말한 '귀히 쓰이는 그릇'의 비유는 이에 관한 것이다.

"큰 집에는 금 그릇과 은 그릇뿐 아니라 나무 그릇과 질그릇도 있어 귀하게 쓰는 것도 있고 천하게 쓰는 것도 있나니 그러므로 누구든지 이런 것에서 자기를 깨끗하게 하면 귀히 쓰는 그릇이 되어 거룩하고 주인의 쓰심에 합당하며 모든 선한 일에 준비함이 되리라"(딤후2:20-21).

하나님 나라의 청지기로 부르심을 받았다면 기왕이면 귀하게 쓰이는 그릇이 되어야 한다. 주님이 측량하실 때 귀한 그릇으로 준비가 되어있어야 한다. 그렇다면 주님이 크고 귀하게 쓰는 청지기의 측량 기준은 무엇일까?

그리스도의 손에 붙잡혀야 크게 쓰임 받는다(4:8)

διο λεγει, 'Αναβας εἰς ὑψος ἠχμαλωτευσεν
그러므로 (그가)말한다 올라가면서 안으로 지극히 높은 곳 (그가)사로잡았다

αἰχμαλωσιαν, ἐδωκεν δοματα τοις ἀνθρωποις.
사로잡힌 사람들을 (그가)주셨다 선물들을 그 사람들에게

(직역)그러므로 그분이 말씀하신다, "지극히 높은 곳으로 올라가면서 사로잡힌 사람들을 그가 사로잡는다, 그가 주신다 선물들을 그 사람들에게.

"그러므로 그분이 말씀하신다"
(디오 레게이)

바울은 지금 자기가 하는 말이 예수 그리스도가 하신 말씀임을 강조한다. 아마도 바울은 주님으로부터 직접 이 말씀을 들었을 것이다.

"지극히 높은 곳으로 올라가면서 사로잡힌 사람들을
그가 사로잡는다, 그가 주신다 선물들을 그 사람들에게"
(아나바스 에이스 휩소스 에크말로튜센 아이크말로시안, 에도켄
도마타 토이스 안드로포이스)

지극히 높은 곳"(휩소스)은 세상을 통치하는 가장 높은 자리

이다. 빌립보서에서 바울은 지극히 높은 곳에 오르신 예수 그리스도에 대해 말한다.

> "그는 근본 하나님의 본체시나 하나님과 동등됨을 취할 것으로 여기지 아니하시고 오히려 자기를 비워 종의 형체를 가지사 사람들과 같이 되셨고 사람의 모양으로 나타나사 자기를 낮추시고 죽기까지 복종하셨으니 곧 십자가에 죽으심이라. 이러므로 하나님이 그를 지극히 높여 모든 이름 위에 뛰어난 이름을 주사 하늘에 있는 자들과 땅에 있는 자들과 땅 아래에 있는 자들로 모든 무릎을 예수의 이름에 꿇게 하시고 모든 입으로 예수 그리스도를 주라 시인하여 하나님 아버지께 영광을 돌리게 하셨느니라(빌2:6-11).

예수님은 지극히 높은 곳에 오르실 때 사로잡힌 자들을 사로잡아서 그 사람들에게 청지기직의 선물을 주신다. 여기서 핵심은 "사로잡힌 자들을 사로잡아서"(에크말로튜센 아이크말로시안)이다. 이 단어의 기본형은 아이크말로튜오로 "포획하다"라는 뜻이다. 에크말로튜센은 동사, 아오리스트시제이고, 아이크말로시안은 명사이다. "사로잡힌 자들을 사로잡았다"이다.

사냥할 때 이미 사로잡힌 동물을 사냥하는 법은 없다. 하지만 주님은 이미 사로잡힌 자를 사로잡으신다. 이미 주님의 손에 청지기로 붙들린 자를 다시 붙드는 것이다. 이 말씀이 주는 메시지는 예수 그리스도께 특별히 쓰임 받는 청지기가 되려면 주님의 손에 강하게 붙들린 자가 되라는 것이다. 비유로 말하면 엄마의 손을 잡고 가는 어린아이가 엄마를 신뢰할수록 엄마의 손을 꼭 붙는 것과 같다. 주님이 붙들고 있는 그 손을 꼭 붙잡는 청지기가 주님이 귀하게 쓰는 청지기가 될 수 있다.

높은 곳으로 올라가려면 먼저 낮은 곳으로 내려와야 한다(4:9)

[το δε 'Ανεβη τι ἐστιν, ἐι μη ὁτι και
그(것이) 그런데 올라가는 무엇 이냐 만일 아니면 것이 또한
κατεβη ἐις τα κατωτερα [μηρη] της γης;
내려간 속으로 그 더 낮은 부분들 그 땅의

(직역)그런데 올라가는 그것이 무엇이냐, 만일 또한 그가 (그)땅의 더 낮은 부분들 속으로 내려간 것이 아니라면;

"그런데 올라가는 그것이 무엇이냐, 만일 또한 그가 (그)땅의 더 낮은 부분들 속으로 내려간 것이 아니라면"
(토 데 아네베 티 에스틴, 에이 메 호티 카이 카데베 에이스 타 카토테라 메레 테스 케스)

청지기가 지극히 높은 곳으로 올라가시는 그리스도께 붙잡힌 자가 되려면 조건이 있다. 낮은 곳으로 내려가야 한다. 하나님의 청지기가 되어서 교회의 머리이신 그리스도의 손에 붙들리어 크게 쓰임을 받으려면 자신을 낮추어야 한다. 자신을 낮추는 섬김의 청지기가 되어야 한다.

"올라가다"(아베네)와 "내려가다"(카테베)가 모두 아오리트스 시제이다. 올라가는 것도 순간적으로 올라가고 내려가는 것도 순간적으로 내려간다. 예수님이 그랬듯이 청지기들도 순간적으로 높아지려면 성령의 인도하심을 따라 순간순간 자신을 낮추어야 한다.

이 땅에 오신 예수님은 원래 하나님의 본체이지만 자신을 낮추어 사람들과 같이 되셨고, 자신을 낮추라는 하나님 아버지의 말씀에 죽기까지 복종하여 십자가에 달리셨다. 그러자 하나님은 그를 지극히 높여 하늘에 있는 자들과 땅에 있는 자들과 땅 아래에 있는 자들로 모든 무릎을 예수의 이름에 꿇게 하시고 모든 입으로 예수 그리스도를 주라 시인하여 하나님 아버지께 영광을 돌리게 하셨다(빌2:6-11).

하나님이 크게 쓰는 청지기가 되려면 자신을 낮추어야 한다.

섬김의 사람이 되어야 한다. 제자들의 발을 씻기신 예수님처럼 자신이 사역하는 사람들을 섬길 수 있어야 한다.

교회의 머리 되신 예수님은 청지기들을 충만하게 하신다(4:10)

ὁ καταβας αὐτος ἐστιν και ὁ ἀναβας ὑπερανω
그가 내려가신 그분으로 있다 역시 그가 올라가신 위로

παντων των οὐρανων, ἱνα πληρωσῃ τα παντα.]
모든 그 하늘들의 하기 위하여 (그가)충만하기 그 모든 것들을

(직역)내려가신 그가 그분으로 존재한다 그리고 위로 올라가신 그가 모든 그 하늘들의(그분으로 존재한다), 그 모든 것들을 충만하게 하기 위하여

"내려가신 그가 그분으로 존재한다 그리고 위로 올라가신 그가 모든 그 하늘들의(그분으로 존재한다),"
(호 카타바스 아우토스 에스틴 카이 호 아나바스 휘페라노 판톤 톤 우라논,)

십자가에 죽기까지 자신을 낮추신 그분이 지극히 높은 곳으로 올라가신 그리스도이시다. 여기서 바울은 판톤 톤 우라논(모든 그 하늘들의)라는 소유격 명사를 사용한다. 일반적으로 소유격명사는 다른 명사를 수식하는데 여기에는 수식하는 명사가 생략되었다. 생략된 명사는 모든 (그)하늘들의 '그리스도'이다. 신약성경에서 관사가 없는 복수 하늘은 교회 공동체를 가리킨다.[15] 지극히 높은 곳으로 올라가신 그분이 모든 교회의 머리가 되신 그리스도이시다.

"그 모든 것들을 충만하게 하기 위하여"
(히나 플레로세 타 판타)

(성부)하나님이 십자가에 죽기까지 자신을 낮추신 예수 그

15)신약성경에서 하늘(우라노스)는 하나님이 계신 곳을 상징하는 히브리식 용어이다. 신약성경에서는 4가지 하늘이 나온다. (1)관사가 있는 단수 하늘 (2)관사가 없는 단수 하늘 (3)관사가 있는 복수 하늘 (4)관사가 없는 복수 하늘. 이중에서 관사가 없는 복수 하늘은 교회 공동체를 말한다.

리스도를 지극히 높여 교회의 머리가 되게 하신 것은 "그 모든 것들을 충만하게 하기 위함"이다. 여기서 관사가 있는 "그 모든 것들"(타 판타)은 특별한 모든 것으로 모든 청지기를 가리킨다. 교회의 머리가 되신 예수 그리스도의 첫 번째 계획은 교회를 섬기는 모든 청지기를 충만하게 하는 것이다. 청지기가 온전히 세워져야 그리스도의 몸인 교회가 든든히 세워지기 때문이다. 예수 그리스도는 청지기들을 자신이 가진 모든 것으로 충만히 채우려 하신다. 그래서 하늘로 올라가실 때 사로잡힌 청지기들을 사로잡아 그들의 믿음의 분량에 따라 선물을 주는 것이다. 이제부터 바울은 주님이 사로잡은 자에게 주시는 그 특별한 선물에 대해 구체적으로 말한다.

4:11-12

말씀으로 사역하는 청지기가 되어야 한다

사도, 선지자, 복음 전도자, 목자, 교사(4:11)

και αὐτος ἐδωκεν τους μεν ἀποστολους,
그리고 그분이 (그가)주셨다 그 심지어 사도들을
τους δε προφητας, τους δε εὐαγγελιστας,
그 그런데 선지자들을 그 그런데 복음전도자들을
τους δε ποιμενας και διδασκαλους,
그 그런데 목자들을 그리고 선생들을

(직역)그리고 그분이 주셨다 심지어 그 사도들을 그런데 그 선지자들을, 그런데 그 복음전도자들을 그런데 그 목사와 선생들을,

> "그리고 그분이 주셨다 심지어 그 사도들을 그런데 그 선지자들을 그런데 그 복음전도자들을 그런데 그 목자들과 선생들을,"
> (카이 아우토스 에도켄 투스 멘 아포스톨루스, 투스 데 프로페타스, 투스 데 유앙겔리스타스, 투스 데 포이메나스 카이 디다스칼루스)

여기 나오는 사도, 선지자, 복음전도자, 목자, 선생은 교회의 직분이 아니다. 청지기들이 맡을 수 있는 직무이다. 예수님은 사로잡힌 자들에게 이런 직무를 맡게 한다.

사도(아포스톨로스)는 어떤 기관을 다스리는 직무이다. 오늘날로 치면 교단의 총회장이나 지방회장(노회장) 그리고 개교회의 당회장이니 당회원들이 사도 직무를 맡은 청지기이다. 또한 남전도회장이나 여전도회장과 같은 교회 내의 기관장들도 여기에 속한다.

선지자(프로페테스)는 구약의 예언자들처럼 주님이 주시는 계시를 받아서 교회에서 예언하는 직무를 맡은 사람들이다. 고린도서를 보면 초대교회에는 교회 내에 예언 직무를 맡은 다

수의 사람이 있었음을 보여준다. 그들은 교회에 중대한 문제가 있으면 둥그렇게 앉아 예언을 하였다(고전14:29-30). 오늘날 교회에도 선지자 직무를 맡은 청지기들이 있어야 한다. 그래야 교회가 잘못된 길로 가지 않는다.

복음전도자(유앙겔리스테스)는 복음을 전하러 여러 교회를 순회하는 사람으로 오늘날로 치면 부흥사를 말한다. 초대교회에는 베드로가 부흥사 사역을 했음을 알 수 있다.

목자(포이멘)는 성도들을 돌보는 사람이다. 오늘날에는 주로 목사나 전도사가 목자의 일을 한다. 하지만 평신도 목자들도 있다. 셀 사역을 하는 교회에서 평신도 목자를 세운다. 교사(디다스칼로스)는 성경 말씀을 가르치는 직무이다. 본문에서 "그 목사들과 교사들"(투스 포에메나스 카이 디다스칼루스)이라고 접속사 카이로 묶은 것은 초대교회에서는 두 직분이 중복되었음을 보여준다. 목자가 성경 말씀을 가르치는 교사의 직무도 함께 수행했다.

사로잡은 청지기들을 특별한 직분자로 세우는 목적(4:12)

προς τον καταρτισμον των ἁγιων ἐις ἐργον
향하여 그 온전하게 함을 그 성도들의 속으로 사역

διακονιας, ἐις οἰκοδομην του σωματος του
섬김의 속으로 세움을 그 몸의 그

Χριστου,
그리스도의

(직역)(그)성도들의 (그)온전하게 함을 향해/섬김의 사역 안으로(들어가도록),/그리스도의 (그)몸의 세움 안으로(들어가도록)

"(그)성도들의 (그)온전하게 함을 향해/섬김의 사역 안으로(들어가면서)/그리스도의 (그)몸의 세움 안으로(들어가면서)"
(프로스 톤 카타르티스몬 톤 하기온 에이스 에르곤 디아코노니아스, 에이스 오이코도멘 투 소마토스 투 크리스투,)

사도, 선지자, 복음전도자, 목사, 교사의 사명은 성도들을 온전하게 하는 일이다. 한글개역에서 "온전케함"으로 번역된 톤 카타르디스몬(기본형/카타르티스모스)은 카타(따라서)+하르티오스(신선한)의 합성어로 "(무언가를 따라)온전하게 한다"는 뜻이다. 원래는 의학에 쓰이는 용어이다. 관절 혹은 부러진 뼈를 바로 세우거나 고정하는 것을 말한다.16) 부러진 뼈를 깁스해서 온전하게 하는 것이다. 이 단어는 신약성경에서는 오직 이곳에만 쓰인다. 주님이 교회에 사도, 선지자, 복음 전도자, 목자, 교사와 같은 청지기를 세운 목적은 부족하고 잘못된 신앙을 가진 성도들을 예수님을 따라 온전하게 세워 섬김의 사역을 하게 하고, 그리스도의 몸인 교회를 세우는 일에 참여하게 하기 위함이다.

16)프랭크 틸만, 에베소서 p.402 부흥과 개혁사

4:13-15

성도들을 어린아이 신앙에서 벗어나게 해야 한다

신실하신 예수 그리스도와 친밀한 관계를 갖게 해야 한다(4:13a)

μεχρι καταντησωμεν οἱ παντες εἰς την ἑνοτητα
때까지 우리가 도달할 그 모두가 속으로 그 연합
της πιστεως και της ἐπιγνωσεως του υἱου
그 믿음 과 그 친밀하게 앎 그 아들의
του θεου,
그 하나님의

(직역)우리 (그)모두가 도달할 때까지 (그)믿음과 (그)하나님의 (그)아들의 (그)친밀한 관계의 (그)연합 속으로(들어가야한다),

"우리 (그)모두가 도달할 때까지"
(메크리 카탄테소멘 호이 판테스)

관사가 있는 "우리 (그)모두"(호이 판테스)는 교회에 속한 모든 성도를 가리킨다. '우리'라는 일인칭 복수를 사용한 것은 바울도 성도의 일원이기 때문이다. 모든 성도가 도달해야 할 세 가지 목표가 있다.

"(그)믿음과 (그)하나님의 (그)아들의 (그)친밀한 관계의 (그)연합 속으로(들어가야 한다)"
(에이스 텐 에노테타 테스 피스테오스 카이 테스 에피그노세오스 투 휘우 투 데우,)

첫째, (그)믿음으로 하나님의 아들이신 예수 그리스도와의 친밀한 관계의 연합으로 들어가야 한다. '(그)믿음'(테스 피스테오스)은 예수 그리스도의 신실하심을 말한다.

에피그노세오스는 에피(위에)+그노시스(관계를 통해 앎)의 합성어로 친밀한 관계를 통해 누군가를 알게 되는 것을 뜻한다. 청지기는 신실하신 그리스도와 친밀한 관계로 연합해야 한다. 성도들에게는 예수 그리스도에 관한 지식적인 믿음보다 신실하신 예수 그리스도와 친밀한 관계를 맺고 믿음으로 연합하는 것이 필요하다. 청지기들은 성도들이 이런 믿음을 가질 수 있도록 도와주어야 한다.

완전한 사람이 되도록 해야 한다(4:13b)

ἐίς ἀνδρα τελειον, ἐίς μετρον ἡλικιας
속으로 사람 완전한 속으로 분량 성숙의

του πληρωματος του Χριστου,
그 충만함 그 그리스도의

(직역)완전한 사람 속으로,/(그)그리스도의 (그)충만함의 성숙의 분량 속으로,

"완전한 사람 속으로(들어가도록)"
(에이스 안드라 텔레이온)

둘째, 청지기는 성도들이 완전한 사람이 되도록 도와주어야 한다. "완전한 사람"(안드라 텔레이온)을 직역하면 "완전한 남자"이다. 안드라는 아네르(남자)의 목적격이다. 완전한 사람이란 도덕적으로 완전한 사람이 아니라 하나님의 뜻을 완전히 따르는 사람을 말한다. 고대인들은 일을 통해 사회에 공헌할 수 있는 사람을 남자로 보았다. 하나님 말씀에 완전히 순종하여 모든 사역을 주 뜻대로 행하는 사람이 완전한 사람(안드라 텔레이온)이다. 복음서에서 예수님은 "나더러 주여, 주여 하는 자마다 다 천국에 들어갈 것이 아니요 다만 하늘에 계신 내 아버지의 뜻대로 행하는 자라야 들어가리라"(마7:21)고 하였다. 자신이 사역하는 성도들이 하나님의 뜻을 따라 행하는 완전한 사람이 되게 하는 게 청지기가 해야 할 일이다.

"(그)그리스도의 (그)충만함의 성숙의 분량 속으로(들어가도록)"
(에이스 메트론 엘리키아스 투 플레로마토스 투 크리스투)

셋째, 은혜와 진리가 충만한 성도가 되도록 도와주어야 한다. 그리스도 안에는 은혜와 진리가 충만하다(요1:16-19). "그리스도의 (그)충만함의 성숙의 분량"이란 그리스도 안에 충만히 있는 은혜와 진리의 수준까지 성숙해야 한다는 것이다. 청지기는 자신이 사역하는 성도들이 주님이 주시는 은혜와 진리로 충만해져서 그것으로 살아가는 사람이 되도록 해야 한다.

잘못된 가르침을 따르는 어린아이 신앙에서 벗어나게 해야 한다(4:14)

ἵνα μηκέτι ὦμεν νήπιοι, κλυδωνιζόμενοι καὶ
위하여 더 이상 않기 (우리가)있지 아이들로 이리저리 흔들리며 그리고

περιφερόμενοι παντὶ ἀνέμῳ τῆς διδασκαλίας
끌려다니는 모든 바람에 그 교훈의

ἐν τῇ κυβείᾳ τῶν ἀνθρώπων ἐν πανουργίᾳ
안에 그 술책 그 사람들의 안에서 모든 일

πρὸς μεθοδείαν τῆς πλάνης,
향해(있는) 길을 그 잘못의

(직역)더 이상 아이들로 있지 않도록,/(그)사람들의 (그)교묘함 안에(있는) (그) 가르침의 모든 바람에 이리저리 흔들리며 끌려다니는/(그)잘못의 길을 향해(있는) 모든 일 안에서

"더 이상 아이들로 있지 않도록"
(히나 메케티 오멘 네피오이)

"아이들"(네피오이)은 성인이 되지 못한 미성년자들이다. 성도로 불리지만 아직 영적 어린아이 상태에 있는 사람들을 가리킨다. 어린아이 신앙을 가진 성도들을 어른의 신앙으로 끌어올리는 것이 청지기의 할 일이다. 바울은 영적 어린아이 상태에 있는 사람들의 모습을 구체적으로 설명한다.

"(그)사람들의 (그)교묘함 안에(있는) (그)가르침의 모든 바람에 이리저리 흔들리며 끌려다니는"
(클뤼도니조메노이 카이 페리페루메노이 판티 아네모 테스 디다스칼리아스 엔 테 퀴베이아)

어린아이들은 분별력이 약해서 작은 유혹에도 흔들리고 끌

려다닌다. 영적 어린아이들도 마찬가지이다. 관사가 있는 "(그) 사람들"은 공중 권세 잡은 마귀의 지배에 있는 사람들이다(엡 2:2). 어느 시대든 거짓 선지자나 거짓 선생들이 있다. 이들은 하나님의 사람인 척하지만, 사실은 마귀에 속한 자들이다. 문제는 이런 자들의 교묘한 가르침에 빠져 이리저리 끌려다니는 성도들이다. 예수님은 거짓 선지자들을 조심하라고 하였다.

"거짓 선지자들을 삼가라. 양의 옷을 입고 너희에게 나아오나 속에는 노략질하는 이리라"(마7:15).

이들은 마치 모든 바람(판티 아네모)에 흔들리는 바다 물결과도 같다. 바람이 조금만 불어도 바다 물결이 흔들리는 것처럼 어린아이 신앙을 가진 사람들은 거짓 선지자들의 잘못된 가르침에 속아 이리저리 끌려다닌다. 거짓 선지자들에게 속는 것은 평신도뿐만이 아니다. 목회자 중에도 그들에 미혹되어 끌려다니는 사람들이 있다. 정말 답답한 일이다.

"(그)잘못의 길을 향해(있는) 모든 사역들 안에서"
(엔 파노루기아 프로스 메도데이안 테스 플라네스)

바울은 거짓 선지자들이 마귀에 속하게 된 이유를 말한다. 그것은 잘못된 사역의 길을 가기 때문이다. "(그)잘못"(테스 플라네스)은 길을 잘못 들어선 것을 뜻한다. 하나님의 사역자가 되었지만, 길을 잘못 들어서 목표를 잃고 잘못된 사역의 길을 가는 것이다. 청지기들은 보좌에 앉으신 예수 그리스도를 자신이 나아가야 할 목표로 삼아야 한다. 이 목표를 잃으면 길을 잃고 잘못된 사역자가 될 수 있다.

"그러므로 우리는 긍휼하심을 받고 때를 따라 돕는 은혜를 얻기 위하여 은혜의 보좌 앞에 담대히 나아갈 것이니라"(히 4:16).

진리로 모든 성도를 머리이신 그리스도까지 자라게 해야 한다(4:15)

ἀληθευοντες δε ἐν ἀγαπη αὐξησωμεν εἰς αὐτον
진리를 말하면서 그러므로 안에서 사랑 (우리는)자라게할거다 속으로 그분
τα παντα, ὁς ἐστιν ἡ κεφαλη, Χριστος,
그 모든 것을 그런데 그분은 있다 그 머리로 그리스도로

(직역)그러므로 사랑 안에서 진실을 말하면서 우리는 자라게 할거다 모든 것을 그분 속으로, 그런데 그분은 (그)머리이신 그리스도로 있다.

"그러므로 사랑 안에서 진리를 말하면서 우리는 자라게 할거다 모든 것을 그분에게까지"
(알레듀온테스 데 엔 아가페 아욱세소멘 에이스 아우톤 타 판타)

중성 복수인 "(그)모든 것"(타 판타)은 교회 공동체를 말한다. 청지기직을 맡은 사람은 교회 공동체에 속한 모든 사람을 예수 그리스도에게까지 자라게 해야 한다. 그러기 위해서는 두 가지 요건을 충족해야 한다. (1)진리를 말해야 하고, (2)사랑 안에 있어야 한다. 예수님은 진리이시다. 그리고 예수님은 사랑이시다. 청지기된 사역자들은 예수님처럼 진리를 말하고 사랑 안에서 사역해야 한다. 그럴 때 교회에 속한 모든 성도가 그리스도에게까지 자라게 될 것이다.

"그런데 그분은 교회의 머리이신 그리스도이시다"
(호스 에스틴 헤 케팔레, 크리스토스,)

청지기의 사역의 목표는 모든 성도를 머리이신 그리스도에게까지 자라게 하는 것이다. 모든 성도를 머리이신 그리스도의 명령에 온전히 순종하는 존재가 되게 해야 한다.

4:16

청지기는 몸의 관절의 역할을 해야 한다

청지기는 머리와 몸의 지체를 연결하는 역할을 해야 한다(4:16)

ἐξ οὗ παν το σωμα συναρμολογουμενον και
에게서 그분 모든 그 몸이 함께 잘 연결되면서 그리고

συμβιβαζομενον δια πασης ἁφης της ἐπιχορηγιας
함께 결합되면서 통하여 모든 관절을 그 충분한 공급의

κατ᾽ ἐνεργειαν ἐν μετρῳ ἑνος ἑκαστου μερους
따라서 사역을 안에서 분량 한 각각 지체의

την αὐξησιν του σωματος ποιειται εἰς οἰκοδομην
그 자람을 그 몸의 행한다 속으로 세움

ἑαυτου ἐν ἀγαπῃ.
그것의 안에서 사랑

(직역)그분으로부터 모든 (그)몸이 함께 잘 연결되면서 그리고 함께 결합되면서/(그)충분한 공급의 모든 관절을 통하여/측량 안에서 각각의 지체의 사역을 따라/(그)몸을 자라게 한다/사랑 안에서 그것의 세움 안으로(들어가도록)

"그분으로부터 모든 그 몸이 함께 잘 연결되면서 그리고 함께 결합되면서/(그)충분한 공급의 모든 관절을 통하여"
(에크 후 판 토 소마 쉬나르몰로구메논 카이 쉽비바조메논 디아 파세스 아페스 테스 에피코레기아스)

관계대명사인 에크 후(그런데 그분으로부터)는 교회의 머리이신 예수 그리스도를 가리킨다. 몸인 교회가 머리이신 그리스도의 말씀을 잘 따르려면 관절 역할을 하는 청지기가 중요하다. 사람의 몸에서 목관절, 허리관절, 손목관절, 발목관절이 튼튼해야 건강하듯이 교회도 마찬가지이다. 몸의 관절이 잘못되면 그 아래가 모두 마비되는 것처럼 교회도 관절 역할을 하는 청지기가 잘못되면 그에 속한 모든 사람이 잘못된다. 청지기들은 교회에서 자신의 역할이 얼마나 중요한지를 알아야 한다.

“(그)충분한 공급의 모든 관절을 통하여”
(디아 파세스 아페스 테스 에피코레기아스)

관절 역할을 하는 청지기들은 주님의 은혜가 교회에 잘 전달되게 해야 한다. 그러려면 먼저 청지기들이 영적으로 가진 게 많아야 한다. 그들의 믿음의 분량에 따라 교회에 줄 수 있는 게 달라진다.

“분량 안에서 각각의 지체의 사역을 따라”
(디아 파세스 아페스 테스 에피코레기아스)

관절이 얼마나 튼튼하냐가 몸의 건강 지표가 되듯이 청지기의 믿음의 분량이 그 교회의 건강 지표가 된다. 청지기들에게 그리스도의 선물의 분량에 따라 은혜가 주어진다(엡4:7). 주님은 큰 믿음의 그릇을 가진 청지기에게 더 많은 은혜를 주신다.

예수님은 달란트의 비유에서 한 달란트 받은 자의 것을 빼앗아 열 달란트 가진 자에게 주라고 하면서 “무릇 있는 자는 받아 풍족하게 되고, 없는 자는 있는 것까지 빼앗기리라”(마25:29)고 하였다. 달란트의 비유는 청지기직에 대한 비유이다. 믿음의 그릇이 커야 성공적인 사역을 할 수 있고, 믿음의 그릇이 큰 청지기가 되려면 주님의 손에 붙잡혀야 한다.

“사랑 안에서 그것의 세움 안으로(들어가도록)”
(에이스 오이코도멘 에아우투 엔 아가페)

교회가 세워지는 데 있어서 사랑(아가페)이 중요하다. 아가페는 가치에 대한 사랑이다. 하나님이 교회를 사랑하는 이유는 그 가치 때문이다. 청지기들은 사랑으로 교회를 세워나가야 한다. 청지기들은 자신이 섬기는 교회의 가치를 알아야 한다. 교회가 바로 세워지면 이 땅에 하나님 나라가 이루어지고, 그 교회를 세우는 일이 청지기의 역할이다. 결국 청지기가 이 땅에 하나님 나라를 세우는 중심인물인 키맨(keyman)인 것이다.

6
실패한 청지기가 안 되려면

4:17-19

이방인처럼 사역하지 말라

이방인같이 허망한 것을 위해 청지기의 길을 가지 말라(4:17)

Τουτο οὖν λεγω και μαρτυρομαι ἐν κυριω,
이것을 그러므로 (내가)말한다 그리고 증언한다 안에서 주님
μηκετι ὑμας περιπατειν, καθως και τα ἔθνη
더 이상 말라 너희는 걸어가자 같이 또는 그 이방인들이
περιπατει ἐν ματαιοτητι του νοος αὐτων,
걸어가는 것 안에서 헛됨 그 마음의 그들의

(직역)그러므로 이것을 내가 말한다 그리고 증언한다 주님 안에서, 더이상 너희는 걸어가지 말라 이방인들이 그들의 마음의 헛됨 안에서 걸어가는 것같이

"그러므로 이것을 내가 말한다 그리고 증언한다 주님 안에서"
(투토 운 레고 카이 마르튀로마이 엔 퀴리오,)

레고(내가 말한다)와 마르튀로마이(내가 증언한다)가 1인칭이다. 바울은 수신자인 청지기들에게 자신이 하는 말과 증언을 들어보라고 말한다. 바울은 간증을 통해 청지기들이 잘못된 길을 가지 않도록 권면하고 있다. 바울이 "주님 안에서"(엔 퀴리오)라는 수식어를 붙인 이유는 청지기들이 그리스도 안에 있지 않을 때 잘못된 길을 가기 때문이다.

"더이상 너희는 걸어가지 말라, 이방인들이 그들의 헛됨 안에서 걸어가는 것 같이"
(메케티 휘마스 페리파테인, 카도스 카이 타 에드네 페리파테이 엔 마라이오테티 투 노오스 아우톤)

바울이 "더 이상"(메케티)이라는 표현을 쓴 것은 하나님 나라의 청지기 중에서 이방인 청지기들처럼 사역하는 사람이 있다면 더 이상 그렇게 하지 말라는 것이다. 이방 종교에도 청지기직을 맡은 사람들이 있는데 그들은 '(그)마음의 헛됨 안에

서'(엔 마타이오테티 투 누스) 청지기의 길을 간다.

마타이오테티(기본형/마타이오테스)는 형용사 마타이오스(비어있는)에서 온 명사로 "비어있는 것"을 뜻한다. '그들의 마음의 헛됨 안에서'는 그들의 마음이 비어있는 채로 청지기의 길을 가고 있다는 것이다.

노오수(기본형/누스)는 영어의 mind(생각)으로 heart(마음)을 뜻하는 카르디아와 구별된다. 누스(생각)은 "인간이 가진 사물을 느끼고 생각하며 판단하는 능력"을 뜻한다. 인간은 다른 동물에 비해서 사물을 생각하고 판단하는 능력이 뛰어나다. 본문에 쓰인 관사가 있는 투 노오스는 특별한 판단력으로 신에 대한 분별력을 말한다. 사람들이 우상을 섬기는 것은 신에 대한 분별력이 떨어지기 때문이다.

사도행전을 보면 바울이 아테네 사람들이 종교심은 높지만 종교적 분별력이 약한 것을 지적하는 내용이 나온다.

"바울이 아레오바고 가운데 서서 말하되 아덴 사람들아 너희를 보니 범사에 종교성이 많도다. 내가 두루 다니며 너희의 위하는 것을 보다가 알지 못하는 신에게라고 새긴 단도 보았으니 그런즉 너희가 알지 못하고 위하는 그것을 내가 너희에게 알게 하리라"(행17:22-23).

하나님의 생명이 떠난 자들이다(4:18)

ἐσκοτωμενοι	τη	διανοια	ὀντες,	ἀπηλλοτριωμενοι
어두워져서	그	지각에	있어서	멀리 떠나게 되어

της	ζωης	του	θεου	δια	την	ἀγνοιαν	την	οὐσιν
그	생명에서	그	하나님의	인하여	그	무지로	그	있는

ἐν	αὐτοις,	δια	την	πωρωσιν	της	καρδιας	αὐτων,
안에	그들	인하여	그	완고함	그	마음의	그들의

(직역)(그)지각에 어두워져 있었기에, 그들 안에 있는 (그)무지로 인하여 (그)하나님의 (그)생명이 멀리 떠나게 되었기에,/그들의 (그)마음의 (그)완고함으로 인하여

종교적 분별력이 떨어지는 사람들은 살아계신 하나님을 이해하고 받아들이는 것이 잘 안 된다.

“(그)지각에 어두워져 있었기에,”
(에스코토메노이 테 디아노이아 온테스)

디아노이아는 디아(통하여)+누스(생각)의 합성어로 정신을 통한다는 의미로 ‘지각’을 뜻한다. 테 디아노이아(그 지각)은 하나님에 대한 특별한 지각이다. 창조 때에 인간은 하나님에 대한 지각이 있게 만들어졌다. 하지만 아담이 선악과를 먹고 하나님과의 관계가 단절된 후 하나님에 대한 지각이 어두워졌다.

“(그)하나님의 생명이 멀리 떠나게 되었기에 / 그들 안에 있는 그 무지로 인하여”
(아펠로트리오메노이 테스 조에스 투 데우 디아 아그노이안 텐 우신 엔 아우토이스)

문제는 그들 안에 있는 “(그)무지”(텐 아그노이안)이다. 아그노이안(기본형/아그노이아)는 아(부정형접두사)+노이에오(이해하다)의 합성어로서 “이해하지 못하는 것”을 의미한다. 아담의 후예인 인간은 그들 안에서 하나님을 이해하고 받아들이는 게 안 되었기에 하나님의 생명에서 멀리 떨어지게 된 것이다.

한글개역은 “하나님의 생명에서 떠났다”라고 했는데 원문을 보면 “(그)하나님의 (그)생명이 멀리 떠나게 되었다”이다. 관사가 있는 “(그)생명”(테스 조에스)은 생명이신 예수 그리스도를 가리킨다. (성부)하나님에게 속해 있는 생명이신 그리스도가 떠났다는 말이다. 사람들이 하나님의 생명을 떠난 게 아니라, 하나님의 생명이 그 사람들을 떠난 것이다. 청지기가 하나님을 올바로 이해하지 못할 때 생명이신 그리스도가 떠나게 되고, 이로 인해 생명을 살리는 사역을 할 수 없게 된다.

신앙생활에서 성경을 제대로 알아야 하는 이유가 이 때문이다. 성경을 제대로 알지 못하면 하나님을 올바로 이해할 수 없고, 하나님에 대한 올바른 이해가 없으면 생명이신 그리스도가 떠난다. 이단들이 성경 공부를 열심히 하는 데도 생명이신 그리스도가 떠난 이유는 이 때문이다.

"그들이 (그)마음의 (그)완고함으로 인하여"
(디아 텐 포로신 테스 카르디아스 아우톤)

하나님에 대해 무지하게 되는 이유는 성경에 대한 잘못된 이해도 있지만, 그보다 중요한 것은 하나님에 대한 완고한 마음이다. "그들의 (그)마음의 (그)완고함"(텐 포로신 테스 카르디아스 아우톤)이 문제이다.

카르디아스(기본형/카르디아)는 영어로는 heart인데 "심장, 마음, 사랑"을 뜻한다. 관사가 있는 헤 카르디아(그 마음)은 우리 안에 계신 하나님과 관계를 맺고 사랑하는 장소이다.

포로신(기본형/포로시스)는 "단단하게 굳어진 것"을 뜻한다. "(그)마음의 (그)완고함"에 관사가 있는 이유는 피조물인 인간이 창조주 하나님에 대해 단단하게 굳어진 마음을 갖는 것이 특별한 일이기 때문이다.

하나님이 아담을 만들 때 하나님과 친밀한 관계를 맺는 '그 마음'(헤 카르디아)를 주셨다. 하지만 아담이 선악과를 먹고 죄를 지은 후에는 그 마음이 단단하게 굳어졌다. 하나님을 향해 열려있는 마음이 상실된 것이다. 출애굽한 이스라엘 백성들은 하나님이 자신들을 애굽의 노예 생활에서 벗어나게 하고, 표적과 기사로 그들을 구원하는 것을 보았음에도 하나님을 신뢰하지 않고 불평하였다. 성경은 그들의 마음이 완고하기 때문이라고 말한다(히3:7). 하나님의 음성을 듣기 위한 열린 마음이 상실된 것이다. 이것은 이스라엘 백성뿐 아니라 타락 후 아담의 후예인 모든 인간에게 있는 마음이다.

이런 일들은 하나님 나라의 청지기들에게도 있을 수 있다.

사실, 청지기 중에는 하나님에 대한 완고한 마음으로 하나님과의 관계가 상실되고 이로 인해 하나님의 생명을 상실하고 영적으로 죽은 상태에서 사역을 하는 사람들이 있다. 이런 일은 절대로 있으면 안 되지만 현실이 그렇다. 이들은 청지기로서 하나님의 사역을 한다고 하지만 사실은 이방인들처럼 종교 사역을 하는 자들일 뿐이다.

감각을 잃고 방탕에 빠진 자들이다(4:19)

οἵτινες ἀπηλγεκοτες ἑαυτους παρεδωκαν
(그런데)그들은 감각을 잃고 있었기에 그들 자신을 내어주었다

τη ἀσελγεια εἰς ἐργασιαν ἀκαθαρσια πασης
그 방탕에 속으로 사역 더러움의 모든

ἐν πλεονεξια
안에 탐욕

(직역)그런데 그들은 감각을 잃고 있었기에 그들 자신을 내어 주었다 (그)방탕에 /탐욕 안에(있는) 더러움의 사역 속으로(들어가면서)

"그런데 그들은 감각을 잃고 있었기에"
(호이티네스 아펠게코테스)

아펠게코테스(기본형/아팔게오)는 슬픔에 대한 감각이 없는 것을 뜻한다. 육신의 연약함으로 인해 청지기직을 제대로 감당하지 못하는 것에 대한 슬픔이며, 청지기직을 더 잘하고 싶은 갈망에서 나온 슬픔이기도 하다. 이런 슬픔을 가진 청지기들은 제대로 된 청지기이다. 반면에 청지기직을 제대로 수행하지 못하면서도 이런 슬픔이 전혀 없다면 문제이다. 이런 슬픔에 대한 감각은 성령님으로부터 오는 것이다. 성령님은 육신의 연약함으로 인해 청지기직을 제대로 감당하지 못하는 사람들로 인해 슬퍼하신다.

"이와 같이 성령도 우리 연약함을 도우시나니 우리가 마땅

히 빌 바를 알지 못하나 오직 성령이 말할 수 없는 탄식으로 우리를 위하여 친히 간구하시느니라"(롬8:26).

"그들 자신을 내어주었다 (그)방탕에 / 탐욕 안에(있는) 더러움의 사역 속으로(들어가면서)"
(에아우투스 파레도칸 테 아셀게이아 에이스 에르가시안 아카다르시아 파세스 엔 플레오넥시아)

육신의 연약함으로 인해 청지기직을 제대로 감당하지 못하는 자신의 모습을 보고도 슬픔을 느끼지 못하는 청지기들은 탐욕에서 나온 더러운 사역에 빠지기 쉽다. 청지기들이 여자 문제나 돈 문제를 일으키는 것은 이 때문이다. 자신을 향한 성령의 탄식을 듣지 못하기 때문이다. 청지기가 성령의 탄식을 듣는다면 이런 문제에 빠진 자신을 돌아볼 것이다. 그리고 청지기로서 비뚤어진 모습에 자신의 슬픔을 느끼게 될 것이다.

4:20-26

옛사람을 벗고 새사람을 입어라

그리스도에 대한 제대로 된 이해가 있어야 한다(4:20-21)

ὑμεις δε οὐχ οὑτως ἐμαθετε τον Χριστον,
너희는 그런데 아니하였다 이와같이 배우지 그 그리스도를

εἰ γε αὐτον ἠκουσατε και ἐν αὐτω ἐδιδαχθητε,
만일 참으로 그를 (너희가)들었다 그리고 안에서 그 가르침을 받았다

καθως ἐστιν ἀληθεια ἐν τω Ἰησου,
같이 있는 것 진리가 안에 그 예수

(직역)그런데 너희는 이와같이 (그)그리스도를 배우지 않았다, 참으로 만일 그를 들었다면 그리고 그 안에서 가르침을 받았다면, (그)예수 안에 진리가 있는 것 같이,

"그런데 너희는 이와같이 (그)그리스도를 배우지 않았다,"
(휘메이스 데 우크 후토스 에마데테 톤 크리스톤)

하나님 나라의 청지기가 되려면 그리스도에 대한 제대로 된 이해가 있어야 한다. 청지기가 되었다고 해도 그리스도에 대한 제대로 된 이해가 없으면 세상의 청지기들처럼 하나님에 대한 무지로 인해 헛된 사역을 하게 될 것이다. 이런 일은 그리스도에 대해 잘못 배울 때 나타난다.

"참으로 만일 그를 들었다면 그러면 그 안에서 가르침을 받는다"
(에이 게 아우톤 에쿠사테 카이 엔 아우토 에디다크데테,)

에이는 가능성이 많은 것을 나타낼 때 사용하는 가정법 접속사이다. "만일 그를 들었다면"(에이 게 에쿠사테)을 한글개역은 "너희가 참으로 그에게서 듣고"로 번역했고, 영어성경 KJV는 "You have heard him"으로 번역했다. 너희 앞에 계신 주님의 말씀을 들었다는 것이다. 성령으로 거듭나서 그리스도를 주

님으로 영접한 사람에게는 주님의 음성이 들린다. 내 안에 계신 주님이 내게 말씀하시기 때문이다. 청지기가 주님의 음성을 듣는 것은 당연한 일이지만 듣지 못하는 사람도 있다. 그래서 바울은 에이라는 가정법을 사용한 것이다. 그리스도의 음성을 듣는 청지기는 그분에게서 가르침을 받게 된다. 예수 그리스도 안에 진리가 있기 때문이다.

"예수 안에 진리가 있는 것 같이"
(카도스 에스틴 알레데이아 엔 토 예수)

진리이신 주님의 음성을 듣는 청지기는 진리가 예수님 안에 있는 것같이 진리의 말씀으로 사역하는 청지기가 된다.

옛사람을 벗어 버리고(4:22)

ἀποθεσθαι ὑμας κατα την προτεραν ἀναστροφην
벗어버리기 위해 너희가 따르는 그(것을) 이전에 위를 향해 꼬인

τον παλαιον ἀνθρωπον τον φθειρομενον κατα
그 옛 사람을 그 썩어져 가는 따라

τας ἐπιθυμιας της ἀπατης,
그 욕망들을 그 속임의

(직역)너희가 벗어버리려고 이전에 위를 향해 꼬인 그것을 따르는 (그)옛사람을 /(그)속임의 (그)욕망을 따라 썩어져가는(그 옛사람을)

"너희가 벗어버리기위해/ 이전에 위를 향해 꼬인 그것을 따르는 (그)옛 사람을"
(아포데스다이 휘마스 카타 텐 프로테란 아나스트로펜 톤 팔라이온 안드로폰)

주님의 음성을 듣고 그리스도 안에서 주님의 가르침을 받으면 옛사람을 벗게 된다. 우리가 벗어야 할 옛사람의 모습에 대해 한글개역은 "구습을 따르는 옛 사람"이라고 하였다. 하지만 카타 텐 프로테란 아나스트로펜을 직역하면 "이전에 위를 향해 꼬인"이다. 아나스트로펜(기본형/아나스트레포)는 아나(위를 향

해)+스트레포(비틀다)의 합성어로 위를 향해 비뚤어진 것을 뜻한다. 하나님을 향해 삐뚤어진 게 옛사람의 모습이다.

선악과를 먹은 후 아담은 하나님에 대해 마음이 비뚤어졌다. 그래서 "내가 먹지 말라고 한 나무의 열매를 네가 왜 먹었느냐?"는 하나님의 책망에 "하나님이 주셔서 나와 함께 있게 하신 여자가 그 나무 열매를 주므로 내가 먹었나이다"라고 하였다. 또한 자기 동생 아벨을 죽인 가인은 "네 아우 아벨이 어디 있느냐?"는 하나님의 물음에 "내가 내 아우를 지키는 자니이까?"라고 하였다.

아담의 후예인 사람들 속에는 하나님을 향한 비뚤어진 마음이 남아있다. 청지기들은 우리 속에 남아있는 이런 옛사람의 모습을 완전히 벗어버려야 한다.

"(그)속임의 (그)욕망을 따라 썩어져가는"
(카타 타스 에피뒤미아스 테스 아파테스)

하나님을 향해 비뚤어진 마음을 가진 사람의 특징은 마귀의 속임에서 오는 욕망을 따른다는 것이다. 더 높이, 더 많은 것을 소유하고, 더 높은 곳으로 올라가려는 욕망이다. 광야에서 40일 금식을 한 예수님에게 마귀는 물질과 명예와 권세를 가지고 유혹했지만, 예수님은 그 유혹에 넘어가지 않았다.

성령으로 위를 향해 새롭게 되어야 한다(4:23)

ἀνανεουσθαι	δε	τω	πνευματι	του	νοος	ὑμων
위를 향해 새롭게 되도록	그래서	그	영으로	그	생각의	너희의

(직역)너희의 (그)생각이 (그)성령으로 새롭게 되도록

"너희의 (그)생각의 (그)성령으로 위를 향해 새롭게 되도록"
(아나네우스다이 데 토 프뉴마티 투 노오스 휘몬)

옛사람을 벗어버렸다면 마음을 성령으로 새롭게 해야 한다.

아나네우스다이(기본형/아나네오)는 아나(위를 향해)+네오스(새롭게)의 합성어로 위를 향해 새롭게 되는 것을 뜻한다. 위에 계신 하나님을 향해 생각이 새로워져야 한다. 성령으로 하나님을 향해 비뚤어진 생각이 펴지고 굳어진 마음이 부드러워져야 한다.

"(그)생각의 (그)성령"(토 프뉴마티 투 노오스)은 소유격의 관계의 용법으로 "성령과 예수 그리스도를 제대로 이해하고 받아들인 사람의 (그)생각과 관계를 맺고 있는 (그)성령"을 뜻한다. 주님의 음성을 듣고 그리스도 안에서 가르침을 받으면 성령으로 생각이 위를 향해 새로워져서 예수 그리스도를 더 잘 이해하게 될 것이다.

의와 진리와 거룩함으로 지으심을 받은 새사람을 입어야 한다(4:24)

και ἐνδυσασθαι τον καινον ἀνθρωπον τον κατα
그래서 입도록 그 새 사람을 그 따르는

θεον κτισθεντα ἐν δικαιοσυνη και ὁσιοτητι
하나님 창조하심을 받았던 안에서 의 그리고 성결함

της ἀληθειας,
그 진리의

(직역)그리고 하나님을 따르는 (그)새사람을 입도록/의와 (그)진리의 성결함 안에서 창조하심을 받은

"그래서 하나님을 따르는 (그)새사람을 입도록"
(카이 엔뒤사스다이 톤 카이논 안드로폰 톤 카타 데온)

공중권세 잡은 마귀의 미혹을 따르는 사람이 '(그)옛사람'(호 팔라이오스 안드로포스)이라면, 하나님이신 예수 그리스도를 따르는 사람은 '(그)새사람'(호 카이노스 안드로포스)이다. 하나님 나라의 청지기가 되려면 마귀의 미혹을 따르는 옛사람을 벗어 버리고 예수 그리스도를 따르는 새사람을 입어야 한다.

"입도록"(엔뒤사스다이)이 아오리스트시제이다. 예수 그리스도를 따르는 새사람을 입는 것은 순간적으로 된다. 성령세례를

받는 순간에 새사람이 된다. 하나님 나라의 청지기가 되려면 반드시 성령세례를 받아야 한다. 세례요한은 예수 그리스도를 가리켜 "나는 너희에게 물로 세례를 주었지만, 그분은 성령으로 너희에게 세례를 주시리라"(막1:8)고 하였다. 또한 부활하여 승천을 앞두신 예수님은 "오직 성령이 임하시면 너희가 권능을 받고 예루살렘과 온 유대와 사마리아와 땅 끝까지 이르러 내 증인이 되리라"(행1:8)고 하였다.

"의와 성결 안에서 창조하심을 받은"
(엔 디카이오쉬네 카이 호시오테티 테스 알레데이아스)

예수 그리스도를 따르는 새사람의 모습에 대한 언급이다. 의(디카이오쉬네)와 성결(호시오테니)에 관사가 없다. 여기서 의와 성결은 인간의 도덕적 의와 성결을 말한다. 호시오테니(성결)는 인간의 성결한 삶으로 하나님의 거룩을 나타내는 하기아스모스와는 구별된다. 하나님 나라의 청지기는 도덕적으로 올바르고 성결한 삶을 살아야 한다.

이러한 청지기의 도덕적인 올바름과 성결함은 (그)진리(테스 알레데이아스)로부터 나온다. 관사가 있는 것은 특별한 진리 즉 진리이신 예수 그리스도를 뜻한다. 진리이신 그리스도 안에 있으면 인간으로서 올바르고 성결한 삶을 살게 된다. 그리스도 안에서 진리이신 그리스도로 살아가지 않는 청지기는 부도덕하고 성결하지 못한 삶을 살게 되며 이로 인해 세상 사람들로부터 지탄받게 된다. 예수님은 이런 청지기의 모습을 이렇게 표현하였다.

"너희는 세상의 소금이니 소금이 만일 맛을 잃으면 무엇으로 짜게 하리요 후에는 아무 쓸데 없어 다만 밖에 버리워 사람에게 밟힐 뿐이니라"(마5:13).

거짓 복음을 전하지 말아야 한다(4:25)

Διο ἀποθεμενοι το ψευδος λαλειτε ἀληθειαν
그러므로 버리고 그 거짓말을 (너희는)말하라 진리를
ἑκαστος μετα του πλησιον αὐτου, ὁτι ἐσμεν
각 사람은 중에서 그 가까이 있는 자 그의 왜냐하면 (우리는)있다
ἀλληλων μελη.
서로의 지체들로

(직역)그러므로 너희는 (그)거짓말을 버리고 진리를 말하라/각 사람은 그의 (그) 가까이 있는 자 사이에서,/왜냐하면 우리는 서로의 지체들로 있다.

"그러므로 너희는 (그)거짓말을 버리고 진리를 말하라"
(디오 아포데메노이 토 프슈도스 랄레이테 알레데이안)

새사람을 입지 못한 청지기는 거짓 복음을 전하게 된다. 관사가 있는 (그)거짓말(토 프슈도스)은 일반적인 거짓말이 아니라 특별한 거짓말 즉 거짓된 복음을 말한다. 청지기가 진리이신 예수 그리스도와 인격적인 만남이 없고 하나님의 뜻을 알지 못하면 거짓된 복음을 전하게 된다. 바울은 이것을 '다른 복음'이라고 하였다(갈1:8).

"각 사람은 그의 (그)가까이 있는 자 사이에서"
(헤카스토스 메타 투 플레시온 아우투)

플레시온은 가까이 있는 자를 뜻하는데 관사 투가 붙어서 "복음을 듣기 위해 가까이 있는 자"를 말한다. 청지기들은 복음을 듣기 위해 가까이 온 사람에게 거짓 복음이 아닌 진리의 말씀을 전해야 한다.

분을 낼지라도 해가 지도록 분을 품지 말라(4:26)

ὀργιζεσθε και μη ἁμαρτανετε· ὁ ἡλιος μη
너희는 화를 내라 그런데 말라 죄를 짓지는 그 해가 않게 하라
ἐπιδυετω ἐπι τω παροργισμω ὑμων,
지지 위에 그 분노 너희의

(직역)너희는 화를 내라 그런데 죄를 짓지 말라;너희의 (그)분노 위에 (그)해가 지지 않게 하라.

"너희는 화를 내라 그런데 죄를 짓지는 말라;"
(오르기제스데 카이 메 하마르타네테;)

오르기제스데(화를 내다)가 현재시제, 중수디포태이다. 이것은 감정에 의해 순간적으로 생각지 않게 화를 내는 것이 아니라 의도적으로 화를 내는 것을 말한다. 청지기직을 수행하다 보면 의도적으로 화를 내야 할 때가 있다. 그럴지라도 이로 인해 죄를 짓지는 말아야 한다. 바울은 이 말의 의미를 분명히 하기 위해 보충 설명을 한다.

"너희의 (그)분노 위에 (그)해가 지지 않게 하라,"
(호 헬리오스 메 에피듀에토 에피 토 파로르기스모 휘몬)

복음을 전하다가 화를 내야 할 상황이 되면 화를 내야 한다. 잘못된 사람을 꾸짖을 때 웃으면서 할 수는 없는 일이다. 하지만 화가 가시지 않고 계속해서 남아있다면 죄가 될 수 있다. 그래서 화를 내더라도 하루를 넘기지 말아야 한다. 토 파로르기스모(그 분노)에 관사가 있는 것은 청지기로서 하나님의 일을 하다가 생긴 특별한 분노를 말한다. 이것은 나쁜 일이 아니다. 하지만 그 분노를 계속해서 갖고 있다면 나쁜 일이 된다. 죄는 미워해도 사람을 미워해서는 안 된다.

4:27-29

마귀에게 틈을 주지 말라

마귀에게 틈을 주지 말라(4:27)

μηδε διδοτε τοπον τω διαβολω.
말라 너희는 주지 틈을 그 마귀에게
(직역)너희는 (그)마귀에게 틈을 주지 말라

"너희는 (그)마귀에게 틈을 주지 말라"
(메데 디도테 토폰 토 디아볼로)

마귀는 하나님 나라의 청지기들을 집중적으로 노린다. 청지기 한 명을 넘어뜨리면 그에 속한 많은 사람을 넘어뜨릴 수 있기 때문이다. 그래서 청지기가 약간의 틈만 보여도 마귀는 그 틈을 노려 죄를 짓게 만든다. 이것이 하나님 나라의 청지기들을 향한 마귀의 술수이다. 따라서 청지기들은 마귀에게 조금의 틈도 보이면 안 된다.

도둑질한 것으로 사역하지 말라(4:28)

ὁ κλεπτων μηκετι κλεπτετω, μαλλον δε κοπιατω
그 도둑질하는 더 이상 말라 도둑질하지 더욱더 그러므로 수고해라
ἐργαζομανος ταις [ἰδιος] χερσιν το ἀγαθον,
사역하면서 그 자신의 손들로 그 선한 것을
ἱνα ἐχῃ μεταδιδοναι τω χρειαν ἐχοντι.
위하여 갖기 나누어줄 것을 그 필요를 가진 자에게
(직역)도둑질하는 그(사람은) 더 이상 도둑질하지 말라, 그러므로 더욱더 수고해라 (그)자신의 손들로 (그)선한 것을 사역하면서, 그 결과 (그)필요를 가진 자에게 나누어줄 것을 갖게 될거다.

"도둑질하는 그(사람은) 더 이상 도둑질하지 말라"
(호 클레프톤 메케티 클레프테토)

십계명을 말하는 게 아니다. "도둑질 하는 자는 더 이상 도둑질 하지 말라"는 말씀은 청지기들이 남의 것을 훔쳐다가 사역하지 말라는 것이다. 설교자 중에는 남의 것을 가져다가 그대로 설교하는 사람들이 있다. 다른 사람 설교를 적당히 짜깁기해서 설교하는 것도 바람직하지 않다. 이럴 때 마귀에게 틈을 주게 된다.

"그러므로 더욱 더 수고해라 (그)자신의 손들로 (그)선한 것을 사역하면서"
(말론 데 코피아토 에르가조마노스 타이스 이디오스 케르시 토 아가돈)

바울의 의도하는 바는 분명하다. "더욱 더 수고해라"(말론 코피아토)는 지금도 청지기로 수고하고 있지만, 더 수고해야 한다는 것이다. "그(자신의) 손들"(타이스 이디오스 케르신)에 관사가 있는 것은 하나님의 일을 하는 특별한 손이다. "(그)선한 것들"(토 아가돈)은 사람들을 이롭게 하는 하나님 나라의 사역들이다. 세상일도 그렇지만 하나님 나라의 사역이 가치 있는 사역이 되려면 많은 수고가 필요하다. 사역자들은 하나님 나라의 사역을 위한 수고를 아끼지 말아야 한다. 설교를 준비할 때도 자기 손으로 하는 수고가 필요하다.

"그 결과 (그)필요를 가진 자에게 나누어 줄 것을 갖게 될 것이다"
(히나 에케 메타디도나이 토 크레이안 에콘티)

히나는 목적이나 결과를 나타내는 종속접속사인데 여기서는 결과로 쓰였다. 청지기가 수고하여 자기 손으로 선한 것들을 준비하면 필요한 사람들에게 나누어줄 수 있다.

더러운 말은 입 밖에도 내지 말라(4:29)

πας λογος σαπρος ἐκ του στοματος ὑμων μη
모든 말이 부패한 부터 그 입으로 너희의 말라
ἐκπορευεσθω, ἀλλα εἰ τις ἀγαθος προς οἰκοδομην
나오게하지 그러나 만일 누구든지 선한(사람은) 향하여 세움을
της χρειας, ἱνα δω χαριν τοις ἀκουουσιν,
그 필요의 그 결과 (그것은)줄거다 은혜를 그(자들에게) 듣는

(직역)모든 부패한 말이 너희의 (그)입에서 나오게 하지 말라, 그러나 만일 누구든지 선한(사람)은 (그)필요의 세움을 향하여(있다면), 그 결과 듣는 자들에게 은혜를 줄거다.

"모든 부패한 말이 너희의 (그)입에서 나오게 하지 말라"
(파스 로고스 사프로스 에크 투 스토마토스 휘몬 메 에크포류에스도)

부패한 말이란 썩은 냄새가 나는 더러운 말을 말한다. 욕이나 저질스러운 말이 그런 것이다. 사역자 중에는 이런 말을 아무렇지 않게 하는 사람들이 있다. 특히 부흥사 중에 욕이나 더러운 말들을 쉽게 하는 사람들이 있는데 이런 말을 해서는 안 된다. 하나님의 영광을 가리기 때문이다.

"그러나 만일 누구든지 선한(사람)은 (그)필요의 세움을 향하여(있다면)"
(알라 에이 티스 아가도스 프로스 오이코도멘 테스 크레이아스,)

욕이나 저질스러운 말이 복음 전도에 효과가 있다고 생각하는 사람이 있다. 절대로 그렇지 않다. 욕이나 저질스러운 말은 세상 사람들도 부도덕하고 더러운 것으로 여긴다. 아무리 좋은 의도라도 청지기의 입에서 나오는 욕이나 저질스러운 말은 마귀에게 틈을 준다.

'누구든지 선한(사람)'(티스 아가도스)은 선한 일을 하는 청지기들이다. (그)필요의 세움'(오이코도멘 테스 크레이아스)은 필요로 하는 것을 세운다는 말이다. 청지기들은 누구든지 선한 일을 해서 사람들의 영적인 필요를 채워주어야 한다. 청지기는 제대로 된 복음을 전해야 한다.

"그 결과 듣는 자들에게 은혜를 줄거다"
(히나 도 카린 토이스 아쿠우신)

히나는 결과를 나타내는 종속접속사이다. 그리고 도(줄거다)는 가정법, 아오리스트시제이다. 청지기가 사람들의 영적 필요를 채우는 제대로 된 복음을 전하면 듣는 자들에게 은혜를 줄 것이다. 복음을 전할 때 욕이나 저질스러운 말을 하지 말고, 듣는 사람들의 영적 필요를 채워주는 말을 해야 한다.

4:30-32

성령님의 마음을 아프게 하지 말라

하나님의 성령을 마음 아프게 하지 말라(4:30)

και μη λυπειτε το πνευμα το ἁγιον του θεου,
그리고 하지말라 마음 아프게 그 영을 그 거룩한 그 하나님의
ἐν ᾧ ἐσφραγισθητε εἰς ἡμεραν ἀπολυτρωσεως.
그 안에서 너희가 인치심을 받는다 속으로 날 속량의

(직역)그리고 근심케 하지 말라 하나님의 (그)거룩한 (그)영을, 그 안에서 너희는 인치심을 받았다 속량의 날 속으로(들어가면서)

"그리고 (그)하나님의 (그)거룩한 (그)영을 마음 아프게 하지 말라"
(카이 메 뤼페이테 토 프뉴마 토 하기온 투 데우,)

청지기의 행동 중에 마귀에게 틈을 주는 것은 아니라도 성령을 마음 아프게 하는 일들이 있다. 메 뤼페이테는 직역하면 "마음을 아프게 하지 말라"이다. 청지기의 행동이 하나님의 거룩함을 훼손시킬 때 성령은 마음 아파하신다. 주기도문에서 예수님은 "아버지의 이름이 거룩히 여김을 받으시옵소서"라고 기도하라고 하였다. 청지기는 성령을 마음 아프게 하는 일을 해서는 안 된다.

"그 안에서 너희가 인치심을 받았다 속량의 날 속으로(들어가면서)"
(엔 호 에스프라기스데테 에이스 헤메란 아폴뤼트로세오스)

관계대명사인 "그 안에서"(에 호)는 "하나님의 거룩한 성령 안에서"이다. 청지기는 성령 안에서 순간순간 인치심을 받아야 예수 그리스도의 구원 사역을 이룰 수 있다. 그런데 청지기가 사역 중에 거룩하지 못한 행동으로 인해 성령을 마음 아프게 한다면 성령으로 하는 사역에 문제가 생길 수 있다. 청지기의

사역 중에 순간순간 진리와 능력으로 나타나는 성령의 인침이 나타나지 않을 수도 있다는 것이다.

사역 중에 노함과 분냄과 비방을 버리라(4:31)

πασα πικρια και θυμος και ὀργη και κραυγη
모든 날카로움 과 화냄 과 진노 와 소리지름
και βλασφημια ἀρθητω αφ' ὑμων συν παση κακιᾳ.
과 모독 (그것이)제거되라 부터 너희로 함께 모든 나쁜 것과

(직역)모든 날카로움과 화냄과 진노와 소리지름과 모독을 너희로부터 들어올려라/모든 나쁜 것과 함께

> "모든 날카로움과 화냄과 분노와 소리지름과 모독을 너희로부터 들어올려라 모든 나쁜 것과 함께"
> (파사 피크리아 카이 뒤모스 카이 오르게 카이 그라우케 카이 블레스페메이 아르데토 아프 휘몬 쉰 파세 카키아)

청지기들이 사역 중에 상대방에게 화를 내거나, 분노를 나타내거나, 소리를 지르거나, 모독하는 말을 할 때 성령은 마음 아파하신다. 이것은 앞에서 언급했던 청지기가 의도적으로 화를 내는 것과는 다르다. 감정적으로 화를 내거나 소리 지르는 것을 말한다. 청지기들이 사역 중에 감정적으로 화를 내거나 소리 지르는 것을 해서는 안 된다.

서로의 필요를 채워주는 동역자가 되어야 한다(4:32)

γινεσθε δε εἰς ἀλληλους χρηστοι, εὐσπλαγχνοι,
되게하라 그러므로 속으로 (너희는)서로 쓸모있는(상태가) 좋은 창자들로
χαριζομενοι ἑαυτοις, καθως και ὁ θεος ἐν
은혜를 베풀면서 너희 자신에게 것 같이 또한 그 하나님이 안에서
Χριστῳ ἐχαρισατο ὑμιν.
그리스도 은혜를 베푸셨던 너희에게

(직역)그러므로 너희는 서로의 속으로(들어가면서) 쓸모있는(상태가) 되게 하라, 좋은 창자들로, 너희 자신에게 은혜가 베풀어지게 하면서, 또한 (성부)하나님이 그리스도 안에서 너희에게 (순간순간)은혜를 베푸시는 것처럼.

한글성경은 "서로 친절하게 하며 불쌍히 여기며 서로 용서하기를 하나님이 그리스도 안에서 너희를 용서하심과 같이 하라"고 번역하였으며, 영어성경 KJV도 비슷하게 번역하였다. 그러나 원문 직역은 의미가 완전히 다르다.

"그러므로 너희는 서로의 속으로(들어가면서) 쓸모있는(상태가) 되게 하라, 좋은 창자들로"
(기네스데 에 에이스 알레루스 크레스토이, 유스플랑크노이)

크레스토이(기본형/크리스토스)는 필요한 것을 공급하는 것으로 "쓸모있는"을 뜻한다. 청지기들은 서로의 필요를 공급해주는 서로에게 쓸모있는 사람이 되어야 한다.

유스플랑크노이는 유(좋은)+스플랑크논(창자)의 합성어이다. 스플랑크논(창자)는 성경에서는 항상 복수로 쓰이는데, 우리 몸에서 하나님이 거하시는 장소를 나타낸다. 보통 중성으로 쓰이지만, 본문에서는 남성형용대명사이고 유라는 접두어가 붙었다. 직역하면 "좋은 창자를 가진 사람들"이 된다. 의역하면 "그들 안에 하나님이 잘 거하는 사람들"이다. 은혜와 진리의 하나님이 그들 안에 잘 거하는 청지기들은 서로 간에 필요를 채워줄 수 있다.

"너희 자신에게 은혜가 베풀어지게 하면서"
(카리조메노이 헤아우토이스,)

헤아우토이스는 "너희에게"이다. 카리소메노이(기본형/카리조마이)는 "은혜를 베풀다"라는 뜻으로 중수디포태이다. "너희 자신에게 은혜가 베풀어지게 하라"이다. 청지기의 창자에 계신 주님으로부터 은혜가 베풀어지게 해야 한다. 그렇게 되면 그 은혜로 청지기들 서로 간에 필요를 공급해주는 사람이 될 수 있다. 이 말은 뒤집어 놓고 보면 내 안에 계신 주님으로부터 은혜를 받지 못하는 청지기는 다른 청지기를 찔러대고, 화를 내고, 모독하는 그런 존재가 될 수 있다는 것이다.

“또한 (성부)하나님이 그리스도 안에서 너희에게 (순간순간) 은혜를 베푸시는 것처럼”
(카도스 카이 호 데오스 엔 크리스토 에카리사토 휘민)

(성부)하나님은 그리스도 안에서 순간순간 은혜를 베푸신다. 따라서 청지기들은 그리스도 안에서 하나님이 주시는 은혜를 순간순간 받아야 하며, 이것이 되려면 엔크리스토(그리스도 안에)가 되어야 한다. 하나님의 은혜를 받아서 청지기들 서로에게 필요한 것을 공급하는 동역자들이 되어야 한다.

7
이런
청지기가
돼라

5:1-2

사랑 안에서 사역하는 청지기

사랑이신 하나님을 본 받으라(5:1-2a)

γινεσθε οὐν μιμηται του θεου ὡς τεκνα ἀγαπητα
(너희는)되라 그러므로 본받는 사람이 그 하나님의 로서 자녀들 사랑받는
και περιπατειτε ἐν ἀγαπη,
그리고 (너희는)걸어가라 안에서 사랑
(직역)그러므로 너희는 (그)하나님의 본받는 사람이 되라/사랑을 받는 자녀들로서/그리고 너희는 걸어가라 사랑 안에서

"그러므로 너희는 (그)하나님의 본받는 사람이 되라 사랑을 받는 자녀들로서 그리고 너희는 걸어가라 사랑 안에서"
(기네스데 운 미메타이 투 데우 호스 테크나 아가페타 카이 페리타테이테 엔 아가페,)

청지기 사역에서 가장 중요한 것은 사랑이다. 청지기들은 사랑 안에서 사역해야 한다. 청지기가 하는 사랑의 근원은 (성부)하나님이시다. 하나님은 사랑이시다(요일4:8).

청지기들은 하나님을 본받아 서로 사랑해야 한다. 미메타이(기본형/미메테스)는 모방하는 사람을 뜻한다. 청지기는 사랑 안에서 청지기의 길을 걸어가야 한다. 페리타페이테(기본형/페리파테오)가 명령법, 현재시제이다. 사랑은 청지기가 항상 걸어가야 할 길이다. 예수님은 제자들에게 "새 계명을 너희에게 주노니 서로 사랑하라. 내가 너희를 사랑하는 것 같이 너희도 서로 사랑하라"(요13:34)고 말씀하셨다. 청지기들이 서로 사랑하는 것은 청지기의 길을 가면서 항상 지켜야 할 주님의 명령이다.

그리스도께서 우리를 사랑했던 것처럼 사랑하라(5:2)

καθως	και	ὁ	Χριστος	ἠγαπησεν	ἡμας	και
같이	그리고	그	그리스도가	사랑했던 것	너희를	그리고

παρεδωκεν	ἑαυτον	ὑπερ	ἡμων	προσφοραν	και
그는 내어주셨던 것	그 자신을	위하여	우리를	헌물을	그리고

θυσιαν	τω	θεω	εἰς	ὀσμην	εὐωδιαν.
제물을	그	하나님께	속으로	냄새	향기의

(직역)그리고 (그)그리스도가 너희를 사랑했던 것같이 그리고 우리를 위하여 그 자신을 (그)하나님의 헌물과 제물로 내어주셨던 것(같이)/향기의 냄새 속으로(들어가면서)

"그리고 그리스도가 너희를 사랑했던 것같이"
(카도스 카이 호 크리스토스 에게파센 헤마스)

예수님이 제자들에게 "내가 너희를 사랑한 것같이 너희도 서로 사랑하라"고 말씀하였다. 예수님은 열두 제자를 사랑하신 것같이 청지기들을 사랑하신다. 예수님의 사랑을 받은 청지기들은 서로 사랑해야 한다. 예수님이 청지기들을 사랑하는 이유는 그들의 가치 때문이다. 그리스도의 몸인 교회를 세우는 청지기의 직무는 정말 귀한 일이다.

"그리고 우리를 위하여 그 자신을 하나님의 헌물과 제물로 내어주셨던 것같이"
(카이 파레도켄 헤아우톤 휘페르 헤몬 프로스포란 카이 뒤시안 토 데오)

예수님은 십자가에 죽음으로 속죄제물과 화목제물이 되셨다. 속죄제물이 되심으로 우리의 연약함으로 인해 지은 죄를 해결하셨고, 화목제물이 되심으로 우리가 서로 화목하지 못해 지은 죄를 해결하셨다. 십자가의 은혜로 구원받아 하나님 나라의 청지기가 된 사람들은 서로 화목해야 한다. 청지기 간에 서로 사랑하지 않으면 죄를 짓는 것이다.

5:3-5

음행과 탐욕과 추한 일을 하지 않는 청지기

음행과 탐욕은 이름도 거론되게 하지 말라(5:3)

πορνεια δε και ἀκαθαρσια πασα ἢ πλεονεξια
음란 한 것 그리고 과 정결하지 못한 것 모든 혹은 탐욕은

μηδε ὀνομαζεσθω ἐν ὑμιν, καθως πρεπει ἁγιοις,
도 말라 이름이 불려지게하지 안에서 너희 같이 당연한 것 성도들에게

(직역)음란한 것과 모든 정결하지 못한 것과 혹은 탐욕은 너희 안에서이름이 불려지게 하지 말라, 성도들에게 당연한 것같이,

"그리고 음란한 것과 모든 정결하지 못한 것 혹은 탐욕은 너희 안에서 이름이 불려지게 하지 말라"
(포르네이아 데 카이 아카다르시아 파사 에 플레오넥시아 메데 오노마제스도 엔 휘민,)

"음란한 것과 정결하지 못한 것"(포르네이아 카이 아카다르시아)은 성적인 죄를 말한다. 청지기들은 이런 부도덕한 일로 사람들에 의해 이름이 불리면 안 된다. 일반 성도들도 그러면 안 되지만, 청지기들은 더욱 그렇다.

"성도들에게 당연한 것같이,"
(카도스 프레페이 하기오이스,)

거룩한 성도가 음란이나 탐욕을 멀리하는 것은 당연한 일이다. 청지기도 성도이다. 프레페이(기본형/프로포)는 "많은 수 중에서 눈에 띄는 것"을 뜻한다. 거룩해야 할 청지기들이 음란이나 탐욕에 빠지면 세상 사람들의 눈에 잘 띈다. 세상 사람들은 청지기들이 거룩하게 행동하는가를 눈여겨본다. 청지기들의 부도덕으로 인해 거룩하신 하나님이 세상 사람들에게 모독을 당한다는 사실을 알아야 한다.

어리석은 말이나 익살스러운 말을 버려라(5:4)

καὶ αἰσχρότης καὶ μωρολογία ἢ εὐτραπελία,
그리고 부끄러움 과 터무니 없는 말 혹은 익살스런 말은
ἃ οὐκ ἀνῆκεν, ἀλλὰ μᾶλλον εὐχαριστία.
그런데 그것들은 안 위에도달했다 그러나 더욱 더 감사가

(직역)그리고 추함 그리고 터무니 없는 말 혹은 익살스런 말을, 그런데 그것들은 위를 향해 소유한 게 아니다, 그러나 더욱 더 감사가(있어야 한다)

"그리고 부끄럽거나 터무니없는 말 혹은 익살스런 말을"
(카이 아이스크로테스 카이 모롤로기아 헤 유트라펠리아, 하 우크 아네켄, 알라

말씀을 전하는 청지기 중에는 복음과 관계가 없는 부끄럽거나 터무니없는 말이나 농담을 하는 경우가 있다. 보통 이런 일들은 성경 말씀에 대한 이해 부족이나, 듣는 사람들에게 재미를 주려다가 생긴다.

"그것은 위를 향해 소유한 게 아니다"
(하 우크 아네켄)

이런 것들은 위에 계신 하나님께 합당한 것이 아니다. 아네켄(기본형/아네코)는 아나(위를 향해)+에코(소유하다)의 합성어이다. 청지기들이 전하는 복음은 사람들만 듣는 게 아니라 하나님도 들으신다. 하나님은 부끄러운 말이나 터무니없는 말이나 농담을 기뻐하지 않으신다. 따라서 청지기들은 복음을 전할 때에 그런 쓸데없는 말을 하지 않도록 조심해야 한다.

"그러나 더욱 더 감사가 있어야 한다"
(하라 말론 유카리스티아)

반면에 청지기들은 자신의 삶이나 사역 중에 하나님께 감사했던 일은 많이 말할수록 좋다. 은혜를 많이 받은 사람일수록 감사한 일이 많으며, 이런 일들이 간증 되어질 때 듣는 사람들에게 은혜를 끼친다.

악을 행하는 청지기는 하나님 나라를 상속받지 못한다(5:5)

τουτο γαρ ἰστε γινωσκοντες, ὁτι πας παρνος
이것을 왜냐하면 (너희도)있었다 알고 것을 모든 음행하는 자가
ἠ ἀκαθαρτος ἠ πλεονεκτης, ὁ ἐστιν εἰδωλολαγρης,
또는 더러운 자가 또는 탐욕스러운 자가 그것은 이다 우상숭배자
οὐκ ἐχει κληρονομιαν ἐν τη βασιλεια του
못한다 소유하지 상속을 안에서 그 나라 그
Χριστου και θεου.
그리스도의 와 하나님의

(직역)왜냐하면 이것을 너희도 알고 있었다, 음행하는 자마다 또는 더러운 자마다 또는 탐욕스러운 자마다, 그런데 그들은 우상숭배자인데, 소유하지 못한다 (그)그리스도와 하나님의 (그)나라 안에서

"왜냐하면 이것을 너희는 알고 있었다, 모든 음행하는 자 또는 더러운 자 또는 탐욕스러운 자가,"
(투토 가르 이스테 기노스콘테스, 호티 파스 파르노스 에 아카다르토스 에 플레오네크테스)

청지기직을 행하면서 음행이나 탐욕과 같은 죄를 짓는 자들에 대한 언급이다. 목회자와 같은 청지기들이 범하는 음행이나 탐욕은 하나님 나라에 미치는 영향이 중대하다. 이런 짓을 하면서도 나중에 천국에 들어가서 큰 상급을 받을 줄로 믿는 사람들이 있다. 참으로 한심한 일이다.

"그런데 그것은 우상숭배자인데, (그)그리스도와 하나님의 나라 안에서 상속을 소유하지 못한다"
(호 에스틴 에이돌로라그레스, 우크 에케이 클레로노미안 엔 테 바실레이아 투 크리스투 카이 데우)

이들이 하는 더러운 짓은 우상숭배와 다를 바 없다. 우상숭배자들은 죽어서 천국에 들어가지 못한다. 클레로노미안(기본형/클레로노모스)는 제비를 뽑아 받는 몫으로 유산을 상속받는 것을 말한다. "상속을 소유하지 못한다"(우크 에케이 클레로노미안)가 현재시제이다. 바울은 이런 죄를 짓는 자들은 하나님 나라를 상속받지 못한다고 말한다.

5:6-7

헛된 말에 속지 않는 청지기

헛된 말에 속지 말라(5:6)

Μηδεις	ὑμας	ἀπατατω	κενοις	λογοις·
아무도 못하게 하라	너희를	속이지	헛된	말들로

δια	ταυτα	γαρ	ἐρχεται	ἡ	ὀργη	του	θεου
인하여	이것들로	왜냐하면	온다	그	진노가	그	하나님의

ἐπι	τους	υἱους	της	ἀπειδειας.
위에서	그	아들들	그	불순종의

(직역)아무도 너희를 속이지 못하게 하라 헛된 말들로; 왜냐하면 이것들로 인하여 (그)하나님의 (그)진노가 온다 (그)불순종의 (그)아들들 위에서

"아무도 너희를 속이지 못하게 하라 헛된 말들로"
(메데스 휘마스 아파타토 케노스 로고이스)

성경은 적그리스도나 거짓 선지자에게 속지 말라고 말한다. 이런 자들은 능력 있는 모습으로 나타나기 때문에 속기 쉽다. 적그리스도나 거짓 선지자들에게 속아 추종하는 사람 중에는 청지기들도 있다.

케노이스(기본형/케노스)는 속이 비어있는 것을 말한다. 적그리스도나 거짓 선지자들은 무언가 있어 보이지만 사실은 아무것도 없는 자들이다. 조금만 유의해서 보면 그들이 하나님의 사람이 아님을 알 수 있다. 청지기들은 예수 그리스도만을 따라야 한다. 청지기들이 적그리스도나 거짓 선지자에게 미혹을 당하는 이유는 그리스도 안에 거하지 않기 때문이다. 그리스도 안에서 주님의 음성을 듣는 사람은 절대로 적그리스도나 거짓 선지자에게 미혹 당하지 않는다.

"이것들로 인하여 (그)하나님의 (그)진노가 온다"
(디아 타우타 가르 에르케타이 헤 오르게 투 데우)

적그리스도나 거짓 선지자를 추종하는 청지기들에게 하나님의 진노가 임한다. 하나님의 진노가 그 위에 임한다는 말은 죽어서 지옥에 간다는 것이다. 끔찍한 일이다.

"(그)불순종의 (그)아들들 위에"
(에피 투스 휘우스 테스 아페이데이아스)

헛된 말에 속는 청지기들은 "불신앙의 아들들"이다. 그들이 거짓 선지자에게 속는 이유는 하나님에 대한 신앙이 없기 때문이다. 주님의 음성을 듣고 그분의 말씀을 믿음으로 따르는 청지기는 절대로 거짓 선지자들에게 속지 않으며, 당연히 그들을 추종하지도 않는다.

헛된 말을 하는 자들과 함께하지 말라(5:7)

μη οὐν γινεσθε συμμετοχοι αὐτων·
마라 그러므로 (너희는))되지 함께 참여하는(자들이) 그들과

(직역)그러므로 너희는 그들과 함께 참여하는(자들이) 되지 말라.

"그러므로 너희는 그들과 함께 참여하는(상태가)되지 말라"
(메 운 기네스데 쉼메토코이 아우톤)

쉼메토코이(기본형/쉼메토코스)는 쉰(함께)+메토코스(참여하는)의 합성어로 "함께 참여하는 자들"을 뜻한다. 적그리스도나 거짓 선지자들은 자신들이 하는 일이 하나님 나라를 위한 일인 것처럼 꾸며 사람들이 참여하게 만든다. 적그리스도나 거짓 선지자들의 헛된 말에 속는 것도 문제이지만 그들을 추종하고 그들이 하는 일에 함께 참여하는 것이 더 문제이다. 헛된 말을 하는 자들에게 속아 그들의 일에 참여하는 사람들이 있다면 빨리 나와야 한다.

빛의 열매를 맺는 청지기

그리스도 안에서 빛의 자녀들처럼 행하라(5:8)

ἦτε γαρ ποτε σκοτος, νυν δε φως
(너희는)있었다 왜냐하면 전에는 어두움으로 지금은 그런데 빛(이다)
ἐν κυριῳ· ὡς τεκνα φωτος περιπατειτε
안에서 주 처럼 자녀들 빛의 (너희는)걸어가라

(직역)왜냐하면 너희는 전에는 어두움으로 있었다, 그런데 지금은 주 안에서 빛이다; 빛의 자녀들처럼 걸어가라.

"왜냐하면 너희는 전에는 어두움으로 있었다, 그런데 지금은 주 안에서 빛이다;"
(에테 가르 포테 스코토스, 뉜 데 포스 엔 퀴리오)

서로 대조적인 의미로 쓰인 스코토스(어둠)과 포스(빛)은 은유적 표현이다. 어둠(스코토스)은 청지기로서 헛된 열매를 맺는 것을 비유하고, 빛(포스)은 청지기로서 빛의 열매를 맺는 것을 비유한다. "주 안에서"(엔 퀴리오)는 그리스도 안에서(엔 크리스토)와 같은 말이다. 수신자들이 그리스도 밖에서 청지기 사역을 할 때와 그리스도 안에서 청지기 사역을 할 때의 차이를 말하고 있다.

"지금"(뉜)이라는 말이 중요하다. 청지기들은 지금 그리스도 안에서 빛으로 존재해야 한다. 어둠을 밝히는 빛으로 존재하지 않는다면 청지기로서 자격 미달이다. 예수님은 "소경이 소경을 인도하면 둘이 다 구덩이에 빠지리라"(마15:14)고 하였다. 어둠 속에 있는 청지기가 어둠 속에 있는 사람들을 인도할 수는 없는 법이다. 청지기들은 빛의 자녀들처럼 청지기의 길을 걸어가야 한다.

빛의 열매는 모든 선함과 의로움과 진실함이다(5:9)

ὁ γαρ καρπος του φωτος ἐν παση ἀγαθωσυνῃ
그 왜냐하면 열매는 그 빛의 안에 모든 선함
και δικαιοσυνῃ και ἀληθειᾳ
그리고 의로움 그리고 진실

(직역)왜냐하면 (그)빛의 (그)열매는(존재한다) 모든 선함과 의로움과 진실 안에

"왜냐하면 (그)빛의 (그)열매는(존재한다) 모든 선함과 의로움과 진실 안에"
(호 가르 카르포스 투 포토스 엔 파세 아가도쉬네 카이 디카이오쉬네 카이 알레데이아)

투 포토스(그 빛의)에 관사가 있는 것은 특별한 빛이신 예수 그리스도를 상징한다. 요한복음에서 세례요한은 "나는 그 빛이 아니요"(요1:8)라고 하였는데 여기서 "그 빛"(토 포스)은 세상의 빛이신 예수 그리스도를 말한 것이다.

"(그)빛의 (그)열매"(호 카르포스 투 포도스)는 빛이신 예수 그리스도로 인해 맺는 특별한 열매이다. 바울은 "그 열매"(호 카르포스) 자체가 모든 선함과 의로움과 진실이라고 하지 않고 "모든 선함과 의로움과 진실 안에(있다)"라고 말한다. 청지기들이 (그)빛이신 예수 그리스도 안에서 맺은 열매는 모든 선함과 의로움과 진실 안에 있다. "모든 선함과 의로움과 진실"(파테 아가도쉬네 카이 디카이오쉬네 카이 알레데이아)에 관사가 없는 것은 세상 사람들이 추구하는 선함과 의로움과 진실함이기 때문이다.

'선함'(아가도쉬네)은 남을 이롭게 하는 것을 말한다. 의로움(디카이오쉬네)은 불의에 맞서 정의롭게 사는 것이다. 진실(알레데이아)은 거짓 없이 사는 것이다. 세상 사람 중에도 이런 삶을 추구하는 사람들이 있다. 문제는 이것을 이루는 게 쉽지 않다는 것이다. 이런 삶은 빛이신 예수 그리스도 안에서 가능하다.

청지기들이 이런 삶을 살 때 세상 사람들의 인정을 받는다. 청지기들은 교회 안에서만이 아니라 교회 밖의 사람들이 볼 때도 빛이어야 한다.

주를 기쁘게 하는 게 무엇인지 시도해 보라(5:10)

δοκιμαζοντες	τι	ἐστιν	εὐαρεατον	τῳ	κυριῳ,
시도하면서	무엇으로	있는지	기쁘시게 하는 것이	그	주께

(직역)주님께 기쁘시게 하는 게 무엇인지 시도하면서

"주님께 기쁘시게 하는 게 무엇인지 시도하면서"
(호 도키마존테스 티 에스틴 유아레스톤 토 퀴리오)

한글개역에서 "시험하여"로 번역된 도키마존테스(기본형/도키마조)는 "시도하면서"로 번역하는 게 좋다. 인간이 하나님을 시험하는 것은 옳은 일이 아니다. 도키마조는 맞는지 확인하기 위해 시도해 보는 것을 뜻한다. 우리는 청지기로서 어떤 사역을 할 때 하나님이 기뻐하시는지 시도해 보아야 한다.

유아레스톤(기본형/유아레스토스)는 유(좋게)+아레스토스(동의하는)의 합성어로 "좋게 받아들이다(동의하다)"라는 뜻이다. 자기가 하는 일은 무조건 하나님이 기뻐 받으신다고 믿는 사람들이 있다. 하지만 이것은 자기 생각이지 주님의 생각은 아니다. 내가 그렇게 믿는 게 중요한 게 아니라 정말로 주님이 기뻐하시는가가 중요하다. 자녀가 어떤 일을 행하고 부모님이 기뻐하실 거라고 믿는 것과 부모님이 정말로 기뻐하는 일을 행하는 것은 다르다. 그렇다면 우리가 하는 사역을 주님이 기뻐하시는지 어떻게 알 수 있을까? 주님께 여쭈어보면 된다. 청지기가 자신이 한 사역에 대해 주님께 고하고 여쭈어보면 주님은 당신의 생각을 말씀하실 것이다. 하지만 주님의 음성을 듣지 못하는 사람들은 이런 시도를 할 수 없다. 그래서 결국 자기 생각을 따라 사역하게 된다.

열매 없는 어둠의 일에 참여하지 말고 책망하라(5:11)

καὶ μὴ συγκοινωνεῖτε τοῖς ἔργοις τοῖς ἀκάρποις
그리고 말라 (너희는)함께 참여하지 그 사역들에 그 열매 없는
τοῦ σκότους, μᾶλλον δὲ καὶ ἐλέγχετε.
그 어두움의 더욱더 그러므로 또한 (너희는)들추어내라
(직역)그리고 너희는 (그)열매없는 (그)어둠의 (그)사역들에 함께 참여하지 말라, 그러므로 또한 너희는 차라리 들추어내라.

"그리고 너희는 (그)열매없는 (그)어둠의 (그)사역들에 함께 참여하지 말라."
(카이 메 쉉코이노네이테 토이스 에르고이스 토이스 아카르포이스 투 스코투스)

거짓 선지자들을 따르는 청지기들은 결국 열매 없는 (그)어둠의 (그)사역에 참여하게 된다. 적그리스도나 거짓 선지자들이 하는 사역은 '(그)열매없는 (그)어둠의 (그)사역들'(토이스 에르고이스 토이스 아카르포이스 투 스토수트)이다. (그)빛이신 예수 그리스도로부터 온 사역인지 아니면 (그)어둠인 마귀로부터 온 사역인지는 (그)열매를 보면 알 수 있다. 그들의 열매가 세상 사람들이 추구하는 선함(아가도쉬네)과 의로움(디카이오쉬네)과 진실(알레데이아)에 속해 있는가, 그렇지 않은가를 보면 알 수 있다. 또한 그들이 도덕적 삶이 세상 사람들의 칭찬을 받는가, 아니면 비난을 받는가를 보면 알 수 있다. 하나님 나라의 청지기들은 (그)어둠의 사역자들의 일에 참여하면 안 된다. 그들이 하는 사역은 예수 그리스도의 사역이 아니라 마귀의 사역이기 때문이다.

"그러므로 너희는 차라리 들춰내야 한다."
(말론 데 카이 엘렝케테)

하나님 나라의 청지기들은 어둠에 속한 자들의 사역에 참여

하기보다는 도리어 그들의 숨겨진 악을 들춰내야 한다. 엘렝케테(기본형/엘렝코)는 무언가 숨겨진 것을 들춰낸다는 뜻이다. 어둠에 속한 자들은 자신들의 사역이 의로운 것처럼 사람들을 속인다. 성경은 이에 대해 말한다.

"저런 사람들은 거짓 사도요 궤휼의 역군이니 자기를 그리스도의 사도로 가장하는 자들이니라. 이것이 이상한 일이 아니라 사단도 자기를 광명의 천사로 가장하나니 그러므로 사단의 일꾼들도 자기를 의의 일꾼으로 가장하는 것이 또한 큰 일이 아니니라. 저희의 결국은 그 행위대로 되리라"(고후11:13-15).

하나님 나라의 청지기들은 어둠에 속한 사역자들이 의를 가장해서 하는 일에 참여할 것이 아니라 도리어 그들이 숨기고 있는 더러운 일들을 들춰내야 한다.

어둠의 사역자들이 은밀히 행하는 추한 것들(5:12)

τα	γαρ	κρυφη	γινομενα	ὑπ'	αὐτων	αἰσχρον
그것들은	왜냐하면	은밀히	되어지는	의하여	그들에	추한(것)
ἐστιν	και	λεγειν.				
이다	또한	말하기도				

(직역)왜냐하면 그들에 의해 되어지는 것들은 또한 말하기도 추한 것으로 있다.

"왜냐하면 그들에 의해 되어지는 것들은 또한 말하기도 추한 것이다. "
(타 가르 크뤼페 기노메나 휘프 아우톤 아이스크론 에스틴 카이 레게인)

크뤼페(기본형/크립토)는 무언가를 숨기는 것을 말한다. 거짓 선지자나 거짓 사역자들이 몰래 숨기고 있는 것은 음행과 같은 더러운 짓과 돈에 대한 지나친 욕심이다. 그들이 몰래 행하는 일들은 말하기도 추한(아이스콘) 것이다. 종종 이런 일로 매스컴을 타는 목회자들을 볼 수 있다.

(그)빛으로 모든 것들이 드러나게 해야 한다(5:13)

τα δε παντα ἐλεγχομενα ὑπο του φωτος
그 그런데 모든 것이 들추어내지는 의하여 그 빛에
φανερουται,
드러나게 된다
(직역)그런데 (그)빛에 의해 들추어내지는 (그)모든 것은 드러나게 된다

"그런데 (그)빛에 의해 들추어내지는 (그)모든 것은 드러나게 된다."
(타 데 판타 엘렝코메나 휘포 투 포토스 파네루타이,)

청지기들은 어둠 속에 있는 더러운 짓을 하는 거짓 선지자들의 일에 참여할 게 아니라 도리어 그들이 하는 더러운 일들을 들추어내야 한다. 어둠 속에 있는 것들은 그리스도의 (그)빛을 비출 때 드러난다. 그리스도의 빛을 비추어 보지 않으면 어둠 속에 있는 게 더러운 것인지 알 수 없다. 청지기들은 그리스도 안에서 그리스도의 빛을 비추는 사역을 해야 한다. 예수 그리스도의 빛을 비추는 사역으로 인해 거짓 선지자들의 더러운 일들이 드러나게 된다.

(그)빛에 의해 드러내진 것은 빛으로 존재한다(5:14a)

παν γαρ το φανερουμενον φως ἐστιν.
모든 왜냐하면 그(것은) 나타내게 되는 빛으로 존재한다
(직역)왜냐하면 모든 나타나게 되는 것은 빛으로 존재한다

"왜냐하면 모든 나타나게 되는 것은 빛으로 존재한다"
(판 가르 토 파네루메논 포스 에스틴.)

청지기들은 예수 그리스도의 빛으로 (그)어둠을 비추어야 한다. 그것이 청지기가 해야 할 사명이다. 하지만 하나님 나라의 청지기 중에는 (그)어둠에 참여하는 자들이 있다. 부끄러운 일이다. 청지기들은 (그)어둠의 일에 참여하지 말고 도리어 (그)

예수 그리스도의 빛을 비추어서 어둠을 밝혀내야 한다. 그러려면 청지기가 먼저 예수 그리스도의 빛으로 자신을 비춰야 한다. 등불을 켜서 먼저 자기를 비춰야 어둠 속에 있는 사람들에게 그리스도의 빛을 비출 수 있다. 예수님은 이에 대해 이렇게 말씀하였다.

"네 몸의 등불은 눈이라 네 눈이 성하면 온 몸이 밝을 것이요 만일 나쁘면 네 몸도 어두우리라. 그러므로 네 속에 있는 빛이 어둡지 아니한가 보라. 네 온 몸이 밝아 조금도 어두운데가 없으면 등불의 광선이 너를 비출 때와 같이 온전히 밝으리라 하시니라"(눅11:34-36).

잠자고 있는 청지기들은 위를 향해 일어나야 한다(5:14b)

διο	λεγει,	Εγειρε,	ὁ	καθευδων,	και	ἀναστα
그러므로	그가 말한다	(너는)일어나라	그(자여)	잠자고 있는	그리고	위를 향해 서라

ἐκ	των	νεκρων	και	ἐπιφαυσει	σοι	ὁ	Χριστος.
부터	그	죽은 자들로	그러면	(그가)빛을 비출거다	네게	그	그리스도가

(직역)그러므로 그가 말한다, 일어나라, 잠자고 있는 자여, 그리고 (그)죽은 자들로부터 위를 향해 서라 그러면 그가 네게 비출거다 (그)그리스도가.

"그러므로 그가 말한다. 일어나라, 잠자고 있는 자여,
그리고 (그)죽은 자들로부터 위를 향해 서라"
(디오 레게이, 에게이레, 호 카듀돈 카이 아나스타 에크 톤 네크론)

이 말씀은 구약성경을 인용한 것이다. 이사야 26장 19절과 이사야 9장 2절을 결합한 것처럼 보인다. (그)어둠의 일에 참여하는 청지기들은 일어나야 한다. "일어나라"(에게이레/기본형: 에게이로)는 잠에서 일어나는 것을 뜻한다.

호 카듀돈(잠자고 있는 자)는 헛된 말에 속아 어둠의 일에 참여하고 있는 청지기들이다. 톤 네크론(그 죽은 자들)은 거짓 선지자들을 말한다. 그들은 영적으로 죽은 자들이다.

아나스타(기본형/아나스테미)는 아나(위를 향해)+히스테미(서다)의 합성어로 "위를 향해 서다"라는 뜻이다. 영적으로 죽은 자들로부터 일어서서 하나님을 향해 선 자가 되어야 한다.

신약성경에는 본문에서처럼 "일어나다"(에게이레)와 "위를 향해 서다"(아나스테미)가 동시에 쓰인 또 다른 구절이 있다.

"만일 죽은 자들의 부활이(아나스타시스) 없으면 그리스도도 다시 살아나지(에게게르타이) 못하였으리라"(고전15:13).

예수 그리스도가 잠에서 깨어난 이유는 죽은 자들로부터 일어나 위를 향해 서기 위함이다. 교회 안에 잠자고 있는 청지기들을 깨우는 일이 시급하다. 그래서 그들로 하늘을 향해 서게 해야 한다.

"그러면 그가 네게 (위를)비출거다 (그)그리스도가"
(카이 에피파우세이 소이 호 크리스토스)

청지기가 해야 할 일은 세상의 빛이 되어 어둠을 비추는 일이다. 어둠을 밝게 비추려면 먼저 자신이 어둠에서 일어나야 한다. 이사야 선지자는 이에 대해 말했다.

"일어나라 빛을 발하라 이는 네 빛이 이르렀고 여호와의 영광이 네 위에 임하였음이니라"(사60:1).

에피파우세이(기본형/에피파우오)가 에피(위에)+파이노(빛을 비추다)의 합성어이다. 잠자고 있는 청지기들은 어둠에서 나와 위를 향해 서야 한다. 그러면 예수 그리스도께서 생명의 빛을 비추실 것이다. 그리고 그 생명의 빛으로 살아나서 그 생명의 빛을 세상에 비추는 빛의 사자가 될 것이다.

5:15-17

카이로스의 시간을 사는 청지기

지혜있는 자같이 걸어가라(5:15)

βλεπετε οὐν ἀκριβως πως περιπατειτε μη ὡς
(너희는)바라보라 그러므로 주의해서 어떻게 (너희가)걸어가야하는지 말고 같이
ἀσοφοι ἀλλ' ὡς σοφοι,
지혜롭지 못한 사람들 그러나 같이 지혜로운 사람들

(직역)너희는 조심스롭게 살펴보라 어떻게 걸어가야 하는지를/지혜롭지 못한 사람들같이 말고, 지혜로운 사람들 같이,/

"그러므로 너희는 주의해서 바라보라 너희가 어떻게 걸어가야 하는지"
(블레페테 운 아크리보스 포스 페리타테이테)

청지기의 길을 가는 것보다 중요한 것은 그 길을 어떻게 가느냐 하는 것이다. 교회의 목사나 장로, 권사가 청지기라면 교회의 청지기가 되는 것은 그리 어렵지 않다. 신학교에서 가서 몇 년의 과정을 마치면 목회자가 되고, 십 년 이상 예수를 믿고 나이가 50세쯤 되면 장로나 권사가 될 수 있다. 하지만 제대로 된 청지기가 되는 것은 쉬운 일이 아니다. 바울은 청지기의 길을 가고 있는 사람들에게 너희가 어떤 길을 가고 있는지 주의해서 살펴보라고 말한다.

부사인 아크리보스는 어떤 것을 정확하고 완전하게 하는 것을 뜻하며 우리말로는 "주의해서" "꼼꼼히"로 번역된다. 청지기들은 자신이 정말로 제대로 된 청지기의 길을 가고 있는지 주의해서 꼼꼼히 따져보아야 한다.

"지혜롭지 못한 사람들같이 말고 그러나 지혜로운 사람들같이"
(메 호스 아소포이 알라 호스 소포이)

청지기들이 잘못된 길을 가는 것은 지혜롭지 못하기 때문이다. 여호와를 경외하는 것이 지혜의 근본이요 거룩하신 자를 아는 것이 명철이다(잠9:10). 그리스도 안에 있는 청지기들은 주님이 주시는 말씀으로 지혜로운 길을 가야 한다.

시간을 아끼라 때가 악하니라(5:16)

ἐξαγοραζομενοι τον καιρον, ὅτι αἱ ἡμεραι
사서 내것으로 만들어라 그 시간을 왜냐하면 그 날들이

πονηραι εἰσιν.
악 하다

(직역)(그)시간을 사서 내 것으로 만들면서, 왜냐하면 그 날들이 해롭기 때문이다.

"(그)시간을 사서 내 것으로 만들면서,"
(엑사고라조메노이 톤 카이론,)

지혜로운 청지기는 시간을 아낀다. 여기서 시간은 물리적 시간인 크로노스가 아니라 하나님의 시간인 카이로스이다. 시간을 아낀다는 말의 원어적 의미는 하나님의 시간을 사서 내 것으로 만든다는 것이다.

엑사고라조메노이(기본형/엑사고라조)는 신약성경에서 중요하게 사용되는 단어로 예수 그리스도의 십자가 속량을 나타낼 때 쓰인다. 엑스(~부터)+아고라조(사다)의 합성어로 돈을 주고 노예를 사서 자유롭게 한다는 뜻이다. 본문에서는 중간태로 쓰였는데 돈을 주고 사서 내 것으로 만든다는 뜻이다. 신약성경에서 이 단어가 중간태로 쓰인 것은 본문과 골로새서4:5이다. 둘 다 "(그)시간을 아끼라"는 의미로 쓰였다.

톤 카이론(기본형/카이로스)은 하나님의 시간을 말한다. 하나님 나라의 청지기는 카이로스(하나님의 시간)을 살아야 한다. 하나님의 시간을 사는 것은 그리스도 안에서 하나님의 뜻대로 살 때 가능하다. 청지기들은 카이로스의 시간을 돈을 주고 사서라도 내 것으로 만들어야 한다.

왜냐하면 그 날들이 해롭기 때문이다"
(호티 하이 헤메라이 포네라이 에이신)

청지기들이 하나님의 시간을 자기 것으로 만들기 위해 힘써야 하는 이유는 "그 날들이 해롭기 때문이다"(하이 헤메라이 포네라이 에이신). 헤메라는 사람이 사는 하루의 날(day)을 뜻한다. 관사가 있는 "그 날들"(하이 헤메라이)은 공중권세 잡은 마귀가 지배한 세상의 날들이다. 한글성경에서 "악하다"로 번역된 포네라이(기본형/포네로스)는 "몸을 힘들게 하거나 해를 끼치는 것"을 뜻한다. 사람들이 하루하루의 삶을 힘들게 사는 것은 아담이 선악과를 먹고 에덴동산에서 쫓겨난 결과이다(창3:17-19).

주의 뜻을 이해하는 청지기가 되라(5:17)

δια	τουτο	μη	γινεσθε	ἀπρονες,	ἀλλα	συνιετε
인하여	이것으로	말라	너희는 되지	어리석은 자들이	그러나	이해하라

τι	το	θελημα	του	κυριου.
무엇인지	그	뜻이	그	주님의

(직역)이것으로 인하여 너희는 어리석은 자들이 되지 말라, 그러나 주님의 (그)뜻이 무엇인지 이해하라.

"(이것으로 인하여 너희는 어리석은 자들이 되지말라,"
(디아 투토 메 기네스데 아프로네스)

세상 사람들이 크로노스의 시간을 살면서 헛된 시간을 보내듯이 하나님의 청지기들도 크로노스의 시간만을 산다면 어리석은 삶을 살게 될 것이다. 청지기들은 어리석은 일을 하면서 시간을 헛되이 보내면 안 된다.

"그러나 주님의 그 뜻이 무엇인지 이해하라"
(알라 쉬니에테 티 토 데레마 투 퀴리우)

그리스도 안에서 카이로스의 시간을 사는 청지기들은 주님의 뜻이 무엇인지를 알기 때문에 지혜로운 사역을 할 수 있다. 하나님 나라의 청지기에게 있어서 가장 중요한 것은 지혜로운 사역을 하는 것이다. 반면에 크로노스의 시간 안에서만 사는 청지기들은 주님의 뜻을 알지 못하기에 시간만 헛되이 보낼 뿐 자신에게 맡겨진 하나님의 사역을 이루지 못하게 된다.

5:18-20

성령충만한 청지기

술 취하지 말고 성령의 충만함을 받아라(5:18)

και μη μεθυσκεσθε οἰνω, ἐν ᾡ ἐστιν ἀσωτια,
그리고 말라 너희는 취하지 포도주에 안에 그것 있다 구원받지 못하는 것이
ἀλλα πληρουσθε ἐν πνευματι,
그러나 (너희는)충만하게 되라 안에서 성령

(직역)그리고 너희는 포도주에 취하지 말라, 그것 안에는 구원받지 못하는 것이 있다, 그러나 성령 안에서 충만하게 되라

"그리고 너희는 포도주에 취하지 말라, 그것 안에는 구원받지 못하는 것이 있다"
(카이 메 메뒤스케스데 오이노, 엔 호 에스틴 아소티아)

한글개역은 "술 취하지 말라 이는 방탕한 것이니"로 번역하였다. "방탕하다"로 번역된 아소티아는 아(부정접두사)+소조(구원하다)의 합성어로 "구원받지 못하는 것"을 뜻한다. 사람들이 술을 즐겨 마시는 이유는 힘든 상태에서 벗어나기 위함이다. 하지만 그것으로는 구원받지 못한다.

"그러나 너희는 충만하게 되라 성령 안에서"
(알라 플레루스데 엔 프뉴마티)

세상 사람들은 어렵고 힘든 일이 있으면 술을 먹고 잊으려 한다. 하지만 술로 세상 문제가 해결되는 것은 아니다. 하나님 나라의 청지기들은 사역 중에 생기는 어렵고 힘든 일들을 술이 아니라 성령 충만함으로 해결해야 한다. 바울이 술 취함과 성령 충만을 대조하는 이유는 이 때문이다.

성령충만하면 신령한 노래가 나온다(5:19)

λαλουντες ἑαυτοις [ἐν] ψαλμοις και ὑμνοις και
(너희는)말하면서 (너희)자신들에게 안에서 시들 그리고 찬송들 그리고
ᾠδαις πνευματικαις, ᾁδοντες και ψαλλοντες
노래들 영적인 (너희는)노래하면서 그리고 찬양하면서
τῃ καρδια ὑμων τῳ κυριῳ,
그 마음으로 너희의 그 주님께

(직역)너희는 자신들에게 말하면서, 시들과 찬송들과 영적인 노래들(안에서), 노래하면서 그리고 찬양하면서 너희의 (그)마음으로 주님께,

사람들은 마음이 기쁘면 노래가 나온다. 술 취한 사람들이 노래를 부르는 것도 같은 이유이다. 술로 인해 고통이 사라지고 흥이 나서 노래가 나온다. 성령 충만한 사람도 입에서 찬양이 흘러나온다. 그들이 부르는 노래는 신령한 노래들이다.

> "너희는 자신들에게 말하면서, 시들과 찬송들과 영적인 노래들(안에서)"
> (랄룬테스 헤아우토이스 엔 프살모이스 카이스 휨노이스 카이 오다이스 프뉴마티카이스)

"(너희)자신들에게 말하면서"(랄룬테스 헤아우토이스)는 자신에게 중얼중얼 말하는 것이다. 성령 충만한 사람은 혼자서 중얼중얼하면서 하나님을 찬양한다. 시편의 구절들이나 찬송가나 영적인 노래들을 중얼중얼하면서 찬양한다.

> "(너희는)노래하면서 그리고 찬양하면서 너희의 (그)마음으로 주님께" (아돈테스 카이 프살론테스 테 카르디아 휘몬 토 퀴리오)

성령 충만한 사람들은 하나님을 찬양할 때 마음으로 찬양을 한다. '(그)마음'(테 카르디아)은 하나님과 관계를 맺는 마음이다. (그)마음으로 하나님을 노래하고 찬양하면 하나님과 친밀한 관계가 맺어진다. 하나님의 청지기들이 성령충만을 유지하는 비결은 하나님을 중얼중얼 찬양하는 것과 마음으로 하나님을 찬양하는 것이다.

성령충만한 사람은 범사에 하나님께 감사한다(5:20)

εὐχαριστουντες παντοτε ὑπερ παντων ἐν
(너희는)감사하며 항상 위하여 모든 일을 안에서

ὀνοματι του κυριου ἡμων Ἰησου Χριστου
이름 그 주의 우리 예수 그리스도의

τω θεω και πατρι.
그 하나님 그리고 아버지께

(직역)(너희는)항상 모든 일을 위하여 감사하며/우리 주 예수 그리스도의 이름 안에서(하는)/그 하나님 아버지께

"(너희는)항상 우리 주 예수 그리스도의 이름 안에서(하는) 모든 일을 위하여 감사하며/(그)하나님 그리고 아버지께"
(유카리스툰테스 판토테 휘페르 판톤 엔 오노마티 투 퀴리우 헤몬 예수 크리스투 토 데오 카이 파트리.)

성령충만한 사람에게 나타나는 또 하나의 특징은 범사에 하나님께 감사하는 것이다. 본문에서 주목할 것은 "우리 주 예수 그리스도의 이름 안에서"(엔 오노마티 투 퀴리우 헤몬 예수 크리스투)이다. 모든 일에 항상 하나님 아버지께 감사하되 우리 주 예수 그리스도의 이름 안에서 해야 한다. 우리 주 예수 그리스도의 이름 안에서 감사한다는 게 무슨 말인가? 하나님께 감사할 때마다 "주 예수 그리스도의 이름 안에서"라는 말을 넣으라는 말인가? 이 문제의 해결을 위해 "주 예수 그리스도의 이름 안에서"(엔 오노마티 투 퀴리우 헤몬 예수 크리스투)라는 말이 쓰인 다른 성경 구절이 도움이 된다.

"형제들아 우리 주 예수 그리스도의 이름 안에서 너희를 명하노니 게으르게 행하고 우리에게 받은 전통대로 행하지 아니하는 모든 형제에게서 떠나라"(살후3:6).

신약성경에는 "주 예수 그리스도의 (그)이름"이라는 이름 앞에 관사가 있는 표현은 여러 번 나온다(고전6:1, 1:10, 행15:25, 살후1:12). 그러나 이름 앞에 관사가 없는 표현은 본문

인 엡5:20과 살후3:6에 두 번만 나온다.

이름 앞에 관사가 있는 "주 예수 그리스도의 (그)이름"은 주 예수 그리스도라는 그 이름을 뜻하지만, 관사가 없는 "주 예수 그리스도의 이름"은 주 예수 그리스도가 가진 여러 이름 중에서 한 이름을 뜻한다.

그렇다면 주와 예수와 그리스도를 제외한 예수님이 가진 이름은 무엇이 있을까? 임마누엘, 인자, 말씀이 있다. 이 이름 중에서 "주 예수 그리스도의 이름 안에서 청지기가 하나님 아버지께 감사하는 것"과 관련된 이름은 말씀(호 로고스)이다. 성령충만한 청지기는 그리스도의 말씀(호 로고스)으로 사역할 때 감사한 일이 많이 생긴다. 청지기는 말씀(호 로고스)의 사역자가 되어야 한다. 그러면 행하는 사역마다 좋은 열매를 맺어 하나님께 감사하게 될 것이다.

8
가정과 사회에서 청지기의 모습

5:21-24

청지기직을 맡은 여자가 자기 남편을 대할 때

그리스도를 경외함으로 서로에게 복종하라(5:21)

ὑποτασσομενοι ἀλληλοις ἐν φοβῳ Χριστου,
너희는 복종되어져라 서로에게 안에 두려워함 그리스도의
(직역)(너희는)서로에게 복종되어져라 그리스도를 두려워함 안에서

"(너희는)서로에게 복종되어져라"
(휘포타소메노이 알레로이스 엔 포보 크리스투)

이제부터 바울은 청지기의 복종에 관해 이야기한다. 하나님에 대한 복종이 아니라 사람에 대한 복종이다. 하나님의 종인 청지기가 하나님께 복종하는 것은 당연하다. 하지만 교회의 지도자인 청지기가 교회에 속한 누군가에게 복종하기란 쉽지 않다.

한글개역에서 "복종하다"로 번역된 휘포타쏘메노이(기본형/휘포타쏘)는 휘포(~아래)+타쏘(질서 안에 있다)의 합성어로 "질서 아래에 있는 것"을 의미한다. 수동태로 질서적으로 누군가의 아래에 있다는 말이다. 청지기들은 서로의 관계에서 하나님에 의해 설정된 질서 아래 있어야 한다. 예를 들면 담임목사와 부목사는 모두 하나님 나라의 청지기이지만 부목사는 담임목사의 질서 아래에 있다.

"그리스도를 두려워함 안에서"
(엔 포보 크리스투)

포보(기본형/포보스)는 하나님을 경외함으로 두려워하는 것을 뜻한다. 하나님 나라의 청지기들이 서로 간에 질서 아래에 있어야 하는 이유는 사람이 두렵기 때문이 아니라 그리스도가

두렵기 때문이다. 교회 안에 이 질서를 만드신 분은 예수 그리스도시다.

청지기 된 여자는 자기 남편에게 복종해야 한다(5:22)

Αἱ	γυναικες	τοις	ἰδιοις	ἀνδρασιν	ὡς	τω	κυριω,
그	여인들이여	그	자기 자신의	남편들에게	처럼	그	주님에게

(직역)그 아내들이여 그 자기 자신의 남편들에게(복종해라) (그)주님에게처럼

"(그)아내들이요 (그)자신의 남편들에게(복종하라)"
(하이 귀나이케스 토이스 이이도이스 안드라신)

복수명사인 귀나이케스(기본형/귀네)는 결혼한 여자인 아내를 뜻한다. 관사가 붙은 것은 특별한 여자들로 청지기가 된 여자들을 말한다. 교회에서 청지기가 된 여자들은 교회의 지도자이지만 가정에서는 한 남편의 아내이기에 자기 남편에게 복종해야 한다. 여자가 남편에게 복종하는 것은 하나님이 만드신 질서이다.

"(그)주님에게처럼"
(호스 토 퀴리오,)

청지기 된 여자가 자기 남편에게 복종할 때는 주님께 복종하듯이 해야 한다. 예나 지금이나 여자가 자기 남편에게 복종하는 것은 쉬운 일이 아니다. 기독교인들도 마찬가지이다. 특히 교회에서 청지기직을 맡은 여자가 가정에서 자기 남편에게 복종하는 것은 더 그럴 것이다. 교회에서는 자신의 신분이 남편보다 높기 때문이다. 하지만 성경은 청지기 된 여자들이 자기 남편에게 복종하되 주님께 복종하듯 하라고 말한다.

남편이 아내의 머리임을 명심해야 한다(5:23)

ὅτι ἀνηρ ἐστιν κεφαλη της γυναικος ὡς και
왜냐하면 남자는 있다 머리로 그 여자의 처럼 그리고
ὁ Χριστος κεφαλη της ἐκκλησιας, αὐτος
그 그리스도가 머리이신 것 그 교회의 그는
σωτηρ του σωματος·
구주이시다 그 몸의

(직역)왜냐하면 남편은 있다 (그)아내의 머리로/(그)그리스도가 (그)교회의 머리이신 것처럼,/그는 구주이시다 (그)몸의

청지기 된 여자가 자기 남편에게 복종해야 하는 이유는 남자가 여자의 머리이기 때문이다.

"남자는 있다 (그)여자의 머리로"
(아네르 에스틴 케팔레 테스 귀나이코스)

아네르는 결혼한 남자이다. 관사가 없으므로 일반적인 남자이다. 반면에 "그 아내"(테스 기나이코스)는 한 남자의 아내인 여자를 말한다. 남자가 모든 여자의 머리가 아니라 자기 아내인 여자의 머리이다.

태초에 하나님이 여자를 만들 때는 남편을 도와 사역하는 "돕는 배필"로 만들었다(창2:20). 하지만 하와는 뱀의 말에 속아 선악과를 먹고는 자기 남편도 먹게 하였다. 그 결과 여자는 자기 남편의 다스림을 받아야 하는 존재가 되었다(창3:16). 이것은 하나님이 세운 질서이다. 따라서 청지기 된 여자는 교회에서는 다른 사람들을 다스리는 위치에 있더라도 가정에서는 남편의 다스림을 받아야 한다.

"(그)그리스도가 (그)교회의 머리이신 것처럼,
그는 구주이시다 (그)몸의"
(호스 카이 호 크리스토스 케팔레 테스 에클레시아스, 아우토스
소테르 투 소마토스;)

가정에서 남자와 여자의 질서적 관계는 그리스도가 그분의 몸인 (그)교회의 머리이신 것과 같은 원리이다. 하나님은 그리

스도를 교회의 머리로 삼으신 것처럼 남자를 그의 아내의 머리로 삼으셨다. 왜 바울은 남편과 아내의 관계를 교회와 그리스도의 관계로 비유하는가? 그것은 교회가 머리이신 예수 그리스도에게 복종하는 것이 하나님의 질서이듯이, 여자가 머리인 남편에게 복종하는 것 역시 하나님의 질서이기 때문이다. 만일 청지기인 여자가 자기 남편에게 복종하지 않는다면 하나님이 만드신 두 가지 질서를 모두 깨뜨리는 것이 된다.

교회가 그리스도에게 복종하듯이 남편에게 복종해야 한다(5:24)

ἀλλα	ὡς	ἡ	ἐκκλησια	ὑποτασσεται	τω	Χριστω,
그러나	처럼	그	교회가	복종하는 것	그	그리스도께

οὑτως	και	αἱ	γυναικες	τοις	ἀνδρασιν	ἐν	παντι.
그와 같이	또한	그	아내들이	그	남편들에게	안에	모든 것

(직역)그러나 (그)교회가 (그)그리스도께 복종하는 것처럼 또한 그와같이 (그)아내들은 (그)남편들에게 모든 것 안에서(복종하라).

"그러나 (그)교회가 (그)그리스도께 복종하는 것처럼 또한 그와 같이 (그)아내들은 (그)남편들에게 모든 것 안에서(복종하라)"
(알라 호스 헤 에클레시아 휘포타쎄타이 토 크리스토, 후토스 카이 하이 귀나이케스 토이스 안드라신 엔 판티.)

앞 구절에 대한 보충 설명이다. 교회가 그리스도께 복종해야 하는 이유는 하나님께서 그리스도를 교회의 머리로 그리고 교회를 그리스도의 몸으로 만드셨기 때문이다. 몸인 교회가 머리이신 그리스도의 명령을 따르는 게 당연하듯이, 청지기 된 아내들도 자기 남편에게 복종해야 한다. 교회라는 공동체의 머리가 예수 그리스도시라면, 가정이라는 공동체의 머리는 남자(남편)이다. 이것은 하나님이 공동체의 평화를 위해 만든 질서이다. 아내가 가정에서 머리 역할을 하는 것은 하나님이 만드신 질서를 깨뜨리는 죄를 짓는 것이다. 교회에서 몸의 지체인 누군가가 교회의 머리 역할을 한다면 그것도 하나님이 만드신 질서를 깨뜨리는 죄를 짓는 것이다. 교회의 머리는 예수 그리스도이시다. 여자 청지기는 교회에서는 예수 그리스도의 질서 아래에 있어야 하고, 가정에서는 남편의 질서 아래에 있어야 한다.

5:25-33

청지기직을 맡은 남자가 자기 아내를 대할 때

그리스도가 교회를 사랑하듯이 아내를 사랑해야 한다(5:25)

Οἱ ἀνδρες, ἀγαπατε τας γυναικας, καθως και
그 남자들아 (너희는)사랑하라 그 아내들을 같이 또한

ὁ Χριστος ἠγαπησεν την ἐκκλησιαν και ἑαυτον
그 그리스도가 사랑하신 것 그 교회를 그리고 그 자신을

παρεδωκεν ὑπερ αὐτης,
내어주신 것 위하여 그것을

(직역)(그)남자들아, 너희는 (그)아내들을 사랑하라, 또한 (그)그리스도가 (그)교회를 사랑하신 것같이 그리고 그것을 위하여 그 자신을 내어주신 것(같이)

"(그)남편들아, 너희는 (그)아내들을 사랑하라"
(호스 카이 호 크리스토스 케팔레 테스 에클레시아스, 아우토스 소테르 투 소마토스;)

관사가 있는 호이 안드레스(그 남자들아)는 청지기 된 남자들을 가리킨다. 청지기 된 남자들은 자신의 아내들(타스 귀나이카스)을 사랑해야 한다. 아가파테(기본형/아가파오)는 가치를 사랑하는 것으로 남녀 간에 사랑인 에로스와는 다르다. 창세기를 보면 여자는 남자의 '돕는 배필'(에젤 케네그도)로 지어졌다. 에젤 케네그도는 앞에서 돕는 자라는 뜻이다. 원래 여자는 남편이 하나님께 잘 나아가도록 이끌어주는 일을 하도록 창조되었다. 하지만 선악과를 먹은 후 그 기능을 상실하고 남편을 지배하려는 경향이 나타났다. 그럴지라도 여자에게는 창조 때에 하나님이 주신 돕는 배필(에젤 케네그도)의 속성이 남아있다. 일반적으로 여자들이 남자들보다 신앙이 좋은 것은 이 때문이다. 따라서 청지기의 아내는 자기 남편이 하나님 나라의 사역을

잘 할 수 있도록 돕는 역할을 하되 남편을 지배하려고 해서는 안 된다. 또한 청지기 된 남자들은 자신의 돕는 배필인 아내를 아가페로 사랑해야 한다.

"또한 (그)그리스도가 (그)교회를 사랑하신 것같이"
(카도스 카이 호 크리스토스 에가페센 텐 에클레시안)

바울은 청지기인 남자가 자기 아내를 사랑해야 하는 것을 그리스도가 교회를 사랑하는 것에 비유한다. 그리스도가 몸인 교회를 아끼고 사랑하는 것은 교회가 가진 가치 때문이다. 마찬가지로 청지기인 남자도 자기 아내가 가진 돕는 배필의 가치 때문에 아내를 아끼고 사랑해야 한다.

"그리고 그것을 위하여 그 자신을 내어주신 것같이"
(카이 헤아우톤 파레도켄 휘페르 아우테스)

구원받은 그리스도인이 죽은 후에 천국에 가는 것은 맞지만 그것만이 예수님이 십자가에서 우리를 속량한 이유는 아니다. 예수님이 우리를 구원하신 이유는 주님의 몸인 교회의 지체로 삼아 이 땅에 하나님 나라를 이루는 일에 쓰시기 위함이다. 교회가 거룩해야 하는 것은 이 때문이다. 거룩하지 않은 교회는 하나님 나라의 사역을 이룰 수 없다.

말씀 안에서 씻어 거룩하게 해야 한다(5:26)

ἱνα αὐτην ἁγιασῃ καθαρισας τω λουτρω
하기위하여 그것을 (그가)거룩하게 깨끗하게하면서 그 씻음으로

του ὑδατος ἐν ῥηματι,
그 물의 안에서 말씀되어진 것

(직역)그가 그것을 거룩하게 하기위하여/(그)물의 (그)씻음으로 깨끗하게 하면서/말씀되어진 것 안에서

"그가 그것을 거룩하게 하기 위하여"
(히나 아우텐 하기아세)

히나는 목적이나 결과를 나타내는 종속접속사로 여기서는 결

과로 쓰였다. 십자가에 자신의 몸을 내어주신 그리스도의 사랑으로 인해 교회가 거룩해진다(하기아스데). 바울은 교회가 거룩해지는 과정을 설명한다.

"(그)물의 (그)씻음으로 깨끗하게 하면서"
(카다리사스 토 루트로 투 휘다토스)

"(그)물의 (그)씻음"(토 루트로 투 휘다토스)에서 물과 씻음 모두 관사가 있다. 특별한 물의 특별한 씻음이라는 것이다. 교회를 거룩하게 하는 특별한 물은 성령이다. 성령을 받기까지는 예루살렘을 떠나지 말라는 예수님의 말씀을 따라 마가의 다락방에 모여 기도하던 120명의 제자에게 성령이 부어지자 그들은 성령의 충만함을 받고 방언과 예언을 했다(행2:4). 성령으로 거룩해진 교회 공동체가 된 것이다.

"말씀되어진 것 안에서"
(엔 레마)

바울은 주님의 몸인 교회가 성령으로 거룩해지는 데 있어서 조건을 하나 붙인다. 그것은 레마(말씀되어진 것)이다. 신약성경에는 하나님의 말씀을 나타내는 두 개의 헬라어가 있는데 호 로고스와 레마이다. 호 로고스는 말씀이신 하나님(요1:1) 즉 영원히 살아계셔서 말씀하시는 하나님이신 예수 그리스도를 가리킨다. 반면에 레마는 하나님이 하신 말씀을 가리킨다. 하나님이 하신 말씀을 기록한 성경이 레마이다.

교회를 깨끗하게 하여 거룩하게 하는 성령의 역사는 레마 안에서 나타난다. 교회에서 레마인 성경 말씀이 제대로 전해질 때 성령의 역사가 나타나고 교회가 거룩해진다. 따라서 사도, 예언자, 복음전도자, 목사, 교사와 같은 사역자들은 성경 말씀에 따라서 사역하고, 성경 말씀을 제대로 전해야 한다. 성경적 사역에 교회의 운명이 달렸다고 해도 과언이 아니다.

영광스런 교회를 세우려면(5:27)

ἱνα παραστηση αὐτος ἑαυτω ἐνδοξον την
그 결과 옆에 세우실 거다 그가 그 자신에게 영광스러운 그

ἐκκλησιαν, μη ἐχουσαν σπιλον ἡ ρυτιδα ἡ
교회를 없는 가진 것이 얼룩 또는 주름 또는

τι των τοιουτων, ἀλλ' ἱνα ἡ ἁγια και ἀμωμος.
어떤 그런 무엇이라도 그러나 그 결과 그 거룩하고 그리고 흠이 없이

(직역)그 결과 그가 영광스러운 (그)교회를 그 자신에 옆에 세우기 위하여,/얼룩이나 주름 또는 어떤 그런 무엇이라도 가진 것이 없는, 그러나 그 결과 거룩하고 흠이 없는(상태로) 존재할거다.

"그 결과 그가 영광스러운 (그)교회를 그 자신의 옆에 세우실 거다"
(히나 파라스테세 아우토스 헤아우토 엔독손 텐 에클레시안)

교회가 말씀(레마) 안에서 성령으로 씻어 거룩하게 되면 영광스러운 교회가 되어 주님의 보좌 옆에 서게 될 것이다. 영광(독사)이란 말은 승리자에게 쓰는 말이다. 교회가 말씀 안에서 성령으로 거룩해졌을 때 하나님 나라의 싸움에서 승리할 수 있고 그 영광을 주님께 돌릴 수 있다.

"얼룩이나 주름 또는 어떤 그런 무엇이라도 가진 것이 없는"
(메 에쿠산 스필론 에 뤼티다 에 티 톤 토이우톤,)

교회가 하나님 나라의 싸움에서 승리하여 그 영광을 머리이신 예수 그리스도께 돌리려면 자신을 거룩하고 살아있는 제물로 드려야 한다(롬12:1). 조금의 흠이나 주름도 없이 완전히 정결하게 드려야 한다. 구약시대에 하나님께 희생제물을 드릴 때는 흠이나 티도 없는 깨끗한 짐승을 드렸다. 교회가 성령으로 거룩해져야 하는 이유는 우리 몸을 거룩한 산 제물로 드리기 위함이다(롬12:1).

"그러나 그 결과 거룩하고 흠이 없는 상태로 존재할거다"
(알 히나 에 하기아 카이 아도모스)

접속사 알라(그러나)를 사용한 것은 교회가 성령으로 거룩

해지는 게 쉽지 않다는 것이다. 교회가 성령으로 거룩해지려면 레마의 말씀을 온전히 전하는 청지기들이 있어야 한다. 기독교 역사를 보면 이런 말씀 사역자들이 많지는 않았다. 하지만 이런 말씀 사역자들이 나올 때는 교회에 부흥이 일어났다. 교회에서 청지기들의 사역이 중요한 것은 이 때문이다.

청지기의 아내 사랑은 곧 자기 사랑이다(5:28)

οὕτως ὀφειλουσιν [και] οἱ ἀνδρες ἀγαπαν τας
이와같이 (그들은)반드시해야 한다 그리고 그 남자들은 사랑하기를 그
ἑαυτων γυναικας ὡς τα ἑαυτων σωματι.
그들 자신의 아내들을 같이 그 그들 자신의 몸들을
ὁ ἀγαπων την ἑαυτου γυναικα ἑαυτον ἀγαπᾳ.
그 사랑하는 그 그 자신의 아내를 그 자신을 사랑한다

(직역)이와같이 (그)남자들은 그들 자신의 아내들을 사랑하는 것을 반드시 해야 한다/그들 자신의 몸을(사랑하는 것)같이./그 자신의 아내를 사랑하는 사람은 자신을 사랑하는거다.

"이와같이 (그)남자들은 그들 자신의 아내들을 사랑하는 것을 반드시 해야 한다"
(후토스 오페일루신 카이 호이 안드레스 아가판 타스 헤아우톤 귀나이카스)

바울은 교회의 머리이신 예수 그리스도가 몸인 교회를 사랑하는 이야기를 하다가 다시 청지기인 남편이 아내를 사랑하는 이야기를 한다. 기독교 복음에서 이 둘은 서로 긴밀하게 연결되어 있다. 호페일루신(반드시 해야 한다)는 누군가에 빚을 진 것을 뜻한다. 청지기인 남자들은 자기 아내 사랑하기를 빚진 자의 심정으로 해야 한다. 그 빚은 예수 그리스도에게 진 빚이다. 예수 그리스도께 받은 사랑의 빚을 아내 사랑으로 갚아야 한다.

"그들 자신의 몸을(사랑하는 것)같이,"
(호스 타 헤아우톤 소마티.)

하나님 나라의 청지기의 몸의 가치는 엄청나다. 보잘것없는 몸이지만 그 안에 보배와 같은 예수 그리스도가 존재하기 때문이다. "우리가 이 보배를 질그릇에 가졌으니 이는 심히 큰 능력은 하나님께 있고 우리에게 있지 아니함을 알게 하려 함이라"(고후4:7). 따라서 청지기는 자기 몸을 사랑하고, 아끼고 보살펴야 한다.

"자신의 아내를 사랑하는 (그)사람은 자신을 사랑하는 거다."
(호 아가폰 텐 헤아우톤 귀나이카 헤아우톤 아가파)

청지기는 자기 몸을 사랑하듯이 자기 아내를 사랑해야 한다. 청지기의 아내는 남편의 사역을 돕는 배필로서 엄청난 가치가 있다. 청지기인 남자가 자기 아내를 아가페로 사랑하는 것은 자신을 아가페로 사랑하는 것과 같다. 자기 아내를 아가페로 사랑해서 돕는 배필로서의 가치가 높아질수록 청지기로서 자신의 가치도 높아진다.

자기 육신과 같은 아내를 잘 양육하라(5:29-30)

οὐδεις γαρ ποτε την ἑαυτου σαρκα ἐμισησεν
아무도 않는다 왜냐하면 언제나 그 자신의 육신을 혐오하지

ἀλλα ἐκτρεφει και θαλπει αὐτην, καθως και
그러나 양육한다 그리고 소중히 여긴다 그것을 처럼 또한

ὁ Χριστος την ἐκκλησιαν, ὁτι μελη ἐσμεν
그 그리스도께서 그 교회를 왜냐하면 지체들로 (우리는)있다

του σωματος αὐτου.
그 몸의 그의

(직역)아무도 언제나 자신의 (그)육신을 혐오하지 않는다 그러나 그것을 양육하고 소중히 여긴다, 또한 (그)그리스도가 (그)교회에게(하는 것)처럼, 왜냐하면 우리는 그분의 (그)몸의 지체들이다.

"왜냐하면 아무도 언제나 자신의 (그)육신을 혐오하지 않는다 그러나 그것을 양육하고 소중히 여긴다,
(우데이스 가르 포테 텐 헤아우투 사르카 에미세센 알라 엑트레페이 카이 달페이 아우텐)

우데이스(아무도)는 청지기 중에 아무도 자신의 (그)육신을 혐오하지 않는다는 것이다. 여기서 중요한 것은 관사가 있는 '(그)육신'(텐 사르카)이다. 한글개역은 이것을 인간의 몸을 의미하는 '육체'로 번역했다. 하지만 인간의 몸을 의미하는 헬라어는 소마이다. 사륵스는 인간의 몸을 뜻하는 말이 아니다. 또한 사륵스를 인간의 죄성으로 보는 견해가 있지만, 그것도 아니다. 사륵스는 인간에게 있는 신을 찾는 종교성을 말한다. 우리가 하나님을 믿는 것은 사륵스가 있기 때문이다. 신약성경에는 사륵스가 관사가 있을 때와 없을 때가 있다. 관사가 없는 것은 창조 때에 하나님이 아담에게 주신 사륵스를 말하고, 관사가 있는 것은 아담이 선악과를 먹은 후에 연약해진 사륵스를 말한다. 타락 후 인간은 연약해진 사륵스로 인해 하나님을 찾는 게 어렵게 되었다.

본문의 텐 사르카는 관사가 있으므로 연약해진 사륵스를 말한다. 하나님 나라의 청지기들은 자신에게 있는 연약한 사륵스를 혐오하지 말고 도리어 그것을 소중히 여겨야 한다. 고린도후서에서 바울은 그 이유를 말한다.

바울은 자신에게 있는 '(그)육신의 가시'(스콜롭스 테 사르키)에 대해 언급한다. 육신의 가시는 바울의 질병을 말하는 게 아니다. 소유격의 동격의 용법으로 '그 육신이라는 가시'이다. 바울은 자기 안에 있는 연약해진 사륵스를 신앙 성장을 가로막는 가시로 보고 제거해달라는 간청을 하나님께 세 번이나 했다. 그러나 하나님은 "내 은혜가 네게 족하도다. 이는 내 능력이 약한 데서 온전하여진다"(고후12:9)고 하면서 바울의 간청을 받아들이지 않았다. 우리의 육신의 연약함이 도리어 예수 그리스도를 통해 하나님의 은혜를 받는 원동력이 되기 때문이다.

"또한 (그)그리스도가 (그)교회에게 하는 것처럼"
(카도스 카이 호 크리스토스 텐 에클레시안)

교회는 연약한 육신(사륵스)을 가진 사람들의 공동체이다. 그런 교회를 주님은 아가페로 사랑하시고 양육하며 소중히 여기신다. 그리고 성령으로 하나님의 사역을 감당할 수 있는 일꾼들로 만드신다.

"왜냐하면 우리는 그 몸의 지체들이기 때문이다"
(호티 멜레 에스멘 투 소마토스 아우투)

청지기는 그리스도의 몸인 교회의 지체이다. 청지기와 그의 아내가 그리스도 안에서 하나가 되어야 하는 이유는 서로의 신앙을 증진하여 하나님 앞에 나아가기 위함이다. 하나님이 하와를 아담의 돕는 배필로 만드셨듯이 청지기의 아내가 남편의 돕는 배필이 될 때 남편의 사역을 도울 수 있다.

남편과 아내는 한 육신이다(5:31).

ἀντι	τουτου	καταλειψει	ἀνθρωπος	[τον]	πατερα
대신해서	이것을	(그가)떠날 것이다	사람이	그	아버지를

και	[την]	μητερα	και	προσκολληθησεται	προς
그리고	그	어머니를	그리고	결합하게 될 것이다	향하여

την	γυναικα	αὐτου,	και	ἐσονται	οἱ	δυο	εἰς
그	아내를	그의	그리고	있을 것이다	그	둘이	속으로

σαρκα	μιαν.
육신	한

(직역)이것을 대신해서 사람은 떠날 것이다 (그)아버지와 (그)어머니를 그리고 결합하게 될 것이다 그의 (그)아내를 향하여, 그리고 그 둘이 존재할 거다 한 육신 속으로(들어가면서)

"이것을 대신해서 사람은 떠날 것이다 (그)아버지와 (그)어머니를 그리고 결합하게 될 것이다 그 아내를 향하여,"
(안티 투투 카탈레잎세이 안드로포스 톤 파테라 카이 텐 메테라 카이 프로콜레데세타이 프로스 텐 귀나이카 아우투,)

"이것을 대신해서"(안티 투투)에서 "이것"(투투)은 중성이므로 앞에 나오는 "그 몸"(투 소마토스)를 가리킨다. 그리스도의 몸인 교회를 대신해서 사람이 자기 아버지와 어머니를 떠나 아내와 결합하게 될 거라는 것이다(창2:24). 하나님 나라의 사역을 위해 청지기 된 남자와 그의 아내가 하나가 되는 것은 머리이신 그리스도와 몸인 교회가 하나가 되는 것의 예표이다.

"그리고 그 둘이 존재할 거다 한 육신 속으로(들어가면서)"
(카이 에손타이 호이 뒤오 에이스 사르카 미안)

창조 때에 하나님이 아담에게 하와를 붙여준 것은 하나의 육신(사륵스)이 되어 하나님께 나아가도록 하기 위함이다. 관사가 없는 육신(사르카)은 타락으로 인해 연약해지기 이전의 강한 육신을 말한다. 아담과 하와가 결합하여 강한 육신이 되면 하나님 나라의 사역을 잘 감당할 수 있게 되듯이, 머리이신 그리스도와 몸인 교회가 하나로 결합하면 강한 육신이 되어 이 땅에 하나님 나라를 이루는 일을 온전히 감당하게 될 것이다.

청지기와 그의 아내는 그리스도와 교회 속으로 들어가야 한다(5:32)

το	μυστηριον	τουτο	μεγα	ἐστιν·	ἐγω	δε	λεγω
그	신비가	이렇게	큰(상태로)	있다	나는	그런데	말한다

εἰς	Χριστον	και	εἰς	την	ἐκκλησιαν.
속으로	그리스도	그리고	속으로	그	교회

(직역)그 신비가 이렇게 크다; 그러므로 나는 말한다 그리스도 속으로(들어가라고) 그리고 교회 속으로(들어가라고)

"(그)신비가 이렇게 (엄청나게)크다"
(토 뮈스테리온 투토 메가 에스틴)

바울은 청지기인 남자와 그의 아내가 하나가 되는 것에 들어있는 신비가 엄청나게 크다(메가)고 말한다. 청지기와 그의 아내가 그리스도 안에서 하나가 되느냐, 되지 못하느냐가 교회가 온전히 세워지느냐, 세워지지 못하느냐에 영향을 미치기 때문이다.

"그러므로 나는 말한다 그리스도 속으로(들어가라고)
그리고 교회 속으로(들어가라고)"
(에고 데 레고 에이스 크리스톤 카이 에이스 텐 엑클레시안)

청지기와 그의 아내는 그리스도 안으로 들어가고, 교회 안으로 들어가야 한다. 그곳이 그들이 있을 장소이다. 청지기와 그의 아내가 그리스도 안에 들어갈 때 그들은 교회 안에서 교회를 세우는 일을 감당하게 된다.

청지기가 자기 아내를 사랑하는 게 먼저이다(5:33)

πλην	και	ὑμεις	οἱ	καθ’	ἑνα,	ἑκαστος	την	ἑαυτου
더욱이	그리고	너희는	그	따라	한분을	각 사람은	그	자신의

γυναικα	οὑτως	ἀγαπατω	ὡς	ἑαυτον,	ἡ	δε	γυνη
아내를	이와같이	(그는)사랑하라	처럼	그 자신	그	그러면	아내는

ἱνα	φοβηται	τον	ἀνδρα.
그 결과	경외할 거다	그	남편을

(직역)그리고 더욱이 한 분을 따르는 너희는, 각 사람은 자신의 아내를
이와같이 사랑하라 자신처럼, 그러면 (그)아내는 그 결과 (그)남편을 경외할거다.

"그리고 더욱이 한분을 따르는 너희는"
(플레 카이 휘메이스 호이 카드 헤나,)

남성명사 형용대명사인 헤나(한분)은 교회의 머리이신 예수 그리스도를 가리킨다. 그리고 "한분을 따르는 너희는" 예수 그리스도를 따르는 청지기들을 가리킨다. 청지기들 각 사람은 자신의 아내를 자기 자신을 사랑하는 것처럼 사랑해야 한다.

남편이 아내를 먼저 사랑해야 하느냐 아니면 아내가 남편에게 먼저 복종해야 하느냐가 논쟁이 된다. 쓸데없는 논쟁처럼 보이지만 이에 대해 바울은 청지기인 남자가 먼저 자기 아내를 사랑해야 한다고 말한다.

"그러면 (그)아내는 그 결과 (그)남편을 경외할거다"
(플레 카이 휘메이스 호이 카드 헤나,)

그래야 그 아내가 청지기인 남편을 경외하게 될 것이다. 남

편인 청지기가 먼저 돕는 배필로서의 아내의 가치를 인정하고 존중해야 한다. 그러면 그 아내도 남편인 청지기를 존경하고 그의 말에 복종하게 될 것이다.

6:1-3

청지기직을 맡은 자녀가 자기 부모를 대할 때

주 안에서 부모에게 순종하라(6:1)

τα τεκνα, ὑπακουετε τοις γονευσιν ὑμων
그 자녀들아, 너희는 순종하라 그 부모에게 너희의
ἐν κυριῳ· τουτο γαρ ἐστιν δικαιον.
안에서 주 이것이 왜냐하면 존재한다 의로운(상태로)

(직역)(그)자녀들아, 너희는 너희의 (그)부모에게 순종하라/주 안에서; 왜냐하면 이것이 의로운(상태로) 존재하기 때문이다.

"(그)자녀들아, 너희는 너희의 (그)부모에게 순종하라"
(타 테크나, 휘파쿠에테 토이스 고뉴신 휘몬)

관사가 있는 "(그)자녀들"(타 테크나)은 하나님 나라의 청지기직을 맡은 자녀들을 말한다. 그들은 자기 부모의 말에 순종해야 한다. "순종하다"(휘파쿠에테/기본형휘파쿠오)는 휘포(~아래)+아쿠오(듣다)의 합성어로 누군가의 아래에서 그 사람의 말을 듣는 것을 말한다. 하나님 나라의 청지기직을 맡은 자녀들은 그들의 부모의 말에 순종해야 하지만 여기에는 하나의 조건이 있다.

"주 안에서"
(엔 퀴리오)

청지기 된 자들은 자기 부모의 말에 순종해야 하지만 주님 안에서 순종해야 한다. 부모의 말에 무조건 순종하지 말고, 그리스도 안에서 주님의 음성을 듣고 분별하여 순종해야 한다.

"왜냐하면 이것이 의로운 상태로 존재하기 때문이다"
(투토 가르 에스틴 디카이온)

청지기 된 자들이 자기 부모의 말에 순종하는 것은 당연하다. 하지만 자칫하면 이로 인해 의롭지 못한 일을 할 수도 있다. 부모 말이 옳지 않을 수도 있기 때문이다. 따라서 청지기들은 자기 부모의 말에 순종하되 하나님의 뜻에 맞는지 확인하면서 순종해야 한다.

부모 공경이 약속 있는 첫 계명이다(6:2)

τιμα τον πατερα σου και την μητερα,
(너는)공경하라 그 아버지를 너의 그리고 그 어머니를
ἥτις ἐστιν ἐντολη πρωτη ἐν ἐπαγγελιᾳ.
이것이 존재한다 계명으로 첫째 안에 약속

(직역)너는 공경하라 너의 아버지와 어머니를. 이것이 존재한다 약속 안에 있는 첫째 계명으로.

"너는 공경하라 너의 아버지와 어머니를, 이것이 존재한다 약속 안에 있는 첫째 계명으로"
(티마 톤 파테라 수 카이 텐 메테라. 헤티스 에스틴 유톨레 프로테 엔 에팡겔리아)

바울은 청지기 된 자들이 자기 부모의 말에 순종해야 하는 이유를 구약성경 출애굽기에 나오는 하나님이 모세를 통해 이스라엘 백성에게 준 십계명을 근거로 둔다. "네 부모를 공경하라 그리하면 너의 하나님 나 여호와가 네게 준 땅에서 네 생명이 길리라"(출2:12). 부모를 공경하라는 말씀은 하나님이 하신 약속이 있는 첫 계명이다.

땅에서 잘 되고 장수하려면(6:2)

ἱνα εὐ σοι γενηται και ἐση μακροχρονιον
그 결과 잘 너에게 그것은 될거다 그리고 있을거다 오래 사는(상태로)
ἐπι της γης.
위에서 이 땅

(직역)그 결과 그것은 너로 잘되게 할 거다 그리고 (그)땅 위에서 오래사는(상태로) 있을 거다

"그 결과 그것은 너로 잘되게 할 거다 그리고 (그)땅 위에서 오래사는(상태로) 있을거다"
(히나 유 소이 게네타이 카이 에세 마크로크로니온 에피 테스 게스.)

부모 말에 순종하는 자녀에게 하나님이 하신 약속은 땅에서 잘 되고 오래 사는 축복이다. 청지기가 자기 부모의 말에 순종해야 하는 이유는 약속 있는 첫 번째 계명이기 때문이다. 청지기는 당연히 하나님의 모든 명령을 지켜야 한다. 특히 부모에게 순종하라는 계명은 복의 약속이 있는 계명이므로 더 잘 지켜야 한다.

6:4

청지기직을 맡은 부모가 자기 자녀를 양육할 때

자녀들을 주의 교훈과 훈계로 양육하라(6:4)

Και οἱ πατερες, μη παροργιζετε τα τεκνα ὑμων
그리고 그 아버지들아 말아라 (너희는)화를 내게 하지 그 자녀들을 너희의
ἀλλα ἐκρεφετε αὐτα ἐν παιδεια και νουθεσια
그러나 양육하라 그들을 안에서 훈련 과 훈계
κυριου.
주님의

(직역)그리고 (그)아버지들아, 너희는 너희의 자녀들을 분노하게 하지 말라 그러나 그들을 주님의 훈련과 훈계로 양육하라.

"그리고 (그)아버지들아, 너희는 너희의 자녀들을 분노하게 만들지 말라"
(카이 호이 파테레스, 메 파로르기제테 타 테크나 휘몬)

바울은 청지기인 남자들의 자녀 양육법에 대해 말한다. 한글개역은 "아비들아, 너희 자녀를 노엽게 하지 말라"이다. 노엽게 한다는 말은 화나게 한다는 말이다. 아버지가 자녀를 화나게 하지 말라는 말의 의미가 애매하다. 자녀들을 화나게 하지 말라는 말인가? 아니면 자녀들을 화를 내게 하지 않도록 해야 한다는 말인가?

"너희 자녀를 화나게 하지 말라"는 말이 자칫하면 자녀들이 잘못해도 함부로 야단치지 말라는 말처럼 보일 수 있다. 하지만 성경은 "네 자식을 징계하라 그리하면 그가 너를 평안하게 할거라"(잠29:17)고 말한다. 자녀들을 징계하며 키우는 것이 성경적 교육법이다. 유교적 전통이 강했던 시절에는 부모가 자녀들을 징계하며 엄하게 키웠다. 그랬더니 자녀들이 부모를 공

경하고 효도하였다. 하지만 요즘은 부모가 자녀를 너무 이뻐하고 오냐오냐 키우니까 자녀들이 버릇이 없어지고 툭하면 형제는 물론 부모님에게도 화를 내고 짜증을 낸다. 더 큰 문제는 이렇게 자란 아이들이 커서는 주변 사람들에게 쉽게 짜증을 내고 화를 내며, 심지어 남을 괴롭히는 사람이 된다는 것이다.

한글개역에서 "노엽게 하다"로 번역된 파로르기제테(기본형/파로르기조)는 파라(옆에)+오르기조(화내다)의 합성어로 옆에(있는 사람에게) 화를 내는 것을 말한다. 원문의 의미는 자녀들을 가까이 있는 사람에게 화를 내지 않게 양육해야 한다는 말이다. 청지기들은 자녀들이 가까운 사이인 부모나 형제에게 성깔을 부리거나 화를 내지 않도록 훈계해야 한다.

"그러나 그들을 주님의 훈련과 훈계로 양육하라"
(알라 에크렙테 아우타 엔 파이데이아 카이 누데시아 퀴리우)

한글개역에서 교훈으로 번역된 파이데이아는 '잘못을 깨닫게 하는 것'을 뜻하며, 훈계로 번역된 누데시아는 "생각(누스)에 두는 것"을 뜻한다. "주님의"(퀴리우)라는 수식어가 중요하다. "주님의"(퀴리우)는 소유격의 '근원의 용법'으로 청지기들은 자녀들의 잘못을 깨닫게 하고 생각에 두게 하되, 주님에게서 나온 것으로 그렇게 해야 한다. 떼를 쓰는 자식에게 감정으로 야단을 치다가는 역효과가 날 수도 있다. 따라서 주님의 음성을 들으면서 주님의 뜻에 따라 자녀를 야단쳐야 한다.

자녀를 올바로 양육하는 것은 쉬운 일이 아니다. 성경에는 자녀교육에 성공한 사람과 실패한 사람이 나온다. 성공사례는 사무엘의 엄마 한나와 모세의 엄마 요게벳이다. 실패한 사례는 기드온과 사무엘과 엘리제사장이다. 모태신앙이라고 자녀가 올바르게 자라는 것은 아니다. 부모가 청지기일지라도 자녀를 어떻게 양육하느냐에 따라 자녀의 인생이 달라진다.

6:5-8

청지기직을 맡은 하인이 육신의 상전을 대할 때

상전에게 순종하기를 그리스도께 하듯 하라(6:5)

Οἱ δουλοι, ὑπακουετε τοις κατα σαρκα κυριοις
그 종들아 (너희는)순종하라 그 따르는 육신을 주인들에게
μετα φοβου και τρομου ἐν ἁπλοτητι της καρδιας
가지고 경외 와 떨림을 안에서 성실함 그 마음의
ἡμων ὡς τω Χριστῳ,
너희의 처럼 그 그리스도에게

(직역)(그)종들아, 너희는 (그)주인들에게 순종하라 육신을 따르는/경외와 떨림을 가지고/너희의 (그)마음의 단순함 안에서/(그)그리스도에게처럼

"(그)종들아, 너희는 (그)주인에게 순종하라"
(호이 둘로이, 휘파쿠에테 토이스)

관사가 있는 "(그)종들"(호이 둘로이)은 하나님 나라의 청지기직을 맡은 하인들을 말한다. 초대교회에서는 여자는 물론 종(하인)들도 교회의 지도자인 청지기가 될 수 있었다. 이럴 때 하인인 청지기와 그가 섬기는 상전과의 관계에서 문제가 발생한다. 교회에서는 청지기직을 맡은 하인이 윗사람이지만 밖에서는 그 반대이기 때문이다. 이럴 때는 어떻게 해야 하는가? 심지어 상전이 신앙이 좋지 않다면 어떻게 해야 하는가?

"육신을 따르는 (그)주인에게"
(카타 사르카 퀴리오이스)

바울은 로마서에서 "육신을 따르는"(카타 사르카)을 "성령을 따르는"(카타 프뉴마)과 대조적으로 사용한다. "육신을 따르지(카타 사르카) 않고 그 영을 따라(카타 프뉴마) 행하는 우리에게 율법의 요구가 이루어지게 하려 하심이라"(롬5:4). 교회에서

청지기 직을 맡은 종이 신앙이 좋지 않은 자기 상전을 어떻게 대해야 하는가의 문제는 오늘날에도 발생할 수 있다. 예를 들면 회사의 사장과 직원이 같은 교회를 다니는데 직원은 장로이고 사장은 평신도라면, 게다가 사장이 신앙이 좋지 않아 장로인 직원을 힘들게 한다면 어떻게 해야 하는가?

"두려움과 떨림을 가지고"
(메타 포부 카이 트로무)

이에 대해 성경은 장로인 직원이 평신도인 자기 사장을 두려움과 떨림으로 대해야 한다고 말한다. 사실, 교회 안에서 청지기직을 맡은 사람이 직장에서 자기 교회 교인인 사람을 두려움과 떨림을 가지고 대하는 것은 쉬운 일이 아니다.

"너희의 (그)마음의 단순함 안에서/그리스도에게처럼"
(엔 하플로테티 테스 카르디아스 헤몬 호스 토 크리스토)

그럴지라도 그렇게 해야 한다. 성경은 그리스도에게 하듯이 (그)마음의 단순함 안에서 자기 상전을 두려움과 떨림으로 대하라고 말한다. 청지기가 예수 그리스도를 주님으로 섬기듯이 육신의 주인도 그렇게 섬기라는 것이다. "그 마음의 단순한"(하를로테티 테스 카르디아)은 주님을 향한 단순한 마음을 말한다. 아무리 복잡한 문제일지라도 단순히 주님의 음성을 들으면 마음의 결정을 쉽게 할 수 있다.

상전에게 눈가림으로 순종하지 말라(6:6)

μη κατ᾽ οφθαλμοδουλιαν ὡς ἀνθρωπαρεσκοι
말라 따라서 눈가림을 처럼 사람을 기쁘게하는 자들

ἀλλ᾽ ὡς δουλοι Χριστου ποιουντες το θελημα
그러나 처럼 종들 그리스도의 행하라 그 뜻을

του θεου ἐκ ψυχης, .
그 하나님의 부터 혼으로

(직역)눈가림을 따라서 하지)말라/사람을 기쁘게 하는 자들처럼/그러나 그리스도의 종들이 (그)하나님의 (그)뜻을 행하는 것처럼(하라)/혼으로부터

"눈가림을 따라서 하지말라/사람을 기쁘게 하는 자들처럼"
(메 카트 오프달모둘리안 호스 안드로파레스코이)

본문에는 열 글자가 넘는 두 개의 단어가 나온다. 오프달모둘리안(기본형/오프달로둘레이아)은 오프달모스(눈)+둘레이아(노예)의 합성어로 "눈을 묶어놓는 것" 을 뜻한다. 안드로파레스코이(기본형/안드레파레스코스)는 안드로포스(사람)+아레스코(기뻐하다)의 합성어로 "사람을 기쁘게 하다"라는 뜻이다. 사람을 기쁘게 하는 자들처럼 눈가림으로 하지 말라는 것은 보여주기식으로 상전에게 순종하지 말라는 것이다.

"그러나 그리스도의 종들이 하나님의 뜻을 행하는 것처럼"
(알 호스 둘로이 크리스투 포이운테스 토 델레마 투 데우)

청지기 된 종들은 자기 상전을 대할 때는 그리스도의 종이 하나님의 뜻을 행하는 것처럼 해야 한다. 자기 상전의 지시를 하나님의 뜻처럼 받들어 섬겨야 한다. 사실 신앙이 좋지 않은 상전의 지시를 하나님의 뜻처럼 받들어 섬기는 것은 쉬운 일은 아니다. 그럴지라도 그렇게 해야 한다.

"혼으로부터"
(에크 프쉬케스)

상전을 받들어 섬기되 혼으로부터 그렇게 해야 한다. "혼으로부터"(에크 프쉬케스)는 무슨 의미인가?

인간의 정신세계는 영(프뉴마)과 혼(프쉬케)과 육(사르케)이 있다. 영(프뉴마)은 인간에게 자체적으로 있는 게 아니다. 하나님의 영(성령)이나 마귀의 영(악령)과 관계를 통해 갖게 되는 것이다. 따라서 그냥 영의 사람은 존재하지 않고 성령의 사람과 악령의 사람이 존재한다.

혼(프쉬케)은 하나님이 모든 생명체에게 불어넣어 주신 생명의 속성이다. 이 땅의 모든 생명체는 각자에게 주어진 혼으로 세상을 살아간다. 소위 인간성이라는 것이 혼을 말하는 것이다. 사람이 세상에서 선을 행하는 것이나 악을 행하는 것은 그들의 혼과 관련이 있다. 성경은 "네 혼이 잘 됨같이 네가 범사에 잘 되고 강건하기를 원하노라"(요삼1:2)고 말한다.

육(사르케)은 인간에게 있는 하나님을 찾는 마음이다. 육(사르케)이 강해야 신앙 성장이 잘 된다. 하지만 아담이 선악과를 먹은 후 인간의 육은 약해졌다. 그래서 성경은 육을 따르지 말고 성령을 따르라고 말한다. 사람은 성령을 따를 때 하나님의 뜻대로 살 수 있다.

하나님 나라의 청지기들은 자기 상전을 하나님의 뜻을 행하듯이 섬기되 혼으로 해야 한다. 이 말의 의미는 하나님의 뜻을 행하는 청지기로서 인간이 할 수 있는 최선을 다해 자기 상전을 섬기라는 말이다.

기쁜 마음으로 주를 섬기듯이 상전을 섬겨라(6:7)

μετ' εὐνοιας δουλευοντες ὡς τῳ κυριῳ και οὐκ
함께 좋은 이해심과 (종으로)섬기라 처럼 그 주님에게 그리고 아니라
ἀνθρωποις,
사람들에게

(직역)좋은 이해심 가지고 (하인으로서)섬기라/(그)주님에게처럼(하듯이) 그리고 사람들에게(하듯이)아니라,

"좋은 이해심을 가지고 (하인으로서)섬기라 (그)주님께처럼 그리고 사람들에게(하듯이)아니라"
(메트 유노이아스 둘류온테스 호스 토 퀴리오 카이 우크 안드로포이스)

유노이아스(기본형/유노에오)는 유(좋은)+누스(이해)의 합성어로 누군가를 잘 이해하고 받아들이는 것을 뜻한다. 청지기가 자기 교회 교인을 상전으로 섬기는 것이 쉬운 일은 아니다. 하지만 그럴지라도 좋은 이해심을 가지고 받아들여야 한다. 청지기들은 교회 안에서의 신분과 교회 밖에서의 자신의 신분이 다르다는 것을 인식하고 이에 대한 주님의 뜻을 받아들여야 한다.

주님의 뜻은 청지기인 종이 자기 상전을 섬기되 사람에게 하듯이 아니라 주님께 하듯이 섬기라는 것이다.

선한 것을 행하는 청지기에게 주님은 선한 것을 공급하신다(6:8)

εἰδότες ὅτι ἕκαστος ἐάν τι ποιήσῃ ἀγαθόν,
(너희는)알아라 것을 각자가 만일 무슨 (그가)행하면 선한 일을
τοῦτο κομίσεται παρὰ κυρίου εἴτε δοῦλος εἴτε
이것을 (그가)공급할거다 옆에서부터 주님 혹은 종이든지 혹은
ἐλεύθερος.
자유인이든지

(직역)너희는 알아라 각자가 만일 무슨 선한 일을 행하면, 이것을 그분이 공급할거다 주님으로부터 혹은 종이든지 혹은 자유인이든지

"너희는 알아라 각자가 만일 무슨 선한 일을 행하면,
이것을 그분이 공급할거다 주님 옆에서부터/혹은 종이든지
혹은 자유인이든지 "
(에이도테스 호티 헤카스토스 에안 티 포이에세 아가돈, 투토 코미세타이 파사 퀴리우 에이테 둘로스 에이테 엘류데로스.)

에이도테스(기본형/에이도)는 눈으로 보듯이 아는 것을 말한다. 바울은 청지기가 분명히 알아야 할 것에 대해 말한다. 청지기가 선한 일을 행하면 주님이 그 선한 것을 공급하실 것이다. 에안(만일)은 쉽지는 않지만, 충분히 가능한 것을 나타내는 가정법 접속사이다. 청지기가 선한 일을 하는 게 쉬운 일은 아니지만, 충분히 할 수 있다.

아가도스(선)은 다른 사람을 이롭게 하는 것을 뜻한다. 이것은 인간의 영역이 아니라 신의 영역이다. 마가복음을 보면 예수님이 길을 가실 때 한 사람이 꿇어앉으며 "선한 선생님이여 내가 무엇을 하여야 영생을 얻으리이까?"라고 묻자, 예수님은 "네가 어찌하여 나를 선하다 하느냐 하나님 한 분 외에는 선한 이가 없느니라"(막10:17-18)고 하였다.

청지기는 하나님의 선을 행하는 사람이 되어야 한다. 어떻게

신의 영역인 아가도스(선)을 인간인 청지기가 할 수 있는가? 청지기 안에 계신 예수 그리스도가 역사하시면 가능하다. 내가 사는 것이 아니라 내 안에 계신 그리스도로 살면 하나님의 선을 이룰 수 있다. 그리스도 안에서 청지기가 하나님의 선을 행하면 하나님은 그가 더 많은 선을 행할 수 있도록 선한 것들을 공급해주실 것이다.

6:9

청지기직을 맡은 상전이 자기 하인을 대할 때

청지기인 상전들도 자기 하인에게 선을 행하라(6:8)

Και οἱ κυριοι, τα αὐτα ποιειτε προς αὐτους,
그리고 그 주인들아 그 그것들을 (너희는)행하라 향하여 그들을
ἀνιεντες την ἀπειλην, εἰδοτες ὁτι και αὐτων
(너희는)위를향해 보내라 그 위협을 (너희는)알아라 것을 또한 그들의
και ὑμων ὁ κυριος ἐστιν ἐν οὐρανοις και
그리고 너희의 그 주인이 계신다는 안에 하늘들 그리고
προσωποληψια οὐκ ἐστιν παρ᾽ αὐτῳ.
편견이 않다는 있지 옆에서 그분의

(직역)그리고 그 주인들아, 그것들을 너희는 행하라 그들을 향해, 너희는 그 위협을 위를 향해 두라, 너희는 알아라 또한 그들과 너희의 (그)주인이 하늘들 안에 계신다는 것을 그리고 그분 옆에서는 편견이 없다는 것을.

청지기인 상전이 자신의 하인들을 어떻게 대해야 하는지에 대한 언급이다.

"그리고 (그)주인들아, (그)그것들을 너희는 행하라 그들을 향해"
(카이 호이 퀴리오이, 타 아우타 포이에이테 프로스 아우투스)

"(그)주인들"(호이 퀴리오이)은 하나님 나라의 청지기인 상전들을 말한다. "그것들은"(타 아우타) 앞 절에 나온 "선한 일들"(아가돈)을 말한다. "그들을 향해"(프로스 아우투스)는 교회에서 청지기직을 맡은 상전들이 자신의 하인들을 향해 선한 일을 행하라는 것이다.

"너희는 그 위협을 위를 향해 보내라"
(아니엔테스 텐 이페일렌)

자신의 하인들을 향해 위협할 일이 있다면 차라리 위에 계

신 하나님께 하라는 것이다.

"너희는 알아라 또한 그들과 너희의 (그)주인이 하늘들 안에 계신다는 것을"
(에이도테스 호티 카이 아우톤 카이 휘몬 호 퀴리오스 에스틴 엔 우라노이스)

에이도테스(기본형/에이도)는 눈으로 보듯이 아는 것을 말한다. 청지기 된 상전들이 분명히 알아야 할 것은 청지기의 주님도 예수 그리스도이시고, 그 하인의 주님도 예수 그리스도라는 사실이다. 그런데 그분이 하늘에 계신다. 관사가 없는 복수 하늘인 우라노이스는 교회 공동체 하늘을 말한다. 교회의 머리이신 주님은 청지기가 자기 하인에게 하는 행동들을 다 지켜보고 계신다.

"그리고 편견이 없다는(것을) 그분 옆에서는"
(프로소폴렘프시아 우크 에스틴 파르 아우토)

프로소폴렘프시아는 프로소폰(견해를 향해)+람바노(받아들이다)의 합성어로 편파적이라는 뜻이다. 주님이신 예수 그리스도 옆에 있는 청지기는 편견이 없어야 한다. 청지기인 상전은 자신의 하인들을 편파적으로 대하면 안 된다. 세상의 상전들이 자기 종들을 편파적으로 대할지라도 하나님 나라의 청지기인 상전들은 그렇게 해서는 안 된다. 주님은 어떤 청지기들도 편파적으로 대하지 않으신다.

9
영적 싸움에서 승리하려면

6:10-17

하나님의 전신갑주를 입어야 한다

주 안에서 그 힘의 능력으로 강건해져라(6:10)

Του λοιπου, ἐνδυναμουσθε ἐν κυριῳ και
그 나머지의(것으로) (너희는)능력있게 되라 안에서 주님 그리고
ἐν τῳ κρατει της ἰσχυος αὐτου.
안에서 그 활력 그 힘의 그분의

(직역)그 나머지의(것으로), 너희는 능력있게 되라 주님 안에서 그리고 그분의 (그)강력함의 (그)힘 안에서

"(그)나머지의(것으로) 너희는 강하게 되라 주 안에서"
(투 로이푸, 엔뒤나무스데 엔 쿠리오)

로이푸(기본형/로이포스)는 "나머지"를 뜻한다. 관사가 있는 소유격으로 쓰였는데 "그 나머지의(것)"이라는 뜻이다. 지금까지 이야기했던 말의 "특별한 나머지의 말"로서 마지막으로 하는 말을 의미한다. 지금 바울은 수신자인 청지기들에게 마지막으로 중요한 조언을 한다. 그것은 주 안에서 강하게 되어야 한다는 것이다.

엔뒤나무스데(기본형/엔뒤나모오)는 엔(안에)+뒤나모오(할 능력이 있다)의 합성어로 수동태이며 "(신적)능력을 갖게 되다"라는 뜻이다. 엔 퀴리오(주 안에서)는 하나님의 청지기들은 주님이신 그리스도 안에서 능력있게 될 수 있음을 보여준다.

"그리고 그분의 (그)힘의 (그)활력 안에서"
(엔 토 크라테이 테스 이스퀴오스 아우투)

"주 안에서 강하게 되라"라는 말의 부연 설명이다. 그리스도 안에는 예수 그리스도의 강력한 힘이 있다. 크라테이(기본형/크라

토스)는 '활력'을 뜻하고, 이스퀴오스(이스퀴스)는 '힘'을 뜻한다. "그분의 (그)힘의 (그)활력 안에서"는 예수 그리스도가 갖고 계신 그 힘의 그 활력 안에서 청지기들은 신적 능력을 갖출 수 있다는 것이다. 이제부터 바울은 청지기들이 어떻게 하나님이 주시는 신적 능력을 입을 수 있는가에 대해 말한다.

하나님의 전신갑주를 입어라(6:11)

ἐνδυσασθε την πανοπλιαν του θεου προς το
너희는 입으라 그 전신갑주를 그 하나님의 향하여 그(것을)
δυνασθαι ὑμας στηναι προς τας μεθοδειας
능히 할 수 있는 너희가 서기위해 향하여 그 술책들을
του διαβολου·
그 마귀의

(직역)너희는 입으라 (그)하나님의 (그)전신갑주를/너희가 능히 할 수 있는 그것을 향하여/(그)마귀의 (그)술책들을 향하여 서기위해

"너희는 입으라 (그)하나님의 (그)전신갑주를"
(엔뒤사스데 텐 파노플리란 투 데우)

"전신갑주"(파노플리안/기본형:파노플리아)는 파스(모든)+호플론(갑옷)의 합성어로 고대 군인들이 전투에서 입었던 전신 갑옷을 말한다.

"(그)하나님의 (그)전신갑주"는 소유격의 근원의 용법으로 "(성부)하나님으로부터 온 특별한 전신갑주"이다. 하나님은 청지기들을 싸움에 내보낼 때 그냥 내보내지 않고 전신갑주를 입혀서 내보내신다. 싸움의 대상이 마귀이기 때문이다.

"너희가 능히 할 수 있는 그것을 향하여/(그)마귀의 (그)술책들을 향하여 서기위해"
(프로스 토 뒤나스다이 휘마스 스테나이 프로스 타스 메도데이아스 투 디아볼루)

마귀는 하나님 나라의 청지기들을 넘어뜨리기 위해 술책들을 쓴다. '술책들'(메도에이아스/기본형:메도데이아)은 메타(~뒤에)+

호도스(길)의 합성어로 길 뒤에서 꾸미는 '술책'을 뜻한다. 하나님의 청지기들은 마귀의 술책에 맞서려면 하나님의 전신갑주를 입어야 한다. 그렇지 않으면 마귀의 술책을 당할 수 없다.

싸움의 상대는 어둠의 세상 주관자들과 악한 영들이다(6:12)

ὅτι οὐκ ἔστιν ἡμῖν ἡ παλη προς αἱμα και σαρκα,
왜냐하면 안 있다 우리에게 그 씨름은 향해 피 와 육신
ἀλλα προς τας ἀρχας, προς τας ἐξουσιας, προς
그러나 향해 그 통치자들을 향해 그 권세자들을 향해
τοις κοσμοκρατορας του σκοτους τουτου, προς
그 세상의 지배자들을 그 어두움의 이 향해
τα πνευματικα της πονηριας ἐν τοις ἐπουρανιοις.
그 영들을 그 악의 안에 그 하늘들

(직역)왜냐하면 우리에게 그 씨름은 피와 육신을 향해 있지 않다/그러나 그 통치자들을 향해(있고), 그 권세자들을 향해(있고), 이러한 (그)어둠의 (그)세상지배자들을 향해(있고), (그)악의 (그)영들을 향해(있다) / (그)하늘들 위에 있는 것 안에서

"왜냐하면 우리에게 그 씨름은 피와 육신을 향해 있지 않다"
(호티 우크 에스틴 휘민 헤 팔레 프로스 하이마 카이 사르카)

'씨름'(팔레)은 고대 그리스인이 하던 레슬링이다. "그 씨름"(헤 팔레)은 하나님의 청지기가 마귀와 싸우는 레슬링을 말한다. 피는 생명을 뜻한다. "피와 육신"(하이마 카이 사르카)은 "생명인 육신"이라는 뜻이다. 생명이란 예수 그리스도의 생명으로 생명을 살리는 것을 말하고, 육신이란 하나님께 나아가는 신앙심을 말한다. "우리에게 (그)씨름은 피와 육신을 향해 있지 않다"는 말은 하나님 나라의 군사 된 청지기는 하나님과의 씨름을 끝내고 마귀와 싸워야 한다는 의미이다.

"그 통치자들을 향해"(프로스 타스 사르카스)와 "그 어둠의 그 세상 지배자들을 향해"(프로스 토이스 코스모크라토라스)와 "그 악의 그 영들을 향해"(프로스 타 프뉴마티카 테스 포네리아스)는 모두 동격이다. (그)악의 (그)영들이 곧 (그)어둠의 (그)세상 지

배자들이고, (그)통치자들로서 공중권세 잡은 마귀들을 가리킨다. 야곱이 이스라엘이 되기 위해 하나님과 씨름을 했듯이 청지기들도 그런 씨름을 해야 한다. 하지만 언제까지 그 씨름만을 할 수는 없다. 하나님과의 씨름을 끝내고 이제부터는 어둠의 세상의 지배자인 악한 영들과 씨름해야 한다.

코스모크라토라스(기본형/코스모크라토르)는 코스모스(세상)+크라테오(힘으로 얻은)의 합성어로 세상의 지배자를 뜻한다. 포네리아스(포네리아)는 남에게 해를 끼치는 것을 뜻한다. 공중권세 잡은 마귀는 세상의 지배자이며 세상에 해를 끼치는 악한 영들이다.

“그 하늘들 위에 있는 것 안에(있는)”
(엔 토이스 에프라니오이스)

에프라니오이스(기본형/에프라니오스)는 에피(위에)+우라니아오스(하늘들)의 합성어이다. 관사가 있는 복수명사인 우라노이스(그 하늘들)은 구원받은 그리스도인들 각각의 안에 있는 하늘을 가리킨다. 그리고 엔 토이스 에프라니오이스는 구원받은 그리스도인들이 소유한 하늘 위에 붙어있는 것을 말한다. 공중권세 잡은 마귀는 구원받은 그리스도인들 위에서 그들을 지배하려고 한다. 청지기들을 호시탐탐 구원받은 성도들을 지배하려고 노리는 마귀들을 대항하여 싸워야 한다.

청지기들이 하나님의 전신갑주를 입어야 하는 이유(6:13)

δια τουτο ἀναλαβετε την πανοπλιαν του θεου,
인하여 이것으로 위를향해 받아들여라 그 전신갑주를 그 하나님의

ἱνα δυνηθητε ἀντιστηναι ἐν τη ἡμερα τη πονηρᾳ
하기위하여 능히 할 수 있게 대항하는 것을 안에서 그 날 그 악한

και ἁπαντα κατεργασαμενοι στηναι.
그리고 모든 것들을 힘써서 이룬 후에 서는 것을

(직역)이것을 인하여 너희는 (그)하나님의 (그)전신갑주를 위를 향해 받아들여라/(그)악한 (그)날 안에서 대항하는 것을 능히 할 수 있도록/그리고 모두가 연합하여 힘써 이룬 후에 서는 것을(할 수 있도록)

"이것으로 인하여 (그)하나님의 (그)전신갑주를 위를 향해 받아들여라"
(디아 투토 아나라베테 텐 파노플리안 투 데우)

"이것을 인하여"(디아 투토)에서 이것은 공중권세 잡은 마귀가 어떻게든지 하나님의 자녀들을 넘어뜨려 자신의 지배에 두려는 것을 말한다. 청지기는 이런 짓을 하는 마귀들과 영적 싸움을 해야 한다. 마귀들은 생각보다 강한 존재이다. 타락한 천사들이기 때문이다. 따라서 청지기가 마귀와의 싸움에서 이기려면 하나님의 전신갑주를 입어야 한다.

아나라베테(기본형/아나람바노)는 아나(위를 향해)+람바노(받아들이다)의 합성어이다. 무언가를 받아들이기 위해 위를 향해 있는 것을 말한다. 아오리스트시제 명령법으로 쓰였다. 하나님의 전신갑주를 입으려면 청지기는 순간순간 위를 향해 있어야 한다.

"(그)악한 (그)날에 대항하는 것을 능히 할 수 있도록"
(히나 뒤네데테 안티스테나이 엔 테 헤메라 테 포네라)

"(그)악한 (그)날에"(엔 테 헤메라 테 포네라)는 공중권세 잡은 마귀의 지배를 받아 악을 행하는 그 날을 말한다. 포네라(악한)는 남에게 해를 끼치는 것을 뜻한다. 남을 이롭게 하는 아가도스의 반대말이다. 마귀는 사람들에게 해를 끼치는 존재이다.

안티스테나이(기본형/안티스테미)는 안티(반대하여)+히스테미(서다)의 합성어로 무언가에 맞서는 것을 뜻한다. 하나님 나라의 청지기들은 마귀의 술수에 대항해야 한다.

"그리고 모두가 연합하여 힘써 일하면서 서는 것을(할 수 있도록)"
(카이 하판타 카테르가사메노이 스테나이)

하판타(기본형/하파스)는 아(연합의 접두사)+파스(모두)의 합성어로 "모두가 연합하는 것"을 뜻한다. 카테르가사메노이(기본형/카테르가조마이)는 카타(따라서)+에르가조마이(일하다)의 합성어로 "힘써 일하다"라는 뜻이다. 청지기들은 하나님의 전신갑주를 입고 모두 연합하여 영적 싸움을 싸워야 한다.

이제부터 바울은 청지기들이 마귀와의 싸움을 위해 전신갑주를 입는 과정에 대해 구체적으로 설명한다.

진리 안에 허리띠와 의의 흉갑(6:14)

στητε οὐν περιζωσαμενοι την ὀσφυν ὑμων
너희는 서라 그러므로 매소 그 허리띠를 너희의

ἐν ἀληθεια και ἐνδυσαμενοι τον θωρακα
안에 진리 그리고 입어라 그 흉갑을

της δικαιοσυμης
그 의의

(직역)그러므로 너희의 (그)허리띠를 매고 (너희는)서라 진리 안에서 그리고 (그)의의 (그)흉갑을 입어라

"그러므로 너희의 (그)허리띠를 매고 서라 진리 안에서"
(스테테 운 페리조사메노이 텐 오스핀 휘몬 엔 알레데이아)

관사가 있는 "(그)허리띠"는 하나님의 청지기가 마귀와의 싸움을 위해 입은 군복 위에 매는 허리띠이다. 진리 안에서"(엔 알레데이아) 허리띠를 매야 한다. 왜 진리의 허리띠를 매라고 하지 않고, 진리 안에서 허리띠를 매라고 했을까? 여기서 말하는 진리는 예수 그리스도를 뜻하기 때문이다. 진리이신 예수 그리스도는 허리띠가 아니다. 따라서 진리의 허리띠를 매는 게 아니라 진리이신 그리스도 안에서 허리띠를 매야 한다. 허리띠를 맨다는 것은 싸움에 나가기 위해 마음 자세를 가다듬는 것을 말한다.

"그리고 (그)의의 (그)흉갑을 입고(서라)"
(카이 엔뒤사메노이 톤 도라카 테스 디카이오쉬네스)

관사가 있는 "(그)의의 (그)흉갑"(톤 도라카 테스 디카이오쉬네스)의 하나님의 의라는 흉갑을 말한다. 흉갑(도락스)은 군인들이

심장을 보호하기 위해 군복 위에 걸치는 일종의 보호대이다. 전투복을 입고 허리띠를 맨 후에 하나님의 의의 흉갑을 걸쳐야 한다. 이것은 마귀와의 영적 싸움에서 하나님의 의가 얼마나 중요한가를 보여준다. 만일 청지기가 하나님의 의를 나타내지 못한다면 그래서 불의한 모습을 보인다면 그 싸움은 진 거나 다름이 없다. "복음에는 하나님의 의가 나타나서 믿음으로 믿음에 이르게 하나니 기록된 바 오직 의인은 믿음으로 말미암아 살리라"(롬1:17).

평안의 복음의 신(6:15)

και	ὑποδησαμενοι	τους	ποδας	ἐν	ἑτοιμασιᾳ
그리고	아래서 묶고	그	발들을	안에	준비

του	εὐαγγελιου	της	εἰρηνης,
그	복음의	그	평안의

(직역)그리고 (그)발들을 아래서 묶고(서라)/(그)평강의 (그)복음의 준비 안에서

"그리고 (그)발들을 아래서 묶고(서라)"
(카이 휘포데사메노이 투스 포다스)

청지기는 싸움에 나가기 위해 샌들 끈을 묶으면서 왜 마귀와 싸우는지를 다시 한번 되새겨야 한다. 목적이 분명하지 않은 싸움은 설령 그 싸움에서 이긴다고 해도 별 의미가 없다.

"(그)평안의 (그)복음의 준비 안에서"
(엔 헤토이마시아 투 유앙겔리우 테스 에이레네스)

하나님 나라의 청지기가 마귀와 싸우는 목적은 "(그)평안의 (그)복음"(투 유앙겔리우 테스 에이레네스)을 전하기 위함이다. (그)평안(테스 에이레네스)은 하나님이 주시는 평안이다. 예수 그리스도는 이 땅에 하나님 나라를 세우기 위해 오셨다. 광야에서 40일 금식 후에 예수님이 처음으로 전한 하나님의 복음은 "때가 찼고 하나님의 나라가 가까웠으니 회개하고 복음을 믿

으라"였다. 하나님 나라는 모든 사람이 걱정이나 탈이 없이 행복하게 사는 평안의 나라이다. 예수님이 이 세상에 온 것은 평안의 복음을 전하기 위함이며, 청지기가 영적 싸움을 하는 이유도 평안의 복음을 전하기 위함이다. 청지기의 싸움으로 교회가 세워졌는데 하나님 나라의 평안이 없다면 그 싸움은 승리한 싸움이 아니다.

믿음의 방패(6:16)

ἐν πασιν ἀναλαβοντες τον θυρεον της πιστεως,
안에 모든 것 위를 향해 받아라 그 방패를 그 믿음의
ἐν ᾧ δυνησεσθε παντα τα βελη του πονηρου
안에서 그것 (너는)할 수 있을거다 모든 그 화살들을 그 악한 자의
τα πεπυρωμενα σβεσαι·
그 불이 붙어 있는 끄는 것을

(직역)모든 것 안에서 (그)믿음의 (그)방패를 받기위해 위를 향하라, 그것 안에서 너는 할 수 있을 거다 (그)불이 붙어있는 (그)악한 자의 (그)화살들을 끄는 것을;

"모든 것 안에서"
(엔 파신)

"모든 것 안에서"(엔 파신)는 "하나님의 전신갑주를 모두 갖춘 것 안에서"이다.

"(그)믿음의 (그)방패를 받기위해 위를 향하라"
(아나라본테스 톤 뒤레온 테스 피스테오스,)

하나님의 전신갑주를 완전히 갖추었다면 이제는 "(그)믿음의 (그)방패"를 받아야 한다. "(그)믿음의 (그)방패"(톤 뒤레온 테스 피스테오스)는 소유격의 '동격의 용법'으로 (그)믿음이라는 (그)방패를 말한다. (그)믿음은 예수 그리스도가 갖고 계신 특별한 믿음 즉 예수 그리스도의 신실하심을 말한다. 예수 그리스도는 신실하신 주님이시다. 아날라본테스(기본형/아날람바노)는 아나(위를 향해)+람바노(받아들이다)의 합성어로 무언가를 받아들이기 위해

위를 향해 있는 것을 말한다. 칼과 활로 싸우는 고대의 싸움에서는 방패가 필수 무기이다. 방패가 없이는 상대방의 공격을 막아낼 수가 없다. 그런데 마귀와의 영적싸움에서 그 방패는 '(그)믿음'(테스 피스테오스)이다. 관사가 있는 (그)믿음은 대장되신 예수 그리스도의 신실하심이다. 영적 싸움에서 예수 그리스도의 신실하심을 받아들이지 않으면 마귀의 공격을 막아낼 수 없다. 마귀와의 싸움은 종인 청지기가 하는 게 아니라 주님이신 예수 그리스도가 하는 것이다. 마귀는 성도들이 예수님의 신실하심을 믿지 못하도록 의심의 불화살을 쏘아댄다.

"그것 안에서 너는 할 수 있을거다 (그)불이 붙어있는 (그)악한 자의 (그)화살들을 끄는 것을;"
(엔 호 뒤네세스데 판타 타 벨레 투 포네루 타 페퓌로메나 스베사이;)

엔 호(그것 안에서)는 '(그)믿음 안에서'를 말한다. 청지기가 예수 그리스도의 신실하심 안에 굳게 서서 마귀의 불화살을 막아내야 한다. 마귀의 불화살이 떨어지면 예수님의 신실하심을 믿지 못하는 불신이 온 교회에 급속도로 번진다.

모세를 통해 출애굽을 한 이스라엘 백성은 약속의 땅인 가나안을 목전에 두고 열두지파의 지휘관들을 정탐하러 보냈다. 40일 동안 가나안 땅을 정탐한 후의 보고는 "그 땅이 젖과 꿀이 흐르는 땅은 맞지만, 그 땅 거주민은 강하고 성읍은 견고하고 심히 클 뿐만 아니라 게다가 거인 족속인 아낙 자손들까지 보았다"는 것이다(민13:27-28). 이에 대한 평가로 여호수아와 갈렙은 그럴지라도 우리가 싸워서 이길 수 있다고 했고, 나머지 열 명의 정탐꾼은 그들에 비하면 우리는 메뚜기 같아서 절대로 이길 수 없다고 하였다.

객관적 평가로 보면 열 명의 정탐꾼의 말이 옳을 수도 있다. 하지만 여호수아와 갈렙이 싸움에서 이길 수 있다고 말한 근거는 신실하신 하나님이 함께 하신다는 것이다.

"여호와께서 우리를 기뻐하시면 우리를 그 땅으로 인도하여 들이시고 그 땅을 우리에게 주시리라. 이는 과연 젖과 꿀이 흐르는 땅이니라. 다만 여호와를 거역하지는 말라. 또 그 땅 백성을 두려워하지 말라. 그들은 우리의 먹이라. 그들의 보호자는 그들에게서 떠났고 여호와는 우리와 함께 하시느니라. 그들을 두려워하지 말라"(민13:8-9).

청지기가 가져야 할 믿음은 내 힘으로 싸움에서 이길 수 있다는 믿음이 아니다. 나는 연약하지만 신실하신 하나님이 함께 하시므로 싸움에서 이길 수 있다는 믿음이다. "가나안 땅을 정복하라. 내가 함께 싸워 이기게 하겠다"고 말씀하신 분은 여호와 하나님이시다. 또한 여호와 하나님은 그 약속을 지키는 신실하신 분이시다. 하지만 이스라엘 백성은 하나님의 신실하심을 받아들이지 못했다. 그래서 여호수아와 갈렙을 제외하고 아무도 약속의 땅에 들어가지 못했다. 모두 광야에서 죽었다.

마귀와의 싸움을 싸우는 대장은 예수 그리스도이시다. 신실하신 주님이 대장으로 함께하시기에 싸움에서 승리할 수 있는 것이다. 이 믿음이 없으면 싸움에서 이길 수 없다. 마귀는 교회가 이 믿음을 갖지 못하도록 의심의 불화살을 쏘아댄다. 청지기들은 의심의 불화살을 (그)믿음의 방패로 막아내야 한다.

구원의 투구와 성령의 검인 하나님의 말씀(6:17)

και	την	περικεφαλαιαν	του	σωτηριου	δεξασθε
그리고	그	투구를	그	구원의	(너희는)받아라
και	την	μαχαιραν	του	πνευματος,	
그리고	그	칼을	그	성령의	
ὁ	ἐστιν	ῥημα	θεου.		
그것은	이다	말씀	하나님의		

(직역)그리고 (그)구원의 (그)투구를 너희가 받아라 그리고 (그)성령의 (그)검을(받아라)그런데 그것은 하나님의 말씀이다.

"그리고 (그)구원의 (그)투구를 받아라"
(카이 텐 페리케팔라이안 투 소테리우 덱사스데)

"(그)구원"(투 소테리우)은 특별한 구원 즉 예수 그리스도의 복음으로 세상을 구원하는 구원을 말한다. 하나님 나라의 청지기는 싸움을 위한 마지막 준비로 (그)구원의 (그)투구"(텐 파리케팔레이안 투 소테리우)를 써야 한다.

오늘날 군인들의 헬멧은 적탄으로부터 머리를 보호하기 위해서 쓰지만, 고대의 헬멧은 용도가 다르다. 칼로 싸우는 싸움에서 무거운 투구는 거추장스럽기만 하고 적에게 노출도 잘 된다. 그럴지라도 장수들이 화려하고 거창한 투구를 쓰는 이유는 자신의 용맹을 과시하기 위함이다.

"(그)구원의 (그)투구"는 소유격의 동격의 용법으로 "(그)구원이라는 (그)투구"이다. 청지기가 구원의 투구를 쓰는 이유는 마귀와의 싸움에서 반드시 승리하여 예수 그리스도의 구원을 이룰 것을 과시하기 위함이다. 청지기들은 교회의 머리 되신 예수 그리스도가 영혼 구원의 싸움에서 반드시 승리한다는 것을 사람들에게 과시해야 한다.

덱사스데(기본형/데코마이)는 "받기로 된 것을 받는 것"을 말한다. 주는 것을 받는 람바노와는 차이가 있다. 청지기가 하나님의 전신갑주를 입고 믿음의 방패까지 가졌다면, 구원의 투구를 받아쓰고 승리가 예정된 싸움을 싸우러 나가면 된다.

"그리고 (그)성령의 (그)검을(받아라) 그런데 그것은 하나님의 말씀이다."
(카이 텐 마카이란 투 프뉴마토스, 호 에스틴 레마 데우.)

"(그)성령의 (그)검"은 소유격의 '소유의 용법'으로 성령이 사용하는 (그)검이다. 관계대명사로 이어지는 문장에서 (그)검에 대한 보충 설명을 하고 있다.

"그런데 그것은 하나님의 말씀이다"

(호 에스틴 레마 데우)

성령이 사용하는 검은 하나님의 말씀(레마)이다. 하나님(데우) 앞에 관사가 없다. 레마는 기록된 말씀으로 성경 말씀을 가리킨다. 하나님의 청지기가 마귀와의 싸움에서 사용하는 유일한 공격 무기는 레마인 성경 말씀이다. 하지만 성경 말씀이라는 검을 가졌다고 싸움에서 이기는 것은 아니다. 성령이 그 검을 사용할 때 이길 수 있다. 40일 금식을 끝낸 예수님은 마귀의 유혹을 성경 말씀으로 물리치셨다.

"시험하는 자가 예수께 나아와서 가로되 네가 만일 하나님의 아들이어든 명하여 이 돌들이 떡덩이가 되게 하라. 예수께서 가라사대 기록되었으되 '사람이 떡으로만 살 것이 아니요, 하나님의 입으로 나오는 모든 말씀(레마)으로 살 것이라' 하였느니라"(마4:3-4).

40일 금식을 끝내고 하나님 나라의 복음 전파를 앞둔 예수님은 하나님 나라의 사역에 있어서 성경 말씀인 레마의 중요성을 강조하였다. 그런데 이상한 것은 마귀도 레마의 말씀을 인용하여 예수님을 유혹했다는 점이다.

"가로되 네가 만일 하나님의 아들이어든 뛰어내리라 기록하였으되 '저가 너를 위하여 그 사자들을 명하시리니 저희가 손으로 너를 받들어 발이 돌에 부딪히지 않게 하리로다' 하였느니라."(마4:6-7).

마귀는 시편 말씀을 인용하였다.

"네가 말하기를 여호와는 나의 피난처이시라 하고 지존자를 너의 거처로 삼았으므로 화가 네게 미치지 못하며 재앙이 네 장막에 가까이 오지 못하리니 그가 너를 위하여 그의 천사들을 명령하사 네 모든 길에서 너를 지키게 하심이라. 그들이 그들의 손으로 너를 붙들어 발이 돌에 부딪히지 아니하게 하리로다"(시91:9-12).

하지만 마귀는 성경 말씀을 인용하되 본래 의미를 왜곡하여 자기 멋대로 사용하였다. 시편 말씀의 문맥적 의미는 믿는 자들이 하나님을 피난처로 삼으면 하나님이 천사들을 보내어 그들을 위험에서 구하신다는 것이다. 그리고 이에 대한 예시로 "절벽에서 떨어질지라도 천사들이 손으로 붙들어 발이 돌에 부딪히지 않게 하실 것이다"라고 한 것이다. 그런데 마귀는 문맥과 관계없이 이 부분만을 떼어내어 예수님에게 "절벽에서 뛰어내려 보라 그리고 하나님이 너를 지켜 주시는지를 시험해 보라"고 함으로 자신의 필요에 따라 의미를 왜곡하였다.

청지기들이 분명히 알아야 하는 것은 성경 말씀이 올바로 해석될 때는 마귀와의 싸움에서 승리하는 검이 될 수 있지만, 잘못 해석되면 도리어 마귀에게 이용되는 검이 될 수 있다는 것이다. 기독교 이단들도 성경 본문을 인용하지만, 문맥과 관계없이 자기들 입맛에 맞게 해석하여 사람들을 미혹한다.

따라서 영적 싸움에 나가는 청지기들은 말씀(레마)이라는 검을 갖되 성령이 사용하시는 검을 가져야 한다. 올바른 성경해석을 하려면 성령의 조명이 있어야 한다. 하나님의 감동으로 기록된 성경은(딤후3:16) 성령의 조명을 통해서만 그 기록된 것들의 의미를 이해할 수 있다. 성령을 받은 사람만이 성경을 제대로 볼 수 있는 것이다. 따라서 성경 말씀을 전하는 청지기들은 먼저 성령세례를 받고 성령의 사람이 되어야 한다. 복음서를 보면 예수님도 성령세례를 받으신 후 말씀 사역을 시작하였다.

6:18

기도의 사람이 되어야 한다

기도와 간구로 하되 항상 성령 안에서 기도하라(6:18a)

δια πασης προσευχης και δεησεως προσευχομενοι
통하여 모든 기도 와 간구를 (너희는)기도하라
ἐν παντι καιρῷ ἐν πνευματι,
안에서 모든 (카이로스)시간 안에서 성령

(직역)모든 기도와 간구를 통하여 너희는 기도하라/성령 안에서 모든 (카이로스)시간 안에서.

"모든 기도와 간구를 통하여 너희는 기도하라"
(디아 파세스 프로슈케스 카이 데에세오스 프로슈코메노이)

하나님 나라의 청지기는 기도의 사람이 되어야 한다. 여기서 기도는 프로슈케의 기도이다. 프로슈케는 프로스(향하여)+유케(기도)의 합성어로 하나님 얼굴 앞에 나아가서 드리는 기도를 말한다. 반면에 유케는 인간이 신에게 무언가를 요청하는 것을 말한다. 세상 사람들이 하는 기도는 유케이다.

세상 사람들은 유케의 기도를 열심히 한다. 백일기도, 천일기도를 한다. 하지만 그들의 기도가 무의미한 것은 기도를 받을 신이 존재하지 않기 때문이다. 하지만 그리스도인이 하는 기도는 다르다. 우리의 기도를 받는 분은 살아계신 하나님이시다. 그리고 그분이 우리와 함께 계신다. 살아계신 하나님 앞에 나아가서 자기 생각을 아뢰고 그분이 하시는 말씀을 듣는 게 기도이다. 기독교 신앙에서 기도가 하나님과 대화인 것은 이 때문이다.

기독교인들이 하는 프로슈케의 기도와 일반 종교인들이 하는 유케의 기도의 차이점은 프로슈케가 하나님의 얼굴 앞에 나아가서 하나님의 뜻을 가지고 기도하는 거라면, 유케의 기도는 우상 앞에 나아가서 자신의 뜻을 가지고 기도하는 것이다. 예수님이 제자들에게 가르쳐주신 주기도문은 하나님의 뜻을 가지고 한 대표적인 프로슈케의 기도이다.

청지기들은 하나님께 프로슈케로 기도해야 한다. 그리고 그 기도는 "모든 기도와 간구를 통해야" 한다. 간구(데에세오스/기본형: 데에시스)는 간절히 구하는 것을 말한다. 하나님의 얼굴 앞에 나아가서 하나님의 뜻을 따라 프로슈케로 기도하되 간절히 기도해야 한다.

"성령 안에서 모든 (카이로스의)시간 안에서"
(엔 판티 카이로 엔 프뉴마티)

프로슈케의 기도를 할 때는 크로노스의 시간이 아니라 카이로스의 시간 안에서 기도해야 한다. 크로노스가 세상 사람들이 살아가는 물리적인 시간이라면 카이로스는 하나님의 사람들이 살아가는 하나님의 시간이다. 구약의 제사장들이 성소 안에서 살아가는 시간이 카이로스의 시간이다. 청지기들은 그리스도 안에서 성령을 따라 일할 때 카이로스의 시간을 살 수 있다. 하나님 나라의 사역을 할 때마다 주님 앞에 나아가 기도하라. 그리고 성령의 인도하심을 받아라. 이것이 성령 안에서 그리고 카이로스의 시간 안에서 기도하는 것이다.

하나님의 임재 안에서 깨어 있으라 그리고 간구하라(6:18b)

και έις αύτο άγρυπνουντες έν παση προσκαρτερησει
그리고 속으로 그것 깨어 있으라 안에서 모든 (하나님을)향한 강해짐

και δεησει περι παντων των άγιων και ύπερ
그리고 간구로 관하여 모든 그 성도들을 그리고 위하여

έμου,
나를

(직역)그리고 그것 속으로(들어가서) 깨어있으라 모든 확고부동함 안에서 그리고 모든 (그)성도들에 관한 그리고 나를 위한 간구(안에서)

"그리고 그것 속으로 들어가서 깨어있으라 (하나님을)향해 강해짐 안에서"
(카이 에이스 아우토 아그륍눈테스 엔 파세 프로스카르테레세이)

성령 안에서, 카이로스의 시간 안에서 기도하는 사람이 되려면 성령의 임재 속으로 들어가야 한다.

"그것 속으로" 들어간다는 것은 성령의 임재 속으로 들어가는 것을 말한다. 프로슈케의 기도를 하려면 먼저 성령의 임재 안으로 들어가는 기도를 해야 한다. 관상기도로도 불리는 성령의 임재기도는 성령의 임재 안에서 하나님의 얼굴 앞에 나아가는 기도이다. "깨어 있으라"(아그륍툰테스)는 잠자지 말고 깨어 있으라는 것이다. 성령의 임재 안에 들어가는 기도를 하다가 잠들지 말아야 한다. 성도들이 성령의 임재 기도를 할 때 마귀는 잠을 주어서 못하도록 막는다.

프로스카르테레세이(기본형/프로스카르테레시스)는 프로스(향하여)+카르테레오(강해지다)의 합성어로 하나님을 향한 강한 의지을 말한다. 성도들이 성령의 임재 기도를 하면 마귀는 잡생각이 들게 하거나 잠에 빠지게 함으로 성령의 임재 안에 들어가지 못하게 방해한다. 이때 필요한 것은 의지를 쓰는 것이다. 주님의 이름을 부르면서 성령의 임재 안에 들어가려고 애써야 한다. 구약에서 야곱이 얍복강에서 천사와 씨름한 것이 바로 이 기도를 한 것이다. 야곱이 자신을 찾아온 여호와 하나님을 놓지 않고 끝까지 붙든 것처럼 강한 의지를 써서 성령의 임재 안에 들어가야 한다.

"그리고 모든 성도들에 관한 그리고 나를 위한 간구 안에서"
(카이 데에세이 페리 판톤 톤 하기온 카이 휘페르 에무)

바울은 청지기들에게 성령의 임재 안에서 프로슈케의 기도를 하라고 한 후에 모든 성도에 관한 중보기도와 나를 위한 중보기도를 해달라고 부탁한다.

6:19-22

말씀의 사람이 되어야 한다

복음의 비밀을 증거하는 입이 하늘을 향해 열려야 한다(엡6:19)

ἵνα μοι δοθῇ λογος ἐν ἀνοιξει του στοματος μου,
도록 내게 주어지 말이 안에 (위를향해) 열림 그 입의 나의

ἐν παρρησιᾳ γνωρισαι το μυστηριον του εὐαγγελιου,
안에 많은 말 알게 하려고 그 비밀을 그 복음의

(직역)나의 (그)입의 위를 향해 열림 안에서 말이 내게 주어지도록,/많은 말 안에서 (그)복음의 (그)비밀을 알게 하려고

"나의 (그)입의 위를 향한 열림 안에서 말이 내게 주어지도록,"
(히나 모이 도데 로고스 엔 아노익세이 투 스토마토스 무,)

바울이 수신자들에게 한 기도 부탁은 자신이 복음 전도를 위해 말씀 사역을 할 때 하늘로부터 말이 자기 입에 주어질 수 있도록 간구해달라는 것이었다.

엔 아노익세이 투 스토마토스 무)에서 아노익세이(기본형/아노익시스)는 아나(위를 향해)+(완전히 열다)의 합성어로 하늘을 향해 입을 크게 여는 것을 말한다. 바울은 말씀을 전할 때마다 하늘로부터 오는 말(로고스)을 받기 위해 입을 크게 벌리고 있다. 나이가 어려 말을 할 줄 모르는 선지자 에레미야의 벌린 입에 여호와께서 하늘의 말씀을 담아주었듯이 바울도 하늘로부터 오는 말씀을 구하고 있다.

"많은 말 안에서 (그)복음의 (그)비밀을 알게 하려고,"
(엔 파르레시아 그노리사이 토 뮈스테리온 투 유앙겔리온,)

파르레시아는 파스(모든)+레오(말)의 합성어로 많은 말을 하는 것을 말한다. 하늘을 향해 벌린 입에 하나님이 많은 말을 담아주실 때 청지기는 그 말들로 복음의 비밀을 전할 수 있다.

하늘로부터 오는 말씀으로 하나님의 복음을 온전히 전하고 싶은 바울의 심정이 담겨 있다. 말씀 사역을 하는 청지기들에게는 이런 간구와 중보기도가 필요하다.

말씀의 사람이 되려면 그리스도에게 매인 바 돼라(엡6:20)

ὑπερ	οὗ	πρεσθευω	ἐν	ἁλυσει,	ἱνα	ἐν	αὐτῳ
위하여	이것을	(나는)나이가 들었다	안에서	매인 바 된것	그 결과	안에	그것

παρρησιασωμαι	ὡς	δει	με	λαλησαι.
많은 말을 할 거다	처럼	마땅한 것	나에게	말하는 것이

(직역)이것을 위하여 나는 매인 바 된 것 안에서 나이가 들었다,/그 결과 그것 안에서 많은 말을 할거다/(순간순간)말하는 것이 내게 마땅한 것처럼

"이것을 위하여 나는 매인 바 된 것 안에서 나이가 들었다,"
(히페르 우 프레스듀오 엔 할뤼세이,)

본문을 한글개역은 "이 일을 위하여 내가 쇠사슬에 매인 바 된 것은"으로 번역하였고, 영어성경 KJV(흠정역)은 "For which I am an ambassador in bonds"로 번역하였다. 이러한 번역은 바울이 감옥에 매인 바 된 상태에서 편지를 쓰고 있다는 생각을 들게 한다. 물론 바울이 감옥에서 이 편지를 썼을 가능성이 있다. 하지만 본문에 "매인 바 된 것 안에서"(엔 할뤼세이)를 예수 그리스도 안에 매인 바 된 것의 은유적 표현으로도 볼 수도 있다. 이 단어와 연결된 프레스듀오는 "나이가 들었다"는 뜻이다. 바울은 자신이 나이가 들도록 그리스도의 손에 매인 바 된 이유에 대해 말한다. "이것을 위하여"(휘페루 우)는 복음의 비밀을 말하는 사람이 되기 위하여 예수 그리스도에게 매인 바 되었다는 것이다.

"그 결과 그것 안에서 많은 말을 할거다/(순간순간) 말하는 것이 내게 마땅한 것처럼,"
(히나 엔 아우토 파르레시아소마이 호스 데이 메 랄레사이)

바울은 자신의 벌린 입에 하늘로부터 많은 복음의 비밀이

주어지면 많은 말을 하겠다고 말한다. 하늘로부터 오는 말씀으로 복음의 비밀을 많은 사람에게 전하겠다는 것이다. 복음을 전할 때에 하늘로부터 순간순간 말씀을 받아 전하는 것이 청지기에게 마땅한 일이다. 하늘부터 오는 말씀을 받아 복음을 전하는 은혜는 예수 그리스도에게 매인 자에게 주어진다. 모든 것을 하나님께 맡기고 심지어 복음을 전하는 입술까지도 하나님께 맡겨서 하나님의 은혜로 복음을 전하는 청지기가 되어야 한다.

바울이 두기고를 보내는 이유(6:21)

ἱνα δε εἰδητε και ὑμεις τα κατ᾽ ἐμε, τι
그 결과 그런데 너희는알게 될거다 그리고 너희도 그(일들을)따라서 나를 무엇을

πρασσω, παντα γνωρισει ὑμιν Τυχικος
내가 실행하는지 모든 일을 알게 할 거다 너희에게 두기고가

ὁ ἀγαπητος ἀδελφος και πιστος διακονος ἐν
그 사랑받는 형제인 그리고 신실한 사역자인 안에서

κυριω,
주님

(직역)그런데 그 결과 너희는 알게 될거다 그리고 너희도 그(일들을 하는)나를 따라서(알게 될거다), 무엇을 내가 실행하는지, 두기고가 너희에게 모든 일을 알게 할 거다, 그 사랑받는 형제인 그리고 주님 안에서 신실한 사역자인.

바울은 두기고를 주님의 사랑받는 형제이자 주님 안에서 신실한 사역자라고 하면서 그를 수신자들에게 보내는 이유를 말한다. 하늘로부터 오는 말씀을 받아서 복음의 비밀을 전하는 것이 특별한 사람만이 할 수 있는 일이 아니라는 것을 알게 하기 위함이다.

> "그런데 그 결과 너희는 알게 될거다 그리고 너희도 그(일들을 하는)나를 따라서(알게 될거다), 무엇을 내가 실행하는지 "
> (히나 데 에이데테 카이 휘메이스 타 카트 헤메, 티 프라쏘.)

바울은 하나님 나라의 청지기로서 자신이 나이가 들도록 추

구해온 그것을 수신자들도 자신의 길을 따라오다 보면 알게 될 거라고 말한다. 그것은 바로 위로부터 오는 말씀으로 사역하는 사람이 되는 것이다. 성경에 나오는 신앙의 위인들이 했던 사역은 아무나 할 수 있는 것이 아니라는 생각을 하기 쉽다. 아브라함이나 모세 그리고 다윗이나 엘리야와 같은 사역은 특별히 택함을 받은 하나님의 사람만이 할 수 있다는 생각이다. 바울도 그리스도의 복음 전파를 위해 특별히 택함을 받은 존재로 보는 경향이 있다. 하지만 정작 바울은 그게 아니라고 말하면서 그것을 보여주려고 두기고를 보낸다고 말한다.

> **"두기고가 너희에게 모든 일을 알게 할거다, 그 사랑받는 형제인 그리고 주님 안에서 신실한 사역자인"**
> **(판타 그노리세이 휘민 투키코스 호 아가페토스 아델포스 카이 피스토스 디아코노스 엔 퀴리오.)**

"알게 할거다"(그노리세이/기본형:그노리조)는 친밀한 관계를 통해 알게 하는 것을 말한다. 주님이신 예수 그리스도와 친밀한 관계를 맺는 청지기들은 누구나 위로부터 오는 말씀을 받아 복음의 비밀을 전할 수 있다. 바울은 자신이 보내는 두기고를 보면 그 모든 것을 알게 될 거라고 말한다. 바울이 두기고를 "(주님께)사랑받는 형제이자 주님 안에서 신실한 사역자"라고 소개하는 것은 두기고가 자신과 똑같은 말씀의 사역자라는 것을 나타내기 위함이다.

수신자인 청지기들이 말씀의 사람이 되기를 권면함(6:22)

ὁν ἐπεμψα προς ὑμας ἐις αὐτο τουτο, ἱνα γνωτε
그를 내가 보냈다 향해 너희를 속으로 그것 같은 그 결과 알게 될거다

τα περι ἡμων και παρακαλεση τας καρδιας ὑμων.
그(것들을) 관한 우리에 그리고 (그가)권면할거다 그 마음들을 너희의

(직역)(그래서)그를 내가 너희를 향해 보냈다 같은 그것 속으로(들어가도록), 그 결과 (너희는)알게 될거다 우리에 관한 그것들을 그리고 (그가)권면할거다 너희의 그 마음들을

“(그래서)그를 내가 너희에게 보냈다 같은 그것 속으로(들어가도록),
(운 에펨프사 프로스 휘마스 에이스 아우토 투토)

바울은 두기고를 수신자인 청지기들에게 보내는 이유를 분명히 말한다. 그것은 수신자인 청지기들이 자신과 같은 그것 속으로 들어가도록 하기 위함이다. ”자신과 같은 그것 속으로“(에이스 아우토 투토)는 바울 자신이 위로부터 오는 말씀을 받아 복음을 전하는 사역자가 되었듯이 수신자들인 청지기들도 그것 속으로 들어가는 것을 말한다.

“그 결과 (너희는)알게 될 거다 우리에 관한 그것들을 그리고 (그가)권면할거다 너희의 그 마음들에”
(히나 그노테 타 페리 헤몬 카이 파라카레세 타스 카르디아스 휘몬)

바울은 자신이 보낸 두기고를 통해 자신과 같은 사역자들이 어떻게 사역하는지를 알게 될 거라고 말한다. 하늘로부터 말씀을 받아 복음을 전하는 사역을 하는 게 바울 한 사람만이 아니라는 것을 두기고를 만나보면 알게 될 거라는 것이다. 그리고 두기고가 수신자인 청지기들의 (그)마음들에 권면할거다. 관사가 있는 (그)마음은 예수 그리스도와 관계를 맺고 있는 마음이다. 그 권면의 내용은 수신자인 청지기들도 하늘로부터 오는 말씀을 받아 복음을 전하는 청지기가 되기 위해 마음으로 하나님께 구하라는 것이다.

10
마지막 인사말에 들어있는 교훈

6:23

평안과 믿음을 겸한 사랑의 청지기

Εἰρηνη τοις ἀδελφοις και ἀγαπη μετα πιστεως
평안이 그 형제들에게 그리고 사랑이 함께 믿음이
ἀπο θεου πατρος και κυριου Ἰησου Χριστου.
부터 하나님 아버지께로 와 주 예수 그리스도로
(직역)평안이 (그)형제들에게(있기를) 그리고 믿음이 함께(하는) 사랑이(있기를) /하나님 아버지와 주 예수 그리스도로부터

"평안이 (그)형제들에게(있기를) 그리고 믿음이 함께(하는) 사랑이 있기를 / 하나님 아버지와 주 예수 그리스도로부터"
(에이레네 토이스 아델포이스 카이 아가페 메타 피스테오스 아포 데우 파트로스 퀴리우예수 크리스투)

바울은 편지의 마지막 인사말에서 수신자인 청지기들이 반드시 가져야 할 세 가지 단어를 제시한다. 그것은 평안(에이레네)과 사랑(아가페)와 믿음(피스티스)이다. 이 세 가지는 모든 그리스도인이 가져야 할 신앙의 덕목이지만 특히 청지기들에게 필요한 덕목이다.

평안은 근심 걱정 없이 평화롭게 사는 것이다. 마음의 근심이 없어야 하고 사람들 간에 다툼이 없어야 한다. 예수 그리스도가 이 땅에 세우려는 하나님 나라는 평화의 나라이다. 예수님은 하나님의 평화가 있는 나라를 세우려고 이 땅에 오셨으며 또한 이를 위해 청지기들을 사역자로 부르셨다. 따라서 청지기들은 마음에 평안이 있어야 하고 청지기들 간에 평화가 있어야 한다. 또한 그 평안을 사람들에게 줄 수 있어야 한다.

사랑(아가페)은 가치에 대한 사랑이다. 하나님이 우리를 구원

하시고 청지기로 삼으신 이유는 하나님 나라의 사역에 쓸만한 가치가 있기 때문이다. 하나님이 청지기들을 사랑하는 이유도 그 가치 때문이다. 따라서 하나님의 사랑을 받는 청지기들은 아가페의 사랑으로 사람들을 사랑해야 한다. 영혼에 대한 사랑이 없는 사역은 참된 사역이 아니다. 자신이 사역하는 사람들의 영혼에 대한 사랑이 없는 사역자들은 결국 탐욕과 같은 도덕적 타락에 빠질 것이다.

청지기에게는 사랑과 더불어 믿음(피스토스)도 중요하다. 사랑이 있는 청지기라도 믿음이 없으면 제대로 된 사역의 열매를 맺지 못한다. 하나님 나라의 사역은 우리의 능력이 아니라 우리 안에 계신 그리스도의 능력으로 하는 것이다. 우리는 전지전능하신 그분의 신실하심을 믿음으로 받아들이기만 하면 된다. 청지기는 이 믿음이 있어야 하며 또한 그가 사역하는 사람들이 이 믿음을 갖도록 도와야 한다.

평안과 믿음과 사랑은 모두 하나님 아버지와 주 예수 그리스도로부터 오는 것이다. 청지기들은 주님으로부터 평안과 믿음이 함께 하는 사랑을 받아야 한다. 그리고 그것 안에서 교회가 하나님의 성전이 되도록 해야 한다.

6:24

처음 사랑을 잃지 않는 청지기

ἡ χαρις μετα παντων των ἀγαπωντων τον
그 은혜가 함께 모든(청지기들)과 그 사랑하는 그

κυριον ἡμων Ἰησουν Χριστον ἐν ἀφθαρσια.
주님을 우리의 예수 그리스도를 안에 변함이 없음

(직역)그 은혜가(있기를) 모든 청지기들과 함께 / 우리의 주님이신 예수 그리스도를 변함이 없이 사랑하는

“(그)은혜가(있기를) 모든 청지기들과 함께”
(헤 카리스 메타 판톤)

앞 절의 바울의 마지막 인사말에 나온 평안과 믿음과 사랑에는 관사가 없지만, (그)은혜(헤 카리스)에는 관사가 있다. 관사가 있는 (그)은혜(헤 카리스)는 특별한 은혜로서 세상을 구원하는 십자가 속량의 은혜를 말한다. 주님은 생명을 구원하는 그 은혜를 “모든(청지기들과) 함께”(메타 판톤) 이루려 하신다. 우리는 주님과 함께 그 속량의 은혜를 나타내는 청지기가 되어야 한다. 이런 청지기가 되려면 한 가지 조건이 있다.

“우리 주님이신 예수 그리스도를 변함없이 사랑하는”
(톤 아가폰톤 톤 퀴리온 헤몬 예순 크리스톤 엔 아프다르시아)

그 조건은 예수 그리스도를 변함없이 사랑하는 것이다. 아프다르시아는 아(부정접두사)+프레이로(시들다)의 합성어로 “시들지 않는 것”을 뜻한다. 처음 청지기로 부르심을 받았을 때 가졌던 예수 그리스도에 대한 사랑의 마음이 시들지 말아야 한다. 청지기로서 예수 그리스도에 대한 처음 사랑을 잃지 말라는 것

이다. 요한계시록에 나오는 에베소교회는 예수 그리스도에 대한 처음 사랑을 잃어버려 주님께 책망을 들었다.

“내가 네 행위와 수고와 네 인내를 알고 또 악한 자들을 용납하지 아니한 것과 자칭 사도라 하되 아닌 자들을 시험하여 그의 거짓된 것을 네가 드러낸 것과 또 네가 참고 내 이름을 위하여 견디고 게으르지 아니한 것을 아노라. 그러나 너를 책망할 것이 있나니, 너의 처음 사랑을 버렸느니라. 그러므로 어디서 떨어진 것을 생각하고 회개하여 처음 행위를 가지라” (계2:2-5).

청지기로 부름을 받았을 때 가졌던 예수님에 대한 처음 사랑을 잃지 않는 것이 중요한 이유는 청지기로서 영혼을 살리는 사역과 관계가 있기 때문이다. 예수 그리스도에 대한 변함없는 사랑이 있는 청지기에게 주님은 죽은 생명을 살리는 속량의 은혜를 주신다. 아무리 복음을 전해도 죽은 생명이 살아나지 않는 이유가 처음 사랑을 잃었기 때문이라면 회개해야 한다. 그래서 처음 사랑을 회복해야 한다. 청지기로 처음 부름을 받았을 때 가졌던 예수님에 대한 사랑을 잃지 말아야 한다. 그리고 변함없이 예수님을 사랑해야 한다. 그래서 주님의 주시는 은혜로 생명을 살리는 청지기가 되어야 한다. 이것이, 바울이 에베소서의 수신자인 청지기들에게 주는 마지막 인사말 속에 들어있는 권면이다.